东南亚与华侨华人研究系列之二十一

马来西亚非政府组织研究

王 虎 著

厦门大学东南亚研究中心系列丛书
编辑委员会

主　编　庄国土
副主编　王　勤　聂德宁（常务）
委　员　（以姓氏笔画为序）
　　　　　王　勤　庄国土　沈红芳　吴崇伯
　　　　　陈福郎　林　梅　侯真平　聂德宁
　　　　　蒋细定　廖大珂

内容提要

传统的东南亚国家政治是一种威权统治政体,各国的公民社会组织(包括非政府组织)数量有限,力量较为薄弱,常处于国家政治生活的边缘状态。20世纪80年代后,随着东南亚国家经济和政治的发展,东南亚各国公民社会在全球"结社革命"推动下进一步发展,非政府组织异军突起,在东南亚国家已经成为一种新的重要政治力量,马来西亚非政府组织的发展在这方面提供了一个很好的样本。

随着马来西亚许多福利组织让位于政治性非政府组织,学者们开始注意马来西亚的各种组织。尽管许多现代非政府组织以新的特别形式出现,发挥着新的作用,但它们却是在已有的社会网络和组织的基础上建立起来的,而且这些网络和组织已具有久远的历史。当今马来西亚许多具有活力的非政府组织,其渊源可以追溯到殖民统治时期,如华人秘密会社、印度民族主义组织和马来—穆斯林进步组织。这些早期的组织通常是以族群或宗教为基础而建立起来,主要关注它们所在社会成员的社会经济事务和福利。此外,规范非政府组织活动的法律可以追溯至殖民时代,随后它不断得到修订和完善。

了解全球非政府组织的发展情况是研究马来西亚非政府组织的基本前提,本书在第二章对非政府组织的概念、理论,特别是非政府组织在第三世界国家的发展情况进行了简要归纳。

第三章对马来西亚非政府组织的发展历史作了分期研究,以提供一个马来西亚非政府组织发展的历史全貌。新经济政策时期和国民发展政策时期是马来西亚非政府组织发展的重要时期。第一,新经济政策中族群关系的政治制度性安排使得国家发展资源在马来人和非马来人之间分配不平衡,为了弥补公共服务和发展资源的差距,许多发展型非政府组织在非马来人社会建立起来,从而导致了非政府组织在族群间分布的"二元结构";第二,新经济政策造就了一大批新中产阶级,尽管他们具有"革命性"和"妥协性"这两面性,非政府组织的发展和他们却有着直接的关联;第三,受经济全球化的影响,发达国家非政府组织(如基金会)通过对马来西亚非政府组织的支持不仅影响马来西亚国内非政府组织的发展走向,而且对整个东南亚地区的非政府组织有一定影响;许多非政府组织已经成为地区和国际非政府组织网络的一个组成部分;第四,政府和非政府组织的关系架构初步确立起来并得到发展。政府对非政府组织的态度逐步演变为一种双轨政策:一方面是对非政府组织的监督和规范;另一方面是有选择地支持和利用它们。相应地,非政府组织和政府的关系也演变为对抗和合作两种关系。

  第四章对马来西亚主要类别非政府组织的发展进行了专题研究,以弥补前面宏观研究之不足。妇女非政府组织的发展史是各族群妇女从各自狭隘族群社会走向国内和国际舞台的历史,它从一个层面反映了马来西亚各族群妇女地位的变化情况。对华文教育组织和伊斯兰非政府组织的研究说明华人社会和马来穆斯林社会在战后马来西亚国家政治发展过程中有各自不同的诉求和各自不同的发展路径,这也反映了马来西亚多元种族社会的复杂性。人权非政府组织、环保非政府组织和消费者组织的发展则充分反映了马来西亚非政府组织的多功能特点。

  最后一章对全书进行了总结。马来西亚非政府组织的发展拓展了公民社会的空间,在马来西亚的政治和社会都发挥了积极作用。然而,马来西亚的非政府组织仍然处于发展阶段,且仍然面临着法律限制和资金匮乏等不利因素的困扰。除了自身因素外,它们的发展前景还取决于国际、国内的政治和社会环境。

目 录

第一章 绪 论 ……………………………………………… (1)
　一、问题的提出 ………………………………………………… (1)
　二、选题的目的与意义 ………………………………………… (5)
　三、国内外研究状况 …………………………………………… (7)
　四、马来西亚非政府组织的分类和有关概念的界定……… (18)
　五、研究范围、内容和特点 ………………………………… (25)
　六、研究方法与基本框架……………………………………… (26)

第二章 非政府组织概念探析 ……………………………… (29)
　一、非政府组织的定义、特征和功能 ……………………… (29)
　二、公民社会与非政府组织…………………………………… (34)
　三、非政府组织的发展历史…………………………………… (42)
　四、非政府组织的分类………………………………………… (53)
　五、非政府组织理论概述……………………………………… (57)

第三章 马来西亚非政府组织的发展 …………………… (63)
　第一节 马来西亚非政府组织的发展过程 ………………… (63)
　一、马来西亚非政府组织的渊源：早期
　　　华、巫、印三大族群社会互助组织(1673—1945)……… (63)
　二、独立前后各民族社会组织的分化重组
　　　时期(1945—1969)………………………………………… (74)
　三、新经济政策时期：发展型非政府组织
　　　的大量出现(1970—1990)………………………………… (79)

四、国民发展政策时期非政府组织的新发展：
　　倡导和提供公共服务并存(1991—)……………(87)
第二节　马来西亚的中产阶级与非政府组织的发展………(94)
　一、马来西亚中产阶级的产生……………………………(94)
　二、马来中产阶级与非政府组织…………………………(97)
第三节　马来西亚非政府组织和国外非政府
　　　　组织的关系……………………………………(101)
　一、马来西亚非政府组织与国际非政府组织的联系……(102)
　二、美国基金会和马来西亚非政府组织…………………(105)
第四节　马来西亚政府与非政府组织关系的发展变化……(123)
　一、早期殖民政府对移民社会的控制和立法……………(123)
　二、独立后规范非政府组织的法律框架…………………(124)
　三、独立后政府对非政府组织的监控……………………(127)
　四、冲突与合作：非政府组织和政府关系的发展………(132)

第四章　马来西亚非政府组织个案研究……………………(144)
第一节　马来西亚的妇女非政府组织………………………(144)
　一、独立前华、巫、印三大族群妇女
　　　组织的发展……………………………………………(144)
　二、独立后各族群妇女非政府组织的发展及其活动……(148)
　三、马来西亚的主要妇女非政府组织……………………(153)
第二节　马来西亚的华文教育非政府组织…………………(169)
　一、早期的华文教育及华文教育组织……………………(169)
　二、马来西亚民间教育组织董教总的建立………………(174)
　三、董教总领导华教运动的主要活动……………………(195)
第三节　马来西亚的伊斯兰非政府组织……………………(199)
　一、早期伊斯兰组织和政府主导的IONGOs……………(199)
　二、伊斯兰复兴运动中的IONGOs………………………(202)
　三、伊斯兰非政府组织和政府的关系……………………(216)

第四节　马来西亚的人权非政府组织 …………………… (221)
　一、马来西亚人权非政府组织的发展 ………………… (221)
　二、马来西亚主要人权非政府组织 …………………… (226)
　三、人权非政府组织的主要活动 ……………………… (232)
　四、人权非政府组织活动的主要策略 ………………… (241)
　五、政府与人权非政府组织的关系 …………………… (243)
第五节　马来西亚的环保非政府组织 …………………… (245)
　一、国际环保非政府组织及其网络构成 ……………… (245)
　二、环保非政府组织在马来西亚的发展 ……………… (249)
　三、主要环保非政府组织介绍 ………………………… (260)
第六节　马来西亚消费者组织 …………………………… (264)
　一、消费者组织的产生 ………………………………… (264)
　二、消费者组织和政府的关系 ………………………… (266)
　三、主要消费者组织 …………………………………… (268)

第五章　结　论 ……………………………………………… (274)
　一、马来西亚非政府组织产生和发展特点 …………… (274)
　二、马来西亚非政府组织发展面临的几个问题 ……… (279)
　三、马来西亚非政府组织的发展前景 ………………… (281)

附　录　主要非政府组织名称及专有名词英汉对照表 ……… (283)

参考文献 ……………………………………………………… (293)

后　记 ………………………………………………………… (307)

第一章

绪 论

本章主要阐述本书选题的目的和意义,回顾与本书研究有关的学术发展史;在确定本书研究内容前,对马来西亚非政府组织进行必要的分类并对有关概念进行了界定和说明;最后,简要介绍本书架构以及研究方法。

一、问题的提出

20世纪80年代以来,非政府组织在全球范围的迅速发展以及它们作为政府、企业之外的新角色广泛参与人类社会各领域的活动而引起世人的广泛关注。无论是在全球社会经济发展中所起的作用,还是在一国内部的政治、经济和社会发展中所起的作用,非政府组织的影响力都上升到一个新的高度。1997年,联合国秘书长安南在第52届联合国大会提交的工作报告中,把民间社会组织的发展和非政府组织的作用列入五大"正在改变世界面貌的基本力量"之一[①]。

非政府组织发展的一个重要现象就是在发展中国家的社会经济发展中,非政府组织的影响力越来越大,并且各国政府已逐渐认识到非政府组织对本国社会经济发展的意义,逐渐改变了对非政府组织

---

① 在其之前的四大因素依次是:冷战结束后全球政治经济格局的重组;世界经济的全球化;信息技术革命;生态环境的保护。非政府组织被置于这四大因素之后,由此也可见非政府组织的兴起对当今和未来全球发展的潜在重要性。

的态度与政策,政府与非政府组织之间的合作关系正朝规范化、制度化的方向发展。

在过去的半个多世纪里,整个东南亚地区的政治、经济和社会经历了显著且根本的变化。这些变化包括西方列强在东南亚的殖民统治纷纷瓦解,随之一个个独立的国家建立起来;在经济上,它们建立了市场经济为导向的经济体制;在政治上,多数国家在模仿西方政治制度建立起自己的政体的时候,各国政府以其所接受的西方模式,以加强社会秩序和发展经济为名,逐渐转换成为具有东方特色的威权主义或半威权主义政体。在社会发展方面,伴随着国家现代化的进程,非政府组织迅速发展,并充当了国家公民社会的先锋和政治发展的倡导者。

在整个东南亚地区,由于国际环境和国内环境的影响,非政府组织的数量在过去30多年得到大规模的增长。其中,菲律宾作为拥有全球第三大非政府组织的发展中国家(仅次于巴西与印度),1984年,菲律宾有23800个非政府组织,从1986—1995年10年间,非政府组织的数目由27100个增加到70200个。[①]菲律宾的非政府组织发展经历了三个阶段,即从慈善取向的市民社会组织到发展型非政府组织,以及获得授权型的非政府组织。[②] 目前,菲律宾的非政府组织继续致力于国家的民主化进程,关注政府腐败和法制建设,深入参与到对国家的各种治理之中,真正起到了公民社会的先锋和政治发展的倡导者的作用,同时也起到了民主先锋和促进社会可持续发展的作用。在印度尼西亚,内务部社会政治总局正式登记的非政府组

---

① Gerard Clarke. *The Politics of NGOs in South-East Asia: Participation and Protest in the Philippines*. Routledge, 1998, p. 93.

② 施雪琴:《菲律宾非政府组织发展及其原因》,载《南洋问题研究》2002年第1期,第66页。

织的数目由1981年的130个增加到1994年的10000个。① 其中，1985年为1810个，1989年为3251个，1990年后半期为6000—7000个。② 在越南，政府从1991年允许非政府组织合法存在，在国内从事开发合作的国际非政府组织的数量在1992年6月是114个，1998年是234个，目前越南国内开始形成了一个小规模的非政府组织群体。③ 独立后的新加坡一直严格控制民间组织，但从20世纪80年代开始，从事环境保护、妇女保护、言论自由以及维护消费者权益等活动的非政府组织日益增多并积极开展活动。1988年登记在册的慈善和社会组织有656个，1994年增长到4562个。④ 1991年以前的柬埔寨还没有现代意义上的非政府组织，到1996年，柬埔寨有400多个本国的非政府组织和100多个国际非政府组织（INGOs）在进行活动。⑤ 早期在缅甸活动的主要是国际非政府组织，政府为了吸引海外资金，对国际非政府组织表现出一定的容忍态度并鼓励它们在缅甸开展工作。目前，缅甸主要有三类非政府组织：带有一定政治色彩的宗教组织、从事发展工作的组织以及活跃在少数民族和边境地区的组织，总数在20个左右。⑥ 在泰国，从事社会福利和社区开发的非政府组织最多。

---

① Hutabarat and Suharyanto. Undercurrents: NGOs in Indonesia, *Indonesia Business Weekly*, Vol. 1, No. 4522, October, 1994. p. 4.

② 重富真一主编：《亚洲的NGO》，日本明石书店，2001年，第211～212页。

③ NGOs RC. *Vietnam NGOs Dictionary*. Hanoi: NGO Resource Center, 1995/6, March, 1995, p. 34.

④ Gerard Clarke. *The Politics of NGOs in South-East Asia: Participation and Protest in the Philippines*. Routledge, 1998, p. 26.

⑤ 重富真一主编：《亚洲的NGO》，日本明石书店，2001年，第34页。

⑥ 喻常森：《非政府组织与东南亚国家政治发展》，载《南洋问题研究》2003年第3期，第33页。

作为东南亚国家之一的马来西亚①,非政府组织在20世纪70年代后得到快速发展。1980年,马来西亚国会报告说在马来西亚的注册社团组织有31985个,拥有成员200000人(马来西亚政府声称只有60000人从事社团组织的专职工作)。② 但在1990年,根据1966年颁布的《社团法令》,有14000个各种组织登记注册。③ 因为有许多非政府组织因为各种原因以公司的名义注册,所以非政府组织的数目应该超过14000个。各族群的非政府组织有各自的特点,在马来西亚众多非政府组织中,华人社团占有重要地位。到2001年6月,马来西亚共有华人注册社团7276个(其中包括华人政党组织)。④

非政府组织在马来西亚的发展不仅仅表现在数量上,似乎更表现在它们对政治和社会生活的渗透和影响力上。基于解决具体问题的倡导型组织却早已显示了它们突出地位,长久以来,各种各样的公民社会组织和其他地方的非政府组织一样在这个国家发挥了一定的作用。从马来西亚建国至今,除了一些传统的公民社会组织仍然发挥其应有的功能之外,新的政治、经济和社会环境催生了新的组织,

---

① 马来西亚是个多元种族和多元宗教的国家,其人口主要由马来人、华人、印度人等多民族构成。据马来西亚统计局的统计,截至1997年,马来西亚的总人口是21665000人,其中土著占58%、华人占25%、印度人占7%、其他占10%(《星洲日报》1997年6月20日)。各族群之间在文化、语言、宗教以及生活方式上存在较明显的差异。马来人信仰伊斯兰教,使用马来文;华人的宗教信仰多元化,以佛教、道教和民间信仰为主,大部分华人会使用多种语言,以华文、英文、马来文和方言为主;印度人多信仰印度教和使用泰米尔文。

② Tan Boon Kean and Bishan Singh. Uneasy Relations: The State and NGOs in Malaysia. Kuala Lumpur: *Gender and Development Programme*, Asian and Pacific Development Centre. 1994. p. 1.

③ Isagani Serrano. *Civil Society in the Asia-Pacific Region*. Washington D. C: Civicus. 1994. p. 8.

④ 言路、齐进:《华团须勇于落实结盟政策》,载《星洲日报》2001年8月31日。

教育组织、消费者组织、环保组织、人权组织、妇女组织、宗教非政府组织,等都相继建立起来并得到发展。《亚洲周刊》1997年登载了一篇有关马来西亚非政府组织的文章,其开头这样写道:

> 尽管民间团体很多,马来西亚社会的异议声音向来由反对党提出。不过,近年来反对党常常"反应慢半拍",并且难以在主流媒体出现,活动力明显减弱,激不起强烈回响。许多不以政治(党派)利益为主要诉求的非政府组织(NGO)的声音却特别响亮,引起各方瞩目。[①]

这篇文章透露了许多有关马来西亚非政府组织的信息,有一点很明确,那就是马来西亚非政府组织已经成为马来西亚社会政治生活中一支不容忽视的力量。

马来西亚的自然资源丰富,人口少,殖民者留下了相对完善的行政管理体系,国家的力量侵蚀到社会的每一个角落,国家的发展计划也延伸到乡村地区,在政府"发展霸权"下,非政府组织只有有限的发展和活动空间,那么,非政府组织是如何在这有限的空间发展的?它们产生和发展的动力是什么?它们在各个时期扮演了什么特殊的角色?

二、选题的目的与意义

无论是作为整体的东南亚地区,还是作为该地区的一个国家的马来西亚,非政府组织的发展的历史和现状都给我们提供了丰富的研究内容。本书选取马来西亚做国别非政府组织研究,尝试将非政府组织发展的现状和非政府组织发展的历史根源联系起来进行分析以回答上面提出的问题。

本书在已有的研究成果基础上对马来西亚的非政府组织的历史渊源、产生原因以及它们和国家的关系等方面进行较系统的梳理和

[①] 祝家华:《马来西亚防范民间组织越轨》,载《亚洲周刊》1997年2月3日—2月16日。

分析，具有一定的理论和实践意义。

到目前为止，研究非政府组织的文献大多以北方发达国家为基础。和南方发展中国家相比，北方发达国家的公民社会及其研究受到了应有的重视。这方面的研究成果颇丰。但有证据表明他们并不完全适用于南方发展中国家的实际情况。其实，即使在北方发达国家之间也同样存在一定差异，更不用说南方发展中国家之间的差异了。在东南亚各国之间，非政府组织的发展及对其所做的研究因为各种各样的因素而存在很大的差异，这些因素有历史渊源、非政府组织本身的规模、活动的种类、意识形态或动机等等。菲律宾非政府组织的数量在发展中国家排到第三位（仅次于巴西和印度），对菲律宾非政府组织的研究成果也排在东南亚国家的首位。而在老挝等国家，则很少有有关非政府组织的信息和这方面的研究。国内有关马来西亚非政府组织的研究很少，只有几篇文章对东南亚的非政府组织和东南亚政治的关系做了笼统的介绍。所以对马来西亚非政府组织的研究可以丰富发展中国家非政府组织研究的内涵，而且对我们认识马来西亚社会发展史提供了一个新的思路。

从华侨华人研究的角度看，把华人社团作为所在国非政府组织的一部分来研究无疑是一个新思路，这样可以更好地把华人社会研究纳入到所在国的政治和社会发展框架中加以考察，从而有效地摆脱"中国中心论"的束缚。

民族共同体必须以社会的形式存在，并因此形成规模不等的民族社会或多民族社会。民族是多种多样的，民族社会也是多样的，而孕育其中的民族社团组织更是千差万别。在马来西亚这个多民族社会中，各民族社会利益分化程度较高、社会利益表达渠道有多有寡，国家政权对民族社团的宽容程度也不一样，所以各民族的社团组织在历史渊源、发展规模、活动内容以及和政府关系等方面都存在较大的差异。从民族社团组织的角度考察马来西亚非政府组织的发展会丰富民族社会学的研究内容。

自从1995年联合国第四次世界妇女大会在中国河北怀柔召开

之后，中国政府对非政府组织给予了一定的重视，人们逐步认识到政党和政府不可能完全替代公民社会组织的功能。中国学界也开始对国内外的非政府组织展开研究，成立了专门的研究机构，有更多学者和专家从事这方面的研究。除了重视发达国家非政府组织的发展和研究之外，我们更应该关注发展中国家的非政府组织的发展和研究。在中国加快政治经济改革的情况下，对发展中国家非政府组织的国别研究会对我国非政府组织的实践和研究有一定的借鉴意义。

三、国内外研究状况

在当代社会科学研究中，非政府组织研究正吸引着越来越多学人的关注，是一个正在兴起的、跨学科研究领域。这一领域的出现和发展与现代社会各种组织力量的巨大增长相关联，与国际社会和各国社会发展的多样化和复杂化相关联。正是因为这样，非政府组织既是一个越来越常见的社会现象，也是一个正在产出丰硕成果的研究主题。

1. 关于发展中国家非政府组织的研究

由于各种原因，学术界对非政府组织的研究落后于非政府组织的发展，发展中国家的非政府组织有很长的发展历史，但从20世纪80年代后期起，才有许多研究发展中国家非政府组织的成果得以问世，它们在社会科学领域独具特色。然而这些文献集中于非政府组织的社会经济方面的研究，对政治科学家来讲，这很难有助于解释近几十年来亚洲、非洲和拉丁美洲非政府组织的增长所引发的"结社革命"。日本学者山本忠志(Tadashi Yamamoto)认为：初始，对发展中国家非政府组织的研究文献主要集中于从事经济发展的组织。这种现象反映了政府把非政府组织只是当作政府机构部门的附庸分支机构。① 20 世纪 90 年代后,有关文献的注意力开始转向倡导型的非政府组织,如人权组织、妇女组织,其中大多具有政治取向。发展中国家的志愿组织开始主要从事慈善工作和提供社会服务,稍后是社区发展,而后来则大量集中于诸如环保和公民自由权等政治议题。

90 年代初以来,愈来愈多的文献开始承认非政府组织(包括国内非政府组织和国际非政府组织)在发展中国家所扮演的政治角色的重要性。迈克尔·布雷顿(Michael Bratton)在 1989 年第一次提出,探讨非政府组织对发展的贡献应该着眼于政治层面而非经济层面。② 在 90 年代中期出现的有关非政府组织和政治学的政治科学新文献对不断发展的非政府组织仍然论述不足。到 90 年代末,朱莉·费希尔(Julie Fisher)所著的《非政府组织与第三世界的政治发展》③瞄准了一个新视角,讨论非政府组织的作用,并对第三世界非政府组织的发展进行全面宏观的研究,比如:非政府组织与公民社会、民主和政治发展,第三世界国家政府对非政府组织的政策,非政府组织对政府的影响,非政府组织和可持续发展的关系,地方政府和非政府组织的关系等等。为公民社会的构成和类型勾勒了一个完整的轮廓,详细地描述了这些组织在全球范围内对政治体制的影响,并

---

① 山本忠志指的是活跃于发展中国家并致力于解决发展问题的非营利组织和非政府组织,他们活动的领域有:乡村发展、消除贫困、营养和健康、再生生物和教育问题;以及诸如环境保护、人权、难民和人口危机等全球性问题。参阅 Tadashi Yamamoto(eds.)(1995). *Emerging civil society in the Asia Pacific community: nongovernmental underpinnings of the emerging Asia Pacific regional community*, Tokyo: Japan Center for International Exchange and Singapore: ISEAS. pp.1~7.

② Michael Bratton. The Politics of Government-NGO Relations in Africa. *World Development*, 1989, Vol. 17, No. 4.

③ Julie Fisher. *NGOs and the Political Development of the Third World*. Kumarian Press. 1998.

明确提出了非政府组织在消灭人类的三大灾难——人口剧增、环境恶化与贫困中的独特贡献。王绍光的著作《多元与统一：第三部门国际比较研究》[①]和莱斯特·M·萨拉蒙(Lester. M. Salamon)等人的著作《全球公民社会：非营利部门视野》[②]从全球视野出发对发达国家和发展中国家的非政府组织进行了比较研究。以上的这些研究以及其他涉及发展中国家非政府组织研究为我们进行发展中国家国别非政府组织研究提供了重要的研究背景和线索。但是相关研究多是从政治学、社会学的角度来研究非政府组织的功能。从历史的角度来对非政府组织产生发展的"生态环境"进行研究尚显不足。

2. 关于东南亚非政府组织的研究

迄今为止，学者们对东南亚的政治、经济、军事、外交以及东南亚政府间组织—东盟给予了更多的关注，研究成果也集中在这些方面。直到近些年学者们才开始关注东南亚地区的非政府组织。杰拉德·克拉克(Gerard Clarke)的著作《东南亚的非政府组织政治》对菲律宾非政府组织进行了研究，认为非政府组织的发展、增长、地区分布以及组织特点，还有它们从事的事业，都决定于基本的政治因素。为了把对菲律宾非政府组织的研究置于东南亚这个更大的范围内，作者对东南亚其他国家的非政府组织以及非政府组织和民主政治的关系进行了研究，从比较的视角对东南亚主要国家非政府组织发展的政治重要性以及这些组织的政治角色和特点进行了探究。他认为：非政府组织在打造公民社会、促进民主政治的发展等方面都扮演了主要的角色。然而，非政府组织所打造的公民社会的类型是复杂多面的。在整个东南亚地区它随着各国政体的不同而不同。它和西

---

① 王绍光：《多元与统一：第三部门国际比较研究》，杭州：浙江人民出版社，1999年。

② Lester M. Salamon(eds.). *Global Civil Society: Dimensions of the Nonprofit Sector*. The Johns Hopkins Comparative Nonprofit Sector Project. 1999.

方主流政治理论家所设想的公民社会形象不尽相同,它和许多非政府组织所追求的公民社会也不同。东南亚的非政府组织有卓越的参政能力,能影响政治变化的方向,有助于强大公民社会的产生和赋权予广大的民众。总之,这项研究成果在学术界提供了一个有关发展研究和发展中国家非政府组织研究关联性的探讨。应该说该著作在发展中国家尤其是在东南亚国家的背景下所做的国别个案研究具有很高的学术价值。在杰拉德·克拉克之后,鲍勃·哈迪温纳德(Bob S. Hadiwinata)的著作《印度尼西亚的非政府组织政治》[①]将视野局限在印度尼西亚国内,主要探讨了两个主要问题:印度尼西亚非政府组织是如何在苏哈托威权统治下生存下来的;非政府组织怎样对促进后苏哈托时代的民主所作出贡献。这两部著作对本书的写作有一定的参考价值。

日本的研究机构和学者对东南亚的非政府组织研究作出了贡献,他们把东南亚的非政府组织纳入到亚太范围内加以考察,多在田野调查的基础上进行跨学科的综合研究,成果多以论文集和国别非政府组织研究的综合论集的形式出版,为本书的研究提供了较翔实和丰富的研究资料与信息。这方面的成果有:由山本忠志(Tadashi Yamamoto)主编的《亚太共同体公民社会的兴起》[②]对东南亚大多数国家的非政府组织的某个方面给予一定的研究,并提供很多非政府组织的详细资料。由重富真一(Shinichi Shigetomi)主编的《政府和非政府组织:亚洲的视角》[③]分别对亚洲15个国家和地区的非政府

---

① Bob S. Hadiwinata. *The Politics of NGOs in Indonesia*: *Developing democracy and managing a movement*. Routledge Curzon. 2003.

② Tadashi Yamamoto (ed.). *Emerging civil society in the Asia Pacific community*: *nongovernmental underpinnings of the emerging Asia Pacific regional community*, Singapore : Institute of Southeast Asian Studies; Tokyo: Japan Center for International Exchange in cooperation with APPC,1996.

③ Shinichi Shigetomi (ed.). *The State and NGOs*: *Perspective from Asia*. Institute of Southeast Asian Studies. Singapore. 2002.

组织和政府的关系进行了研究,其中包括6个东南亚国家,它们是:菲律宾、泰国、越南、印度尼西亚、马来西亚和新加坡。其他涉及东南亚各国的非政府组织研究的著作有重富真一编著的《亚洲的NGO》(日本明石书店2001年版)、日本国际公益活动研究会编著的《亚洲的NGO》(阿房库公司1997年版)、日本国际交流中心编著的《亚洲太平洋的NGO》(阿房库公司1998年版)。

中国大陆学者鲜有研究东南亚非政府组织的,喻常森的《非政府组织与东南亚国家的政治发展》一文,李文的《亚洲市民社会的兴起》、《关于亚洲非政府组织发展的几个问题》等文章对东南亚的非政府组织做了笼统的介绍。施雪琴的《菲律宾的非政府组织发展及其原因》是一篇涉及东南亚国别非政府组织研究的文章。

3. 关于马来西亚非政府组织的研究

对马来西亚市民社会的研究从20世纪80年代才开始,这时,"社会福利机构"让位于更多的政治性非政府组织,这才使得马来西亚非政府组织的活动吸引了研究者的注意力。即使是今天,有关研究马来西亚的非政府组织和公民社会的文章很少,在其周边国家,即使对这些话题有初步兴趣的讨论中也很少提到马来西亚的非政府组织和公民社会。政府不鼓励当地或国外学者进行这方面的研究,而非政府组织自己研究的资源又相当有限。所做的大部分研究要么是对特定社会运动、基金机构所赞助组织的评估所做的相对肤浅的总结或回顾,要么是对特定的非政府组织部门,如环境非政府组织的活动所作出的经验性的而不是分析性的研究成果。

在这个研究领域还是可以找到一些重要的著作和文章,尽管每本著作和每篇文章所涉及的只是某个特定的范围。这方面的著作要首推马来西亚本土学者陈文清(Tan Boon Kean)和毕姗·辛(Bishan

Singh)合著的《不自在的关系:马来西亚政府和非政府组织》[1],她们以马来西亚政府与非政府组织关系发展为主线,对政府与非政府组织关系的状况、结构、法律框架、发展前景做了概括,并提供了一个分析框架,她们对修改强奸法和反伐木运动做了个案研究。此书已成为研究马来西亚非政府组织的开创性著作,引用率较高,其中涉及的议题很多,但对每一个议题缺乏深入的分析,给人一种"点到为止"的感觉。此外,她们尝试对马来西亚的非政府组织进行了分类,但很多类型的非政府组织没有被纳入她们的分类体系,使该体系显得不够完整。邝锦洪(Khong Kim Hoong)的《民主社会公共利益组织的角色》[2]对马来西亚公共利益组织发展的原因、它们的特点、以及它们和政府的关系进行了分析;施拉·内尔(Sheila Nair)的博士论文《国家、社会和社会运动:马来西亚和新加坡的权力与抵制》[3]以及相关研究成果,如《打造马来西亚的公民社会:民族主义、威权和抵制》[4]等论文对国家威权以及通过新社会运动,尤其是环境、人权和伊斯兰复兴运动对威权所进行的抵制的性质做了研究。研究马来西亚政府与非政府组织关系的论文有很多,其中不乏高质量的研究成果。日本学者吉木兼子(Yoshiki Kaneko)的论文《国家与非政府组织关系

---

[1] Tan Boon Kean and Bishan Singh. *Uneasy Relations: The State and NGOs in Malaysia*. Kuala Lumpur: Gender and Development Programme, Asian and Pacific Development Centre. 1994.

[2] Khong Kim Hoong. The Role of Public Interest Groups in a Democratic Society. *Ilmu Masyarakat*. 1988—1989.

[3] Sheila Nair. States, Societies and Societal Movements: Power and Resistance in Malaysia and Singapore. Ph. D. Dissertation, University of Minnesota. 1995.

[4] Sheila Nair. Constructing Civil Society in Malaysia: Nationalism, Hegemony and Resistance. In Jomo K. S. (ed.). *Rethinking Malaysia*. Hong Kong: Asia 2000 for Malaysian Social Science Association. 1999.

中的二元结构》①对马来西亚非政府组织的历史发展、特点、和政府的关系等方面进行了探讨,其研究的独到之处是指出了马来西亚国家和非政府组织关系中存在的"双重二元结构"。限于篇幅,该文只能从宏观上进行定性分析,没有实证案例分析。另一位对马来西亚政府与非政府组织关系以及非政府组织的历史渊源进行了富有成效的研究的学者是玛芮迪丝·薇斯(Meredith. L. Weiss),她发表的这方面成果有:《棘手的二难境地:马来西亚的国家、社会和半民主》②、《抗议政治:马来西亚的公民社会、联盟建设和政治变迁》③。以上研究的共同特点是紧扣政府与非政府组织关系这个主体,充分彰显了马来西亚非政府组织的政治性,为本书深入分析这两个问题提供了有益的借鉴。

由玛芮迪丝·薇斯(Meredith L. Weiss)和萨丽哈·哈桑(Saliha Hassan)编著的《马来西亚的社会运动:从道德共同体到非政府组织》④对马来西亚非政府组织的历史、法律框架和特点进行了简要的总结。本书两位编著者和另外5位研究者分别对妇女运动和妇女非政府组织、伊斯兰非政府组织、环保运动、马来西亚人权运动、和平运动和马来西亚的内外政策以及东马的非政府组织进行了研究。但由于本书是多人合作的产物,各个研究者的水平和风格不一,使其更显得是多项研究成果的拼凑,其中对东马非政府组织的论述缺乏实际

---

① Yoshiki Kaneko. Dual Structure in the State-NGO Relationship. In Shinichi Shigetomi(ed.), *The State and NGOs: Perspective from Asia*. Institute of Southeast Asian Studies. Singapore. 2002. pp. 179~199.

② Meredith L. Weiss. Prickly Ambivalence: State, Society and Semidemocracy in Malaysia. *Commonwealth & Comparative Politics*, Vol. 43, No. 1, March 2005. pp. 61~68.

③ M. L. Weiss. *The Politics of Protest: Civil Society, Coalition-Building, and Political Change in Malaysia*. Stanford University Press, 2005.

④ Meredith L. Weiss and Saliha Hassan (eds.). *Social movements in Malaysia: from moral communities to NGOs*. RoutledgeCurzon, 2003.

内容。这本著作对本书写作的重要启发在于它提示研究者要注意马来西亚非政府组织发展的历史基础,即:这些非政府组织的出现虽然被当作一个新现象,但它们却是建立在具有很长历史的社会网络和社会组织的基础之上;殖民统治时期所确立的政府与社会组织的关系的基调以及规范各种社会组织的法律框架在独立后的马来西亚得到一定程度的继承。

萨丽哈·哈桑的主要成果还集中在对马来西亚伊斯兰非政府组织和对非政府组织的政治性所做的研究上。她的成果多以英文或马来文发表或宣读。如《伊斯兰非政府组织》[1]、《政治性非政府组织:理想和现实》[2]、《亚洲价值和民主:马来西亚伊斯兰取向的非政府组织研究》[3]、《马来西亚的伊斯兰复兴运动以及国家对伊斯兰取向非政府组织的反应》[4]、《马来西亚的非政府组织与政治参与》[5],可

---

[1] Saliha Hassan. Islamic non-governmental organizations, in Meredith L. Weiss and Saliha Hassan. (eds.), *Social Movements in Malaysia: From moral communities to NGOs*. RoutledgeCurzon, Taylor & Francis Group, London and New York. 2003. pp.97~111.

[2] Saliha Hassan. Political Non-governmental Organizations: Ideals and Realities, in Francis Loh Kok Wah and Khoo Boo Teik(eds.), *Democracy in Malaysia: Discourses and Practices*. Curzon Press, 2002. pp.198~215.

[3] Saliha Hassan. Asian Values and Democracy: Islamic-Oriented Non-Governmental Organizations in Malaysia. Paper presented at the Third International Workshop on Discourses and Practices of Democracy in Southeast Asia, Copenhagen, 30September—4 October. 1997.

[4] Saliha Hassan. Islamic Revivalism and State Response to Islamic-oriented Non-Governmental Organizations in Malaysia, Paper presented at *Workshop on Islamic Revivalism and State Response: The Expierences of Malaysia, Indonesia and Brunei*, Singapore: ISEAS, 2—3 June. 1997.

[5] Saliha Hassan. Non-Governmental Organizations and Political Participation in Malaysia. Paper presented at meeting on Discourses and Practices of Democracy in Malaysia, University Sains Malaysia, Penang,18—19 July. 1998.

以说萨丽哈·哈桑是直接以马来西亚伊斯兰非政府组织为议题进行研究的学者。其他学者的研究成果,如穆罕默德·阿布巴克(Mohamad Abu Bakar)的《马来西亚的伊斯兰、公民社会与民族关系》[1]、沙里发·赛义德·哈桑(Sharifah Zaleha Syed Hassan)的《马来西亚的伊斯兰化与公民社会的兴起:一个案例分析》[2]、《马来西亚的伊斯兰复兴:对政府组织与非政府组织的讨论》[3]等等,则把伊斯兰非政府组织的研究纳入到伊斯兰复兴运动和公民社会关系的分析框架中进行探讨。涉及马来西亚穆斯林社会、伊斯兰复兴运动以及伊斯兰非政府组织的专著还有:《马来西亚的伊斯兰复兴》[4]、《学生中的宣教运动:马来西亚的伊斯兰复兴》[5]、《东南亚的伊斯兰和公民社会》[6]。这方面丰富的研究成果为本书梳理马来西亚伊斯兰非政府组织的发展史提供了知识背景。

---

[1] Mohamad Abu Bakar. Islam, Civil Society, and Ethnic Relations in Malaysia. in Nakamura Mitsuo, Sharon Siddique, Omar Farouk Bajunid (eds.), *Islam & Civil Society in Southeast Asia*. Singapore: Institute of Southeast Asian Studies. 2001. pp. 57~74.

[2] Sharifah Zaleha Syed Hassan. Islamization and the Emerging Civil Society in Malaysia: A Case Study. In Nakamura Mitsuo, Sharon Siddique, Omar Farouk Bajunid (eds.), *Islam & Civil Society in Southeast Asia*. Singapore: Institute of Southeast Asian Studies. 2001. pp. 77~88.

[3] Sharifah Zaleha Syed Hassan. Islamic Resergence in Malaysia: The Arguments of Governmental and Non-Governmental Organizations, *Journal For Islamic Studies* 13(1993): 101—120.

[4] Chandra Muzaffar. *Islamic Resergence in Malaysia*. Petaling Jaya: Penerbit Fajar Bakti, 1987.

[5] Zainah Anwar. *Dakwah Among the Students: Islamic Revivalism in Malaysia*. Kuala Lumpur: Pelanduk Publications, 1987.

[6] Nakamura Mitsuo, Sharon Siddique, Omar Farouk Bajunid (eds.). *Islam & Civil Society in Southeast Asia*. Singapore: Institute of Southeast Asian Studies. 2001.

马来西亚非政府组织的发展在某种程度上得益于马来西亚中产阶级的成长,虽然有一些论述东南亚中产阶级问题的文章提到马来西亚中产阶级的发展情况,如吉野文雄的《东南亚中产阶级的形成》[①]、黄云静的《东南亚政治发展中的中产阶级》和李文的《东南亚中间阶层的二重性及其成因》,也有直接论述马来西亚中产阶级与非政府组织关系的文章,如林若雩的《中产阶级与非政府组织(NGO):马来西亚未来民主的奠基》,但这方面的研究成果集中在《国家主导的现代化和马来西亚的新中产阶级》[②]一书中。这些研究成果对本书分析非政府组织与中产阶级的关系有一定的帮助。

如果说研究者们对马来西亚穆斯林社会的研究集中在对伊斯兰非政府组织以及与之相关的伊斯兰复兴运动的论述上,那么学者们对马来西亚华人社会的研究则集中在对华人社团的分析上,且时间跨度较长,成果较为丰富和集中。从总体上研究战后东南亚华人社会变化以及战后东南亚华人社团的发展和演变的著作是梁英明的《战后东南亚华人社会变化研究》。其他涉及马来西亚华人社团的著作有:吴凤斌、庄国土等人的《东南亚华侨通史》,布赛尔(Victor Purcell)的《东南亚的中国人》、《马来亚华侨》和《现代马来亚的华侨》,G·海克斯等人编著的《1930年代东南亚的华人组织》[③]、《早期华人社会组织与星马城镇发展的模式》[④]等。在马来西亚,最早引起殖民统治者注意的社会组织应该是华侨秘密社团,以及当时作为移民的华侨所建立的慈善和互助性质的公司、同乡会、宗族组织等。这方面的

---

① 吉野文雄:《东南亚中层阶级的形成》,载《南洋资料译丛》1999年第1期。

② Abdul Rahman Embong. *State-led Modernization and the New Middle class in Malaysia*, Palgrave, 2002.

③ G.. Hicks (ed.). *Chinese Organizations in Southeast Asia in the 1930s*. Singapore: Selected Books, 1996.

④ 麦留芳:《早期华人社会组织与星马城镇发展的模式》,台北:中央研究院三民主义研究所,1984年。

研究成果有麦留芳的《星马华人私会党的研究》、W. 布里茨的《马来亚华人秘密会社的影响：一个历史研究》，L. F. 坎贝尔的《马来亚的秘密会社：1800—1900 年三合会的历史》，等。马来西亚华团简史编委会编写的《马来西亚华团简史》和石沧金的《马来西亚华人社团研究》是近年来马来西亚本土学者和中国大陆学者这方面研究的最新成果。后者的研究内容涵盖各类马来西亚华人社团、华人社团的历史分期、华团的组织结构、华团对政治经济文化教育活动的参与情况、华团的发展前景等问题。

本书不以华人社团研究为重点，但这些研究成果对本书研究的重要性至少体现在以下两个方面：首先，这些成果给本书以非政府组织的视角研究华文教育组织提供了有关华人社团较为全面的背景知识；其次，对早期华人社会组织的研究成果提供了理解马来西亚现代非政府组织和早期华人社会组织关系的历史线索。

有关印度人社会及其社会组织的研究成果较少，马来西亚社会研究所（INSAN）的《干瘪的橘子：马来西亚贫穷的印度人》[①]是对马来西亚印度人社会进行较全面研究的成果；谭祥志（Tham Seong Chee）的《正式组织对马来西亚发展的作用和影响》[②]以及 R. 拉朱（R. Rajoo）的《全球视野中马来西亚印度人的社会认同和归属》[③]对马来西亚印度人的宗教组织、青年组织、社会组织和行会组织，以及印度人在马来西亚率先建立的现代性、西方式的工会组织多有介绍。

从以上学说史的回顾中，我们可以看出：中国大陆以外学者对东南亚乃至马来西亚非政府组织研究的质量和数量要远远超过中国大

---

① INSAN. *Sucked Oranges*: *The Indian Poor in Malaysia*. Kuala Lumpur: Institute of Social Analysis. 1989.

② Tham Seong Chee. *The Role and Impact of Formal Associations on the Development of Malaysia*. Bangkok: Friedrich-Ebert-Stiftung. 1977.

③ R. Rajoo. World-view of the Indians with Regard to Their Social Identity and Belonging in Malaysia. In Mohd. Taib Osman (ed.), *Malaysian World-view*. Singapore: ISEAS. 1985.

陆的学者,中国大陆学者虽然也对马来西亚华人社团进行了研究,取得了一定的成果,但方法和视角比较单一;对马来西亚发展型非政府组织的研究,中国大陆学者至今还无人问津,更谈不上有较为系统的研究。

四、马来西亚非政府组织的分类和有关概念的界定

1. 马来西亚非政府组织的分类

为了清楚地界定本书的研究范围和内容,有必要对马来西亚的非政府组织进行分类。马来西亚非政府组织的数目种类繁多。有关非政府组织的数量,到目前还没有一个确切的统计数字。除了前面提到的数字外,20世纪90年代末和21世纪初的文献都提到:到1996年12月31日,马来西亚总共有28219个组织在社团注册局登记注册。其中大部分是宗教团体组织(4166个);有2687个属于娱乐性质的组织;3500个属于体育组织;2687个从事社会福利的组织;被划分为政党组织的有41个。其他种类的组织包括文化组织、互助社团组织、商贸组织、青年组织以及教育组织。[1] 只有少部分注册的社团组织是倡导型非政府组织,这样的组织大概接近100个[2]。对华人社团的统计是:到2001年6月,马来西亚共有华人注册社团7276个(其中包括华人政党组织)。[3]

对马来西亚非政府组织进行分类是件很困难的事情,玛芮迪丝

---

[1] Makmor Tumin. NGO Dalam Sistem Demokrasi Malaysia. Massa, 16 May, 62－63.

[2] 这个数字是陈文清和毕姗·辛根据1981－1983年参加社团法协商会议秘书处为社团法修改案进行抗争的非政府组织的数量估计出来的。见 Tan Boon Kean and Bishan Singh Uneasy Relations: *The State and NGOs in Malaysia*. Kuala Lumpur: Gender and Development Programme, Asian and Pacific Development Centre, 1994. p.7.

[3] 言路、齐进:《华团须勇于落实结盟政策》,载《星洲日报》2001年8月31日。

・薇斯认为,即使现在,对马来西亚 NGO 研究仍然空乏其人,在研究范围和术语的确定方面仍然不严密。① 但她自己却没有对马来西亚的非政府组织进行分类。麦克墨·图闵(Makmor Tumin)也认为：在马来西亚,NGO 一词被广泛和随意用来指称除政党、工会、共济会、企业公司、军事组织、政府组织、私人组织和其他一些小团体组织之外的所有组织。他自己则把所有在政府注册的组织称为非政府组织,只是排除了政党组织,加进了一些类似的注册为不同类实体的组织。

陈文清(Tan Boon Keen)和毕姗·辛(Bishan Singh)在她们的著作中罗列了一系列非政府组织,包括社区组织、社区服务组织、工会组织、妇女组织、青年组织、职业组织、联合运动组织等。她们认为,尽管各种组织之间存在着一定的差异,简单地将这些组织划分为两大类似乎更有意义,即：社会服务和福利型非政府组织；发展和倡导型非政府组织。尽管倡导型的非政府组织的数量不多,但这些非政府组织却在结构、功能以及意识形态方面充满了异质性。她们还认为,在马来西亚还存在着一系列政府主导的非政府组织(GONGOs),即政府或国家支持和赞助的非政府组织,这些组织也活跃在许多领域。它们的资金和培训在很大程度上依赖于国家,但又不完全等同于政府组织,它们还保持着自己的结构,有不同程度的自治,和政府只是保持较密切的关系。在这些组织中,有的很少参与草根组织的活动,几乎沦为支持和赞助政府政治活动的工具。她们也承认,由于组织身份的多重性和马来西亚非政府组织重心的不断转移使得研究者只能使用简单的划分方案。即使是简单地将它们划分为福利取向和议题倡导取向这两种类型也不总是能站住脚,因为有些

---

① Meredith L. Weiss and Saliha Hassan (eds.). *Social movements in Malaysia: from moral communities to NGOs*. Routledge Curzon, 2003. p. 9.

非政治的福利组织在关键时刻会表现出一定的政治姿态。①

综合以上各种分类方法,本书尝试把马来西亚非政府组织分为两大类:传统非政府组织和主要出现于70年代后的发展型非政府组织。

传统非政府组织主要是指各族群的一些社交俱乐部、互助组织、福利组织、体育文化组织、联谊组织等。其中,华人社团组织占据很大的成分,华人社团可以分为六大类:(1)综合性社团:马来西亚中华大会堂总会及各州属的中华大会堂或华团联合会;(2)马来西亚中华工商联合会及各州属的中华工商总会;(3)马来西亚华校董事联合会总会(董总)及马来西亚华校教师会总会(教总),两者合称"董教总",加上各州属华校董事联合会及华校教师公会;(4)地缘性及血源性社团联合会;(5)学源性社团联合会;(6)全国性文化、青年、宗教等领域的代表性总会。

发展型非政府组织主要以马来西亚1999年出版的《马来西亚以发展为主的非营利组织指南》②(以下简称指南)所列的183个非政府组织为准(见表1-1)。按照它们从事活动的性质不同,这183个非政府组织又可以分为两大类:倡导型非政府组织和提供公共服务的非政府组织。前者的活动领域主要是消费者权益保护、人权、环境保护等,它们数量最少,但影响最大;后者的活动领域是社会福利、健康、教育等领域。

表1-1反映了到90年代末马来西亚发展型非政府组织在各个领域的分布情况。这种划分只是一种粗略的划分,各类非政府组织之间没有绝对的界限,如雪兰莪中华大会堂属于传统非政府组织,但

---

① Tan Boon Kean and Bishan Singh. Uneasy Relations: The State and NGOs in Malaysia. Kuala Lumpur: *Gender and Development Programme*, Asian and Pacific Development Centre. 1994. pp. 2~4.

② Aidcom. *Directory of Development — Based Non-Profit Organizations in Malaysia*. Kuala Lumpur: Aidcom, 1999.

表 1-1　发展型非政府组织在各个活动领域的分布情况

单位:个

领域	消费	人权	环境	经济社会	妇女	宗教	福利	健康	教育儿童	青年	其他	总计
分布	13	9	19	23	16	18	32	20	9	14	10	183

资料来源:Yoshiki Kaneko:Dual Strucrure in the State-NGO Relationship, in Shinichi Shigetomi(ed.),The State and NGOs:Perspective from Asia. Singapore: Institute of Southeast Asian Studies, 2002. p. 182.

它有三个注册身份,即社团、非营利有限公司和基金会,属下的青年团近年来积极参与推动民主与人权运动的活动,很有名气。它的后两个身份和其属下的青年团无疑属于发展型非政府组织一类。这种现象表明有的华人社团除了发挥着传统的功能外,在新的环境下又增加了许多新的功能,成为马来西亚公民社会中很有活力的成分;有的华团则处于"休眠"状态,很少开展活动,或没有任何活动。① 再如华人社团中比较有影响的华文教育组织,它们和传统非政府组织有很大的区别,除具有华人社团的某些特征外,它们更具有倡导型非政府组织(如反对政府的某些教育政策)和提供公共服务非政府组织(为华人提供受教育机会这项公共服务)的特征。消费者组织有时候既可以发挥倡导型非政府组织的功能,有时候又可以发挥提供公共服务的职能。妇女非政府组织除了向妇女提供服务和福利外,在维护妇女权益和提高妇女地位等方面也充分体现它们的倡导功能。

根据以上对马来西亚非政府组织的分类,也根据本书所要研究的重点,特制作了图 1-1 以方便分析。

2. 有关概念的界定和说明

清楚地界定每一个概念是进行社会科学研究的首要前提。概念

---

① 笔者曾访问几个来自马来西亚的华人,他们提到:有的注册华团,如姓氏公会等,一年只有一两次联谊聚会,年终给学习成绩好的子弟派送红包;有的华团只是提供一些娱乐场所,如打麻将等。

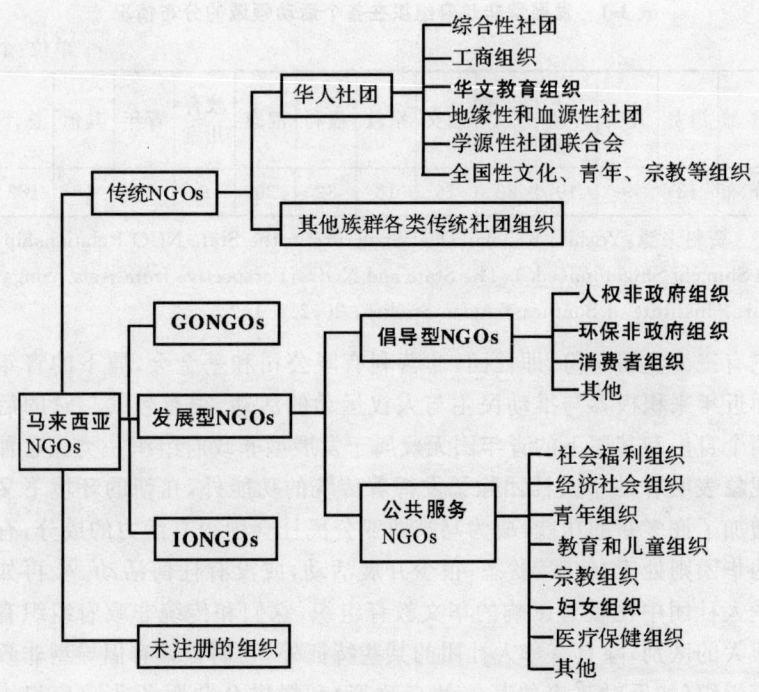

图 1-1 马来西亚 NGOs 分类结构图
（注：GONGOs－政府非政府组织；IONGOs－伊斯兰非政府组织。）

不清楚就无法将被研究的现象与其他现象区别开来。在进行发展史研究时，由于各个历史阶段的政治、经济和社会发展状况不同，同一现象在不同的历史阶段可能有不同的名称；此外，同一名词在不同国家有不同的含义，同一现象在不同国家有不同的名称。更麻烦的是，不同时期或不同国家类似的概念有重合的部分，但并不完全相同。这些会给研究带来一定的困难，需要研究者在具体研究中对有关概念进行界定和说明。

（1）非政府组织、发展型非政府组织、倡导型非政府组织、政府非政府组织（GONGOs）、伊斯兰非政府组织（IONGOs）、传统非政府

组织

本书在第二章对非政府组织的概念进行探讨，这里不再赘述。

在广大发展中国家，发展型非政府组织（development NGOs）是指那些在乡村和城市独立参与或与政府合作参与实施发展计划的非政府组织。在马来西亚，发展型非政府组织的含义要超出这个范围，它们的活动主要集中在和发展有关的议题上，通过游说、教育和动员等途径寻求政治、社会文化和经济的改变，它们把自己视为这种变化的推动力量。

倡导型非政府组织是指那些活动和言论涉及政治议题、并把自己视为公民民主参与政治的渠道的非政府组织。它们对政府往往持批评态度，政府把这类非政府组织归类为政治性非政府组织（political NGOs）。

政府非政府组织（GONGOs）是指那些由政府支持和资助并附属于某个政府机构或部门，但由基层和社区的人民管理和经营的志愿性组织。它们在资金和人力资源上很大程度上依赖政府，但在组织结构和与政府关系上又保有一定的独立性，还没有沦为完全的政府组织（GOs）。

宗教组织是否属于非政府组织在学术界存在争议，但在马来西亚，以伊斯兰非政府组织为论述主题的文献已经不少。这些组织通过提供宗教支持、发动和组织宗教运动，从而影响国家的政治过程、影响民族政治等。

本书论及的传统非政府组织主要指那些历史上延续下来的各族群社团组织，它们在组织结构、形式和功能等方面与20世纪70年代后出现的新的非政府组织有一定区别。华人社团以及其他专业、社会、休闲团体是其中的主要成分。这些组织中很少有可称为公众利益组织或其活动为维护社会公益的自愿团体。

（2）华人社团

华人社团由华侨社团演变而来。关于"华侨社团"，《华侨华人百科全书·社团政党卷》给出的解释和定义是："早期移居国外的华侨，为了团结互助、联络感情、共谋生存和发展,或以血缘宗亲或以地缘同乡,或以业缘同行等为纽带,自发建立起来互助、联谊与自治的社会组织形式;它源于中国明清时代出现的秘密会社及以后的会馆,有其社会、政治和经济上的根源。"① 当海外华侨社会演变为海外华人社会后,华侨社团也自然演变为华人社团;后来的研究者根据各自的研究对象和研究重点,给出了各自的定义,如李明欢在其《当代海外华人社团研究》一书中给"海外华人社团"下的定义是:"生活在中国本土之外的华侨、华人、华裔,为了达到一定目标、按一定原则自行组织起来的、非以营利为主要目的的合法团体。"② 这个定义基本适合马来西亚华人社团的情况。

为了叙述的方便和不至于引起歧义,对历史上出现的一些社会组织,本书仍使用前辈学者所使用过的名词,如"秘密会社"、"宗亲组织"、"方言组织"、"华人社团"等等。

(3)公民社会

"公民社会"一词由英文"Civil Society"翻译而来,"市民社会"和"民间社会"是它的另外两个译名。俞可平教授认为这三个不同的中文译名之间存在一些细微的差别。"市民社会"是"civil society"的经典译名,最为流行。但这一术语在实际使用中含有一定的贬义。"民间社会"是台湾学者的译名,是一个中性的称谓,但很多人认为它有些边缘化。"公民社会"是一个褒义的称谓,它含有公民对社会政治生活的参与以及对国家权力的制衡。越来越多的青年学者喜欢选用这个词。③

---

① 谢成佳:《华侨华人百科全书·社团政党卷》,北京:中国华侨出版社,1999年,第1~2页。

② 李明欢:《当代海外华人社团研究》,厦门:厦门大学出版社,1995年,第4页。

③ 俞可平:《中国公民社会的兴起与治理的变迁》,载《中国社会科学》1999年秋季号(总第27期),第107页。

由于"civil society"一词被使用的历史较长,黑格尔、马克思、托克威尔、葛兰西、哈维尔都曾使用过这个词,但用法存在一定的差别;又由于"civil society"在使用过程中被用来描述某个特定的、建立在志愿基础上的非商业性组织,也用于对所有这类组织的总称,[①]致使这个词在概念上产生了很多歧义。解决这个问题的办法一般有两种:一是避免使用这个词,选用其他的替代词,如王绍光教授就选用"第三部门"这个词;二是在使用这个词之前先对它进行界定和说明,很多学者这样做。本书认为戈登·怀特的定义具有一定的代表性:公民社会是国家和家庭之间的一个中介性的社团领域,这一领域由同国家相分离的组织所占据,这些组织在同国家的关系上享有自主权并由社会成员自愿结合而形成以保护或增进他们的利益或价值。戈登·怀特主张将企业或经济机构同公民社会分开来对待,前者作为经济社会或经济系统构成了公民社会的基础。[②] 所以,如果把现代社会看成是"三足鼎立"的社会－市场、政府与公民社会,那么"公民社会"在本书中指的即是现代社会中除开"市场"和"政府"的"第三足"或"第三域",而不是指某类或某个非政府和非商业性组织。

五、研究范围、内容和特点

本书将马来西亚非政府组织发展史作为研究对象,对非政府组织发展的历史进行了分期研究,但重点集中在对马来西亚独立后,特别是20世纪70年代以来出现的发展型非政府组织的分析上;其他非政府组织,如华人社团中的华文教育组织、马来穆斯林社会中的伊斯兰非政府组织(IONGOs)以及政府非政府组织(GONGOs)也被作为重点分析对象,并被纳入到这个分析框架中(见图1-1,其中黑体

[①] 王绍光:《多元与统一:第三部门国际比较研究》,杭州:浙江人民出版社,1999年,第8页。
[②] 戈登·怀特:《公民社会、民主化和发展:廓清分析的范围》,载《民主化》(英国)1994年秋季总第1卷第3期,第375～390页。

部分为本书重点分析对象)。

本书的研究包括三个层面:(1)主体层面的马来西亚非政府组织发展史研究;(2)国家层面的马来西亚非政府组织与国家关系研究;(3)全球层面的全球化和国际非政府组织对马来西亚非政府组织的影响。

研究内容主要有:(1)马来西亚现代非政府组织的渊源及非政府组织在不同民群社会中(马来人和非马来人)发展的不同路径;(2)马来西亚非政府组织产生和发展的政治、经济和社会条件;(3)非政府组织和政府的关系。

本书的创新在于:从非政府组织视角考察族群关系,分析马来西亚独立后族群关系的政治制度性安排以及新经济政策中族群优惠政策的实施对非政府组织的族群分布、特征及其和政府关系等方面的影响。所以,对三大民族(马来人、华人和印度人)各个时期主要类型组织发展的历史线索的梳理是本书分析的基础。在总体分析的基础上,本书对非政府组织做分类的专题研究,以弥补宏观研究的不足。

本书的结构特点:将马来西亚非政府组织发展的历史线索——"线",和马来西亚非政府组织的个案研究——"点"结合起来;将马来西亚国别非政府组织的研究——"内",和其他国家国内非政府组织、地区非政府组织乃至国际非政府组织的发展——"外"结合起来,做到"点"、"线"结合和"内"、"外"结合,以构筑一个较完整的分析体系。

六、研究方法与基本框架

1. 研究方法

随着非政府组织的蓬勃,相关的学术研究也跟着兴起,学者们或从政治学、经济学、社会学、国际关系领域里做跨领域研究;或是以一个研究中心做全球的个案扫描;或是以一个国家的非政府组织为例做国别个案研究。

作为国别非政府组织发展史的研究,相关文献的收集是获得背景知识的主要来源。在文献分析法中,最重要的是资料的收集,需要将相关的著作、论文、研究报告、学术期刊杂志、国内外举办的相关研讨会以及媒体(包括互联网)相关的报道加以收集整理。在收集资料的基础上,本书作为历史研究,注重运用实证研究的方法,以具有代表性的具体非政府组织发展史研究补充宏观研究之不足。

在现代社会科学研究中,非政府组织研究本身是一个正在兴起的、跨学科研究领域。本书以马来西亚非政府组织发展史为研究重点,无疑要运用历史学的研究方法;对国家和非政府组织关系的分析要运用政治学的研究方法;对于产生于各个民族社会的各类组织的分析要运用民族学和民族社会学的方法。

2. 框架结构

本书写作结构设计共分为五章:第一章为绪论,主要说明研究背景、研究目的与意义、研究方法、国内外研究现状、本书的研究对象和研究内容、研究方法等方面进行介绍。

第二章主要从非政府组织的定义和特征、公民社会与非政府组织的关系、非政府组织的发展历史、非政府组织的分类以及非政府组织理论等方面探讨非政府组织这个概念,为分析马来西亚非政府组织提供理论参照和知识背景,因为微观分析需要以宏观理论为指导。

第三章主要对马来西亚非政府组织发展史进行分期研究,试图厘清其历史发展的逻辑线索,以检视殖民遗产对马来西亚非政府组织发展的影响,并对20世纪70年代后发展型非政府组织产生的主要原因以及发展情况进行宏观介绍和分析。此外,本章还围绕马来西亚非政府组织发展过程中政府与非政府组织的关系、中产阶级与非政府组织发展的关联性、国际非政府组织和马来西亚非政府组织的关系等方面进行专题探讨。

第四章对马来西亚主要类别非政府组织做个案研究,它们是:妇女非政府组织、华文教育组织、伊斯兰非政府组织、人权非政府组织、环保非政府组织以及消费者组织。

第五章在总结全文的基础上得出几点结论,并预测马来西亚非政府组织的发展前景。

3. 有关说明

本书收集和使用的资料以英文为主，中文与少量马来文为辅。中国大陆资源主要来自各大学图书馆和报刊资料库，其他书面资料来源于报纸杂志类，如 Journal of Southeast Asian Studies、Journal of Contemporary Asia、Journal of Contemporary Southeast Asia、Commonwealth & Comparative Politics 等。Google 网站上的学术搜索、各个非政府组织的网站也是重要的研究参考资源。此外，笔者还委托他人在香港、新加坡、台湾和马来西亚收集相关的资料。

限于研究时间和经费，本书舍弃了田野调查和深度访谈部分，只能利用其他研究机构所做的田野调查和深度访谈结果来弥补文献研究的不足。

本书所涉及的非政府组织名称、机构名称、人名、地名等专有名词特别多。对于国际非政府组织的名称，本书主要使用经典文献中的翻译，如大赦国际（Amnesty International）。对马来西亚国内非政府组织名称的翻译主要以英文翻译为主，没有英文的，以马来文翻译为主；对已有的非政府组织名称中文翻译，本书主要以马来西亚国内通用的翻译或称呼为准，如大马人民之声（SUARAM）。为了方便查证，本书附录主要非政府组织名称及专用名词英汉对照表；为了方便阅读，本书将有些英文或马来文专有名词的缩略词附在译文之后的括号内（必要时附原文全称）；为了节省篇幅，有时会直接使用英文缩略词。对马来西亚地名的翻译和使用以马来西亚出版的《马来西亚中文地名手册》为准。

第二章

非政府组织概念探析

清楚地界定非政府组织的概念、厘清其理论发展脉络和从总体上了解非政府组织在全球的发展情况(尤其是在第三世界的发展情况)是研究马来西亚非政府组织的基本前提。本章分别对非政府组织的定义和特征、公民社会与非政府组织的关系、非政府组织的发展历史、非政府组织的分类以及非政府组织产生的理论等问题进行梳理,从不同角度探讨非政府组织这个概念,为分析马来西亚非政府组织提供理论参照和知识背景。

一、非政府组织的定义、特征和功能

"非政府组织"(Non-Governmental Organizations)一词最早见于联合国文件,在1946年6月的《联合国宪章》第71条规定:"经济及社会理事会得采取适当办法,俾与各种非政府组织会商有关于本理事会职权范围之事件。"①

1952年联合国第288(X)号决议指出,"任何国际组织,凡不是经由政府间协议而创立的,都被认为是此种安排而成立的非政府组织。"②1968年,联合国经社理事会通过1296决议:"任何不是根据政府间协议建立的组织,都可以归入非政府组织的范围;非政府组织可

---

① 盛红生、贺兵:《当代国际关系中的"第三者"——非政府组织研究》,北京:时事出版社2004年,第127页。
② 李铁城《世纪之交的联合国》,北京:人民出版社,2002年,第380页。

以在联合国经社理事会以及联合国体系内的其他机构中获得咨询地位。"①1994年联合国文件将非政府组织定义为:"一种非营利性实体,其成员为一个或多个国家的公民或公民协会,他们的行为有成员的集体意志所决定,以满足一个或多个和该非政府组织合作的团体成员之需要。"②联合国在1996年通过了1996/31号决议,扩大了非政府组织概念的范围,把国际、国内和社区组织均列为非政府组织。联合国将非政府组织定义为:在地方、国家或国际级别上组织起来的非营利性的、自愿公民组织。从涵盖的范围来看,这个定义包括了国际非政府组织、国内非政府组织和地方社区组织;从性质上看,非政府组织是处于政府组织、市场组织和家庭组织以外的社会组织;从活动内容来看,非政府组织从事的是公共性质的活动,其活动领域包括发展、医疗、环保、人权、和平等方面,活动的核心是围绕价值倡导;在组织结构上,非政府组织的组成主要是靠自愿,而不是靠法律或行政命令。

　　非政府组织不是法律名词,它指的是具有非营利性,非政府性,公益性或志愿性的一种民间组织,由于相关名词在学术界、传播界或通俗语言中普遍被使用,难免产生纷乱。学者们曾使用过的名称主要有以下13种:

　　1. 公民社会组织(Civil Society Organizations,CSO)

　　2. 非政府组织(Non-governmental organizations,简称NGOs)

　　3. 第三部门(the third sector)

　　4. 非营利部门(nonprofit sector)

　　5. 非营利组织(Non-Profit Organization,NPO)

　　6. 自愿部门(voluntary sector)

---

① 盛红生、贺兵:《当代国际关系中的"第三者"——非政府组织研究》,北京:时事出版社2004年,第226页。

② 俞正梁等:《全球化时代的国际关系》,上海:复旦大学出版社,2000年,第145页。

7. 慈善部门(charitable sector)
8. 隐形部门(invisible sector)
9. 独立部门(independent sector)
10. 免税部门(tax-exempt sector)
11. 公益基金会(philanthrophic foundation)
12. 社会部门(social sector)
13. 影子政府(shadow state)

其实,学者们在研究中所使用的概念远多于这13种。所呈现的概念无论有多少,有一点是确定的,即它们要么是指称处在个人和国家之间的公共区域,要么指称这个领域中以集体方式组织起来并开展活动、在公民与国家之间发挥作用的中介组织为公民社会组织。所以,这些概念至少应该从两个层次上加以区分,即"领域"和"领域内的组织",或"部门"和"部门内的组织"。本书认为"组织"应该从属于"部门"。虽然"组织"可以发展到代表"部门"的程度。西方社会学理论认为,当国家体系中的政府不能有效地配置社会资源(政府失灵)、市场体系中的企业又囿于利润动机不愿提供公共物品(市场失灵)时,非政府组织作为一种新的资源配置体制,弥补了政府和企业这两种主要的资源配置体制的不足。在这种意义上,人们把非政府组织称为与政府和企业相平行的"第三部门"(the third sector),将其组成的整体叫做"公民社会"(Civil society)。认为"第三部门"是相对于企业来说的;非政府组织是相对于政府来说的。由于志愿性的、中介性的非政府组织被看作是公民社会的核心结构要素,"公民社会"在很多情况下被"非政府组织"这一词汇所取代,但"部分"毕竟不等于"整体",所以任何一个概念都应该把与之相关的概念作为参照系数,在一个整体的范围内从学理上加以厘清,否则就会引起混乱。本书认为应该将个体公民和国家之间的公共区域用表示整体性概念的名词来指称,如"公民社会"、"公民社会部门"、"第三部门"(Third Sector)、"第三域"、"第三足"、"独立部门"(Independent Sector)、"非营利部门"(Non-Profit Sector)、"志愿部门"(Voluntary

Sector)、"利他的部门"(Altruistic Sector)、"免税部门"(tax-exempt sector)等;将在这个领域开展活动的各类组织以表示"部分"的概念加以界定,如:公民社会组织(CSO)、非政府组织(NGO)、志愿者组织(voluntary organization)、非营利组织(NPO)、免税组织(tax-exempt sector)、"民间组织"、"社团组织"等。具体选用哪个层次的名称完全在于所研究的具体对象和研究者的偏好。

非政府组织即 NGOs,是当今国际上的一种通行说法。它所具有的特征表现在很多方面:

1. 非营利性。非政府组织的非营利性是指它们不以营利为目的,法律也不允许它们将利润分配给组织的经营者。各种追求利润的企业性组织,如公司、银行等都不是非政府组织。非政府组织的财务来源可以有多种渠道,包括本身的经营所得。

2. 合法性。犯罪集团和恐怖组织等危害社会利益,不是非政府组织。

3. 非政党性。非政府组织在政治上一般采取中立立场,不谋求国家政权或其他任何政治权力,不遵循常规的政治程序,如议会、选举和组织政府等。这不是说它们在政治问题上没有自己的立场。事实上,很多非政府组织在环保、人权等带有政治性议题的问题上对政府和政党组织施加影响。

4. 非政府性。非政府组织是自主管理的社会组织。凡是政府机构、政府附属机构或政府控制下的社会组织,以及政府间的国际组织,都不是非政府组织。

5. 公益性。非政府组织的活动不仅在于服务其成员,而且旨在实现社会的共同利益,因此一般属于非成员组织,但也可以包括宗旨带有公益性的成员组织。非成员组织指对成员资格没有严格限制,组织的宗旨不只为本组织成员谋利,而且致力于社会公益事业的社会组织。

6. 志愿性。非政府组织的成员都是自愿加入,没有受到任何的强制,他们有推动实现非政府组织目的的意愿。

7. 独立性。它们不受政府支配,能独立地筹措自己的资金,独立地确定自己的方向,独立地实施自己的计划和完成自己的使命。"非政府组织"这个叫法就是为了强调这些组织不是政府的附庸和尾巴。

8. 多样性。政府行为的优缺点都在于整齐划一。但人们的需求和品位千差万别,一种政策很难满足所有人的偏好,客观上需要其他的社会组织来填补空白。非政府组织数量众多,或大或小,活动在社会生活的各个领域。非政府组织的这种多样性使它比政府更有效地满足社会各群体的需求。

9. 专业性。非政府组织作为一个整体,具有多样性,但具体到每一个非政府组织,它们又是十分专业化的。它们要么关注某个具体的社会问题,致力于解决它;要么关注某个社会群体,努力去帮助它。将活动集中在某个特定的领域,有利于非政府组织积累经验,提高效率。

在实践中,非政府组织表现出的其他特点有灵活性、开创性、参与性等。总之,非政府组织一般是指那些非政府的、非营利的、合法的、带有志愿性的致力于公益事业的社会中介组织。

有关非政府组织的角色功能,学者柯拉蒙(Kramer)从改革、倡导、价值维护及服务等角度出发做了如下归纳:[1]

1. 开拓与创新。因为非政府组织具有上述的多种特性,对社会大众需求较为敏锐,经常能挟人才创新以领导社会革新。

2. 改革与倡导。非政府组织从人民参与及实践中,察觉社会脉搏的跳动,具体促成社会改革,引发政策与法规的修正,倡导社会革新的功能。

3. 价值维护。非政府组织透过实际运作系统以激励民众对社会事务的关心,提供社会精英与领袖的培育场所,触发一般民众人格提升,有助于民主社会理念及各种正面价值观的维护。

---

[1] Kramer. *Voluntary Agencies and the Personal Social Services*. in W. W. Powell, New Haven, Yale University, 1987. p.55.

4.服务提供。在市场失灵和政府失灵、无法充分发挥其功能的情况下,非政府组织以多样化的服务传输,相对提供人民多种选择的机会。

除了从定义、特征和功能上探析非政府组织的概念外,还应该从非政府组织和公民社会的关系、非政府组织的发展历史、非政府组织的分类以及非政府组织产生的理论基础等方面来全面审视和把握非政府组织这个概念。

二、公民社会与非政府组织

公民社会这个概念的出现是与资本主义的形成以及现代国家的演化有着历史渊源。自 20 世纪 90 年代后,公民社会研究热潮从西方和苏东学术界扩展到世界其他国家和地区,其理论成为当代世界一股重要的社会政治思潮。[①] 当代关于公民社会的争论主要在社团学派、政体学派、新自由主义学派和后马克思主义学派之间进行。公民社会理论主要致力于研究公民社会的特征,以及公民社会和国家之间的关系。大部分分析家倾向于认为,公民社会属于处于个人与国家之间的有组织的社会生活领域。他们倾向于将公民社会放在某个单一的国家范围内进行分析。这也是最通常的分析层次。其他的分析层次有:社团层次、全球层次和跨国层次。[②] 虽然这些理论只是对复杂的现实的一种高度理论概括,且具有理想化的色彩,但它们在很多方面包含着真理的成分。

根据西方学者的研究,公民社会的结构性要素及特征主要体现在以下四个方面:(1)私人领域。他们认为个人私域构成个人自我发

[①] 何增科:《公民社会与第三部门》,北京:社会科学文献出版社,2000 年,第 1 页。

[②] [美]戈兰·海登著,周红云译:《公民社会、社会资本和发展:对一种复杂话语的剖析》,载何增科主编《公民社会与第三部门》,北京:社会科学文献出版社,2000 年,第 93～115 页。

展和道德选择的领域。(2)志愿性社团。团体成员基于共同利益或信仰而自愿结成的社团,是一种非营利的、非政府的社团组织。它为公民提供了参与公共事务的机会和手段,提高了他们的参与能力;志愿性社团被看作是公民社会的核心要素。(3)公共领域。它是介于私人领域和公共权威之间的一个领域,是一种非官方的公共领域。(4)社会运动。有的西方学者把社会运动或新社会运动看作是公民社会中一个非常重要的结构性要素,并将反叛现实社会和实现理想社会的希望寄托在此。①

公民社会具有以下四个主要特征:(1)公民参与政治生活。公民积极投身于公共活动,对政治议题感兴趣。(2)政治平等。在公民社会中,每个公民都享有平等的权利,都对社会负有平等的责任。(3)公民之间的团结、相互信任和相互容忍。对待公民社会内部不同的见解、不同的政治观点,社会成员之间能够容忍和正确对待。(4)合作的社会机构的存在,如各种社团组织。这些社会组织机构包含了公民社会的价值与规范。②

理论家们所研究的公民社会与国家的关系的模式概括起来有以下五种:(1)公民社会制衡国家。现代自由主义者认为国家是"必要的邪恶",主张以公民社会来制衡国家,从而将国家权力限定在一定范围内。当代公民社会论者继承了这一思想,认为只有通过独立的公民社会的民主实践才能有效地限制国家权力的滥用,并使国家易于接受民众的要求。(2)公民社会对抗国家。持此观点的论者把公民社会和国家的关系描述为支配和被支配、控制和被控制的关系,二者相互对立,主张反对国家对公民社会的压制,以扩大公民社会自主活动的空间。(3)公民社会与国家共生共强。持这种观点的公民社

---

① 何增科:《公民社会与第三部门》,北京:社会科学文献出版社,2000年,第4~5页。

② 赵黎青:《柏特南、公民社会与非政府组织》载《国外社会科学》,1999年第1期,第53~57页。

会论者认为,在民主体制下,公民社会和国家的关系的理想格局是强国家和强公民社会和谐共存。(4)公民社会参与国家。公民社会参与国家事务是理所应当的;参与的模式有多元主义模式和社团主义模式两种。5.公民社会与国家合作互补。持此论者认为公民社会和国家在很多方面可以相互补充,公民社会、国家以及经济领域之间可以建立起相互支持、高度合作的关系;反对将公民社会和国家对立起来。①

以往的研究表明,不同政体的国家对公民社会的包容度和开放度不同,公民社会的地位被相应地决定了。学者戈兰·海登对不同国家政体和公民社会的关系进行了分析和概括:②

在新自由主义政体下(the neoliberal regime),由于国家过分依赖市场作为配置资源的手段,没有努力将所有的团体包容进来,公民社会成为另一块替代性的包容场所,满足公众参与需求的任务自然落在公民社会的身上。虽然新自由主义体制有助于公民社会的成长,但一个对立的公民社会有时也会使国家感受到是一种威胁,从而其自由也会受到某种程度的限制。

在合作主义政体下(the corporatist system),国家实行福利供给的行政计划,并将社会中那些具有影响力的利益集团纳入到自己的决策结构中,以便在国家层次上对各种利益进行整合;公民社会组织因为更多地关注国家的结构,其作为公民社会组织的作用遭到削弱,从而失去充当民主力量的机会。

在仁慈—威权主义体制下(benign/autoritarian system),国家在政治中担当了自我任命的仲裁者角色,国家倾向于首先占据着每

---

① 何增科:《公民社会与第三部门》,北京:社会科学文献出版社,2000年,第4~9页。
② [美]戈兰·海登著,周红云译:《公民社会、社会资本和发展:对一种复杂话语的剖析》,载何增科主编《公民社会与第三部门》,北京:社会科学文献出版社,2000年,第115~124页。

一个领域,公共权力受到挑战,自愿结社要么被完全禁止,要么受到法律和政治的严格限制,公民社会的发展受到抑制,显得很脆弱,因为国家为其行动能力设置了法律障碍。其仁慈的一面体现在国家确实完成了被社会集团所赞赏的某些功能,如促进了经济发展,并设法使更多的人享有发展成果。这类国家易于在东南亚和东亚发现。马来西亚就是这类国家中很典型的一个。这类国家的政府和统治精英持这样一个观点,即民主、人权和公民社会是西方的概念,与亚洲的文化没有共同地方。他们多以"亚洲价值"为武器对之进行批判。尽管如此,现在越来越多的人赞成加强公民社会和民主,公民社会、人权和民主已经成为这些国家当代政治话语的一部分。亚洲的非政府组织首先认可了公民权和政治权的重要性,这些权利的起点是公民而不是政府;是公民社会而不是国家。

在新世袭制政体下(the neo-patrimonial regime),国家不仅从法律上限制公民社会组织而且其本身也容易被小精英集团所控制,从而公民社会受到最严重的挑战。这类政治体制易于在撒哈拉以南的非洲找到样板。

公民社会与国家的关系,以及公民社会理论所致力于研究的公民社会结构性要素和特征也反映在对公民社会的定义上。

学者们对公民社会的定义主要建立在国家和社会的二分法或者国家-经济-公民社会三分法基础上,前者认为公民社会是独立于国家但又受到法律保护的社会生活领域及与之相关联的一系列社会价值或原则;后者则认为公民社会是介于国家和个人之间的一个社会相互作用领域及与之相关的价值或原则。① 90年代以来,大部分学者集中关注于独立于国家和市场的结社和行动领域,给公民社会下的定义自然多以三分法为基础。其中戈登·怀特(Gordon White)的定义具有代表性:公民社会是国家和家庭之间的一个中介

---

① 何增科:《公民社会与第三部门》,北京:社会科学文献出版社,2000年,第3~4页。

性的社团领域,这一领域由同国家相分离的组织所占据,这些组织在同国家的关系上享有自主权并由社会成员自愿结合而形成以保护或增进他们的利益或价值。戈登·怀特主张将企业或经济机构同公民社会分开来对待,前者作为经济社会或经济系统构成了公民社会的基础。①

联合国开发计划署对于公民社会的定义是:"简单地说,公民社会是在建立民主社会的过程中同国家和市场一起构成的、相互关联的三个领域之一。社会运动可以在公民社会里组织起来。公民社会里的各个组织代表着各种不同的、有时是相互矛盾的社会利益,这些组织是根据各自的社会基础、所服务的社会对象、所要解决的问题以及开展活动的方式而建立和塑造的。诸如与教会相联系的团体、工会、合作组织、服务组织、青年组织以及学术机构都属于公民社会的组织。"②

以往人们将社会划分为两大块:一块是政府,一块是市场。然而,现代社会被看成是"三足鼎立"的社会——政府、市场和公民社会。科腾(D.C. Korten)把社会比作一个城堡,这个城堡里有"三个人",他们是:王子、商人和平民。王子代表国家和政府的权力;商人代表经济权力;平民则具体表现为人民的权力。③我们可以将这三个部门的内容用表和图的形式表示。如表 2-1 和图 2-1 所示。

如果用这个三角图形代表一国内部的"社会","王子"代表国家和政府,其所在的社会为政治社会(political society),其所属的部门是第一部门,政府建立的组织为政府组织;"商人"代表经济、市场、企业界、商业、私人企业等,其活动的社会是经济社会(economic socie-

---

① 戈登·怀特:《公民社会、民主化和发展:廓清分析的范围》,载《民主化》(英国)1994 年秋季总第 1 卷第 3 期,第 375~390 页。
② 李铁城:《世纪之交的联合国》,北京:人民出版社,2002 年,第 381 页。
③ D. C. Koten. *Getting to the 21st Century: Voluntary Action and the global Agenda*. Kumarian Press, West Hartford. 1990. p.96.

ty),其所在的部门是第二部门,在经济领域经济组织为主要的行为者;"平民"则代表人民,其所在的社会为公民社会(civil society),这一部门常被称作第三部门(Third Sector)等,构成这一部门核心要素的是非政府组织。

表 2-1 现代社会三部门结构表

部门划分	组成部分	形象	社会领域	组织名称	资源获取方式
第一部门	政府	王子	政治社会	政府组织和政府间组织	强制和命令
第二部门	市场、商业、	商人	经济社会	各类经济组织	贸易及交换
第三部门	公民社会	平民	公民社会	公民社会组织、非政府组织、非营利组织,等	价值分享和共同投入

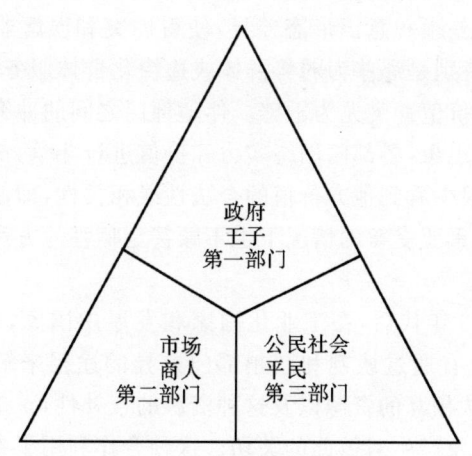

图 2-1 "三足鼎立"的现代社会

我们可以从几个方面将公民社会行动者和政府以及企业界或

经济领域区别开来。首先,三者所提供的商品不同。政府力求提供公共秩序和公共产品并运用自身权威筹集资金和创造合意的公共条件;企业力求通过自愿交易机制提供私人商品和服务;公民社会行动者则力求通过自身独立的志愿性努力以及通过公民团体对企业界和政府的影响来实现公民的价值和目的。其次,三者所采取的方法和手段不同。政府是通过合法的强制手段和税收来动员资源;企业界通过资源交换来动员资源;公民社会组织则通过诉诸价值体系和社会目的来动员资源。第三,三者的价值取向不同。政府的价值取向是公共利益;企业家的价值取向是私人利益;公民社会行动者往往专注于社会中社会集团的利益,包括那些在现有社会体制安排中处于不利地位的团体的利益。

在许多问题上,不同部门可以独立地进行活动而不用相互接触和打交道,但是在其他许多问题上,企业界、政府和公民社会组织则相互影响。经常的情况是,不同部门之间由于利益和见解的差异,以及明显的实力差距和意识形态差异,使得冲突和误解非常普遍。公民社会组织,特别是那些为弱势群体或边缘化群体服务的组织,可能对实力差距和价值冲突尤为敏感。伴随部门之间的冲突和误解可能产生部门极化现象,各部门围绕实力和价值进行斗争,都强调自身的利益和见解,很少看到他方价值的合法性或相关性,即使在合作行动可以获得某些重要受益的情况下也不顾甚至牺牲他方利益来寻求实现自身的目标。[①]

20世纪80年代后,在工业化国家和发展中国家,政府、企业界和公民社会也有通过谈判和超越部门差异的途径来解决存在的问题,各部门承认相互的资源以及这种资源的互补性,正确评价彼此的抱负和价值以及产生对彼此的关切。这种合作利用了参与方的比较

---

① [美]戴维·布朗,桑杰夫·凯哈格拉姆等著,任俊英编译:《全球化、非政府组织和多部门关系》,载李惠斌主编《全球化与公民社会》,桂林:广西师范大学出版社,2003年,第154页。

优势为各方带来收益。①

公民社会与非政府组织有着极为密切的联系。对于非政府组织的产生和发展,除了公民享有自由结社权以外,还有一个重要的条件,那就是公民社会的兴起。有的学者把公民社会当作国家或政府之外的民间组织和民间关系的总和。有的国际组织把公民社会分解为非政府组织、工会、宗教组织、对本地和全球社会有影响的组织。公民社会覆盖面比较宽,现在各种关于公民社会的定义基本上都包括了非政府组织。非政府组织的发展有助于打造公民社会,因为公民社会的力量,与公民和国家之间的中介组织的数量以及它们发挥作用的大小有关。这个中介部门包括了大量的民间社团、社区组织和起重要作用的非政府组织。非政府组织的发展与公民社会的发展有直接联系:公民社会为非政府组织的发展提供了良好的民主空间,也给非政府组织的运作和发展提供了运行机制;非政府组织在设立目的、活动方式以及社会责任等方面都具有"公共"的特性,与"公民社会"的理想相互吻合,非政府组织在社会内部所起到的作用和具有的影响力反过来给公民社会注入了强大的生命力。研究发展中国家非政府组织专家朱莉·费希尔认为:"公民社会的力量,与公民和国家之间起作用的中介组织的数量有关,中介部门包括从严格意义上的市民团体到试图发展他们的社区和推动社会变化的NGO"。"NGO在最近30年的兴起中,起到了促进可持续发展和培育公民社会的作用。"②非政府组织构成公民社会的核心要素,是公民社会中最积极、最活跃的成分。

---

① [美]戴维·布朗,桑杰夫·凯哈格拉姆等著,任俊英编译:《全球化、非政府组织和多部门关系》,载李惠斌主编《全球化与公民社会》,桂林:广西师范大学出版社,2003年,第155页。

② 朱莉·费希尔著,邓国胜、赵秀梅译:《NGO与第三世界的政治发展》,北京:社会科学文献出版社,2002年,第13页。

三、非政府组织的发展历史

1. 非政府组织的发展阶段

非政府组织发展的历史渊源甚为久远,初期来自慈善、自由或者正义等等一些恒久的价值。19世纪以来随着人类文明发展,其数量逐渐增加。二战后,全球关系愈形密切,多元机制愈形进步,非政府组织在社会思潮脉动下快速发展,20世纪80年代后呈现蓬勃态势,在全球化及全球治理脉络下,成为社会组织发展的另一主流。

非政府组织的发展大致经历了以下四个阶段。

第一阶段是早期萌芽阶段。在中世纪,已经出现了独立于国家的慈善机构,它们是由城镇行会和宗教协会组成的,目的是为社会最底层的弱势群体请命和促进社会教育和福利。如重要的跨国行为体——罗马天主教会(Roman Catholic Church)[1]就出现在这一时期。

第二个阶段为初步发展阶段。这一阶段是资本主义在全球范围内扩张的阶段。在这一阶段,非政府组织的发展与全球化进程密切相关。哥伦布的远洋航行开始了资本主义在全球范围内的扩张,19世纪中叶,全球化进程因两次科技革命的推动而进入较为发达的阶段。"观念、商品和人员跨越地缘政治的日益加强的流动创造了密集的相互依存网络,它不仅在物资上而且在心理上'压缩了世界'。这种'缩小世界的效应'塑造着个人的意识和行动,也塑造着个人同其他人结合的方式。"[2]人员和信息在全球范围内的迅速流动进一步加强了更广泛的经济、政治和道德相互依存感。同时,人们对某些制度的不满也激起建立更为有效的机构的需要。在此前提下,建立致力

---

[1] A. LeRoy Bennett. *International Organization:Principles and Issues*. New Jersey:Prentice-Hall, 1995. p.279.

[2] [美]戴维·布朗,桑杰夫·凯哈格拉姆等著,任俊英编译:《全球化、非政府组织和多部门关系》,载李惠斌主编《全球化与公民社会》,桂林:广西师范大学出版社,2003年,第143～144页。

于协调、合作的跨国机构便提上日程。如1865年成立的国际电报联盟、1875年的万国邮政联盟、1878年的国际气象组织、1864年的国际红十字会、1846年的世界福音教派联盟、1855年的世界基督教青年联盟等,就是在这种背景下产生的。截止到1900年,国际非政府组织已达到40多个,是政府间国际组织的3倍多。其中很多组织具有深远的宗教背景,它是由宗教组织或有着普世宗教精神的社会成员所构成,极具代表性的是红十字国际委员会和国际红十字大会的建立。它从一国的非政府组织发展成为国际非政府组织,被称为非政府组织发展史上的里程碑。

第三个阶段为稳步发展阶段。20世纪前半叶是革命和战争的半个世纪,也是人民饱受痛苦的半个世纪,非政府组织获得了一定的发展空间。第一次世界大战期间,私人国际组织增长很快,美国慈善机构捐助到欧洲的食物的价值每年高达2.5亿美元。[①] 英国最早的国际援助慈善机构,"拯救儿童基金"也于1919年创立。许多当代国际非政府组织起初是为了帮助欧洲二战中的受害者而建立,其中包括天主教救济服务(Catholic Relief Services)、美国普救合作组织(CARE)、牛津饥荒救济委员会(OXFAM UK)和丹麦国际合作协会(the Danish Association for International Co-operation)。[②]

第四阶段为成熟发展阶段。在第二次世界大战之后,不仅出现了现代性质的"非政府组织"这一概念,而且非政府组织得以大量涌现。其中有影响的非政府组织有:世界工会联合会(1945年10月成立),世界青年大会(1949年8月成立),罗马俱乐部(1968年4月成立),世界经济论坛(1971年),绿色和平组织(1972年),亚洲青年理

---

① John G. Sommer. *Beyond Charity*: *U. S. Voluntary Aid for a Changing Third World*. Washington, DC: Overseas Development Council, 1977. pp. 17~18.

② OECD. *Voluntary Aid for Development*: *The Role of Non-Governmental Organizations*. Paris: OCED, 1988. pp. 18~19.

事会(1972年),国际行动理事会(1983年)等等。在20世纪50年代,非政府组织差不多有1000个,1976年已经达到2500个,1986年则达到4649个,①1993—1994年的《国际组织年鉴》指出,"常见的"国际组织有5102个,其中4830个是非政府组织,政府间国际组织仅272个,此外还有3606个具有国际倾向的国内非政府组织。② 自第二次世界大战结束以来,一直到80年代,非政府组织以平均每年5%的速度增长。③

1990年以来,非政府组织的增长尤为迅猛。1993年加入经济合作与发展组织的国家中已经登记的非政府组织有2970个,而1980年只有1600个。这些组织的总支出从1980年的28亿美元增加到1997年的77亿美元。④ 1995年,专家对世界上22个主要国家的统计,非营利部门是一个资产达1.1万亿的庞大产业,拥有1060万名全日制领薪员上,这些国家非营利部门的支出平均达到国内生产总值的4.6%。如果把这些国家的非营利部门当作一个经济实体的话,它的规模超过了巴西、俄罗斯和加拿大等国,相当于世界第八大经济实体。⑤

90年代以来,非政府组织在全球范围内开展的各种活动也在不断增加。这反映在非政府组织参加的国际会议的数量的增加上,其中有300以上人员参加、其中外国人占到40%以上且最少有5个以

---

① 奥斯特-奥托·岑皮尔:《变革中的世界政治—东西方冲突结束后的国际体系》,上海:华东师范大学出版社,2000年,第88页。

② Bennett. *International Organization, Principles and Issues*. New Jersey: Prentice-Hall, 1995. p.271.

③ Koren A. Mingst, Margaret P. K arns (eds.). *The United Nationsin the Post-Cold War Era*, Boulder: Westview Press, 1995. p.57.

④ [美]保罗·斯特里腾:《非政府组织和发展》,载何增科主编《公民社会与第三部门》,北京:社会科学文献出版社,2000年,第321页。

⑤ H. Anheier(eds). *Global Civil Society* 2001, Oxford: Oxford University, 2001, pp.8~9.

上国家的成员、为期3天以上的国际性会议,1993年为8800个,以后逐步增加,到2000年达到4900个。① 1972年,参加联合国环境大会的非政府组织为300个,1992年为1400个。1975年,6000人参加了墨西哥世界妇女大会的非政府论坛,114个非政府组织参加了正式会议,1995年30万人参加了北京世界妇女大会的非政府论坛,3000个非政府组织参加了正式会议。②

从以上的分析可以看出,20世纪70年代以来,非政府组织在数量、活动和影响等方面都有迅速增长。有的学者将这一现象描述为"全球结社革命",并认为其在20世纪末的重要性同一个世纪之前民族国家的崛起一样重要。③ 对于产生这一现象的原因,学者们从不同的角度给予解释。

美国约翰·霍普金斯大学政策研究所所长、著名第三部门研究专家莱斯特·萨拉蒙认为,"四个危机"和"两个革命性变化"的综合作用为有组织志愿活动的增长开辟了道路。④

第一个危机是现代福利国家的危机。政府服务的扩张除了加重自身负担之外,还会排挤私人投资、窒息首创精神、解除个人责任和鼓励对国家的依赖。人们普遍意识到20世纪50年代以来在西方发达国家里所形成的福利供给的行政计划和政府制度似乎不再可行。

第二个危机是发展危机。70年代的石油危机和80年代的经济萧条急剧地改变了发展中国家的前景。人口的增长,贫困的加剧促使人们反思经济进步的必要条件。发达国家民间组织所推行的"参与式发展"援助战略往往要通过非政府组织来实施,非政府组织可以

---

① 见国际社团联合会网站:http://www.uia.org/uiastas。
② 安·玛丽·克拉克等:《全球公民社会的主权限制》,载《世界政治》1998年10月号。
③ 莱斯特·萨拉蒙:《非营利部门的崛起》,载《外交事务》1994年7月/8月号。
④ 莱斯特·萨拉蒙:《非营利部门的崛起》,载李惠斌主编《全球化与公民社会》,桂林:广西师范大学出版社,2003年,第178~180页。

使基层的能量和热情释放出来,并积极参与到发展项目中。第三部门机构的优势在此很好地体现出来。

第三个危机是全球性的环境危机。环境危机在民间激起了很大的首创精神,公民对政府日益感到灰心并渴望组织起来实现自己的倡议。到目前为止,环境组织在国际非政府组织和国内非政府组织中都占有一定的比例。

第四个危机是社会主义危机。在社会主义国家,社会经济取得一定发展的同时,也遭受了前所未有的挫折,计划经济体制的弊端逐渐被人们发现,政府的强制命令不能优化资源配置;同时,单纯靠市场调节经济运行的弊端也日益暴露出来。世人开始摆脱传统偏见,寻求两种经济体制的最佳结合点。但政府和市场在很多情况下不能取长补短。在二者之外,民间社团异军突起,它们在政府和市场无力为之的领域大显身手,成为不容忽视的第三种力量。

莱斯特·萨拉蒙把"两个革命性变化"表述为通讯革命和识字率的提高。在第三次科技革命的推动下,网络化、信息化飞速发展,国家间、人与人之间的交流日益快速和便捷,信息流通的渠道也越来越多样化。与此同时,公民受教育水平和识字率显著提高。通过科技成果的应用,非政府组织不仅可以加强同政府间国家组织、主权国家、各国公众和媒体之间的交流,非政府组织内部也可以形成强大的跨国网络。此外,全球信息网络把怀有同样梦想和希望的人集结到一起,便于它们商议对策、开展活动并协调方案。识字率的提高和通讯革命相结合使得组织和动员民众比以往容易得多。同时,也使人类轻松地了解周围发生的事情,增强他们的主人翁意识,使相互依存、全球化等观念深入人心,为非政府组织的发展提供了牢固的群众基础。

2. 发展中国家非政府组织的发展

发展中国家里的非政府组织被称为南方非政府组织,它是相对于北方发达国家非政府组织来说的。这里先简单介绍北方非政府组织。北方非政府组织是指设在发达国家,但在多个国家活动的非政府组织。在过去的20多年,北方非政府组织得到很大的发展。北方非政府组织的优势在于它们资金雄厚,信息畅通,活动范围大,运作技巧成熟,因此它们中很多在国际舞台上声名显赫,如"地球之友"(Friends of the Earth)、"绿色和平组织"(Greenpeace)、"大赦国际"(Amnesty International)等。越来越多的非政府组织参加联合国主持召开的会议,其中大多数来自北方国家。[①]

从活动领域来看,北方非政府组织可以划分为三大类型:推动可持续发展的非政府组织、从事救援工作的非政府组织和致力于解决特定问题的非政府组织(如妇女、裁军、反核、生态、人权、饥饿等)。除了关注本国的问题外,这些组织的活动延伸到其他国家,特别是第三世界国家。

二战后,特别是80年代以来,发展中国家的非政府组织也得到快速发展。在肯尼亚,非政府组织在1978—1987年间增加了近两倍。在巴西,非政府组织在1978—1991年间增加了1.5倍,数量由7.6万个上升到19万个,成为发展中国家中非政府组织数量最多的国家。在埃塞俄比亚,非政府组织在1994—1995年一年间增加了12.5%。[②] 有些南方非政府组织已颇具规模和影响力,如印度的非政府组织AWARE声称在2000多个村庄拥有会员,并对所在邦政府的政策有很大影响。[③] 在马来西亚,第三世界网络(TWN)、槟城消费者协会(CAP)等非政府组织在本国和本地区影响很大。在不少发展中国家,非政府组织已经成为一只不可忽视的政治和经济力量。NGO的出现可以说是发展中国家积极的新动向,NGO缓和了

---

① 王绍光:《多元与统一:第三部门国际比较研究》,杭州:浙江人民出版社,1999年,第20~23页。

② Gerard Clarke. *The Politics of NGOs in South-East Asia: Participation and Protest in the Philippines*. Routledge. 1998. p. 8.

③ Ian Smillie. The Alms Bazaar: *Altruism under fire-Nonprofit Organizations and International Development*. London: IT Publications, 1995. pp. 60~64.

个人与国家之间的矛盾,它的发展不仅是 NGO 自身在数量和能力上的发展,也是 NGO 与政府关系的发展,其结果是增强了政府的能力。① 据保罗·斯特里腾的估计,1997 年发展中国家的非政府组织可能有 5 万多个。还有成千上万个小型基层组织和基层支持组织存在。② 根据朱莉·费希尔的研究,在亚非拉大约有 20 多万个基层组织在为自己社区的发展而工作。这些基层组织大多是非营利性组织。

朱莉·费希尔认为:"在第三世界,NGO 广义上一般指致力于发展的组织。医院、慈善组织和大学通常被称为志愿或非营利性组织,而不是 NGO。一些第三世界观察家使用 NGO 仅仅表示中介性或基层支持组织。"③ 她认为,在发展中国家有两种重要的 NGO 类型——以地方社区为基础的民众基层组织(Grassroots Organizations,简称基层组织,又称草根组织,GRO)和以全国性或区域发展援助组织为基础的民众基层支持组织(Grassroots Support Organizations,简称基层支持组织,又称草根支持组织,GRSO)。基层支持组织的职员主要不是志愿人员,而通常由专家组成,它为基层组织引入国际基金,提供人才、组织、计划和协调方面的服务,帮助社区发展而不是为了自身发展。基层支持组织和基层组织之间的联系是垂直性的;如果基层组织和基层支持组织通过水平联系将一个地方社区和另一个地方社区相互联结起来,就构成发展中国家另外两种类型的非政府组织——基层组织网络(GRO Network)和基层支持组织网络(GRSO Network)。这种划分主要是按照非政府组织的功能来进行的。如

---

① 朱莉·费希尔著,邓国胜、赵秀梅译:《NGO 与第三世界的政治发展》,北京:社会科学文献出版社,2002 年,第 2 页。
② [美]保罗·斯特里腾:《非政府组织和发展》,载何增科主编《公民社会与第三部门》,北京:社会科学文献出版社,2000 年,第 321 页。
③ 朱莉·费希尔著,邓国胜、赵秀梅译:《NGO 与第三世界的政治发展》,北京:社会科学文献出版社,2002 年,第 2 页。

图 2-2 所示:

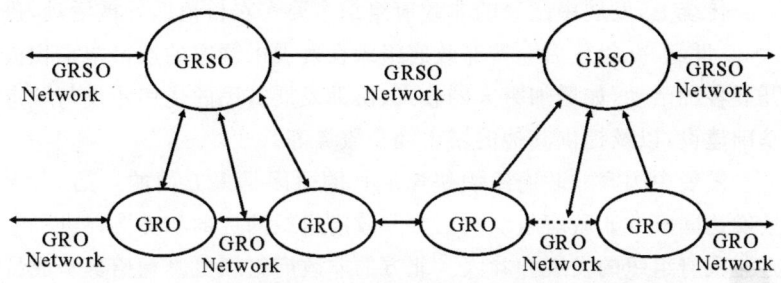

图 2-2 第三世界 NGO:基层组织、基层支持组织及其网络
(说明:GRO,基层组织或草根组织;GRSO,基层支持组织;GRO Network 基层组织网络;GRSO Network,基层支持组织网络)
资料来源:朱莉·费希尔著,邓国胜、赵秀梅译:《NGO 与第三世界的政治发展》,北京:社会科学文献出版社,2002年,第4页。

两种最普遍的基层组织类型是地方发展组织(LDA,如代表这个社区的委员会或邻里组织)和利益组织(IA,如代表社区中部分群体的妇女组织或灌溉组织)。基层组织组成网络将地方社区组织联结起来,其形式有:正式的伞状网络,它将基层组织(如合作社、地方发展增长、利益组织)联结起来;非正式的经济网络和促进人们关心诸如环境问题而形成的、由公众参与的社会运动。尽管许多基层组织面对挫折和失败,但大量证据表明:基层组织是提高社会效率和实现可持续发展的必备条件。基层支持组织的兴起始于 20 世纪 60 年代末,到 20 世纪末发展中国家至少有 5 万个活跃的基层支持组织。通过为基层组织提供服务,基层支持组织对基层的发展影响最大,它们鼓励基层组织建立网络。基层支持组织在保护基层组织的同时,也将基层组织同外界联系起来。此外,无论是基层组织还是基层支持组织在赋权方面各自有一些特殊的优势。①

传统上,发展中国家的非政府组织主要在农村地区开展活动,进入20世纪90年代后一些非政府组织在发展中国家的城市中也积极开展各种活动,如增加穷人的收入、协助发展贫民的住房建设与城市基础建设,以及提供其他的城市社会服务等。

发展中国家非政府组织快速成长的原因是多方面的。第一,大量发达国家的非政府组织对南方非政府组织的援助和支持促进了南方非政府组织的发展和壮大。北方的非政府组织更愿意招募新成员和支持地方的非政府组织而不是自己来实施某些项目,越来越多的援助都是通过非政府组织来实施。从60年代和70年代开始,来自美国、加拿大以及欧洲的许多非政府组织从传统的强调人道主义救济转向有关"授权"(enpowerment)这个新重点。无论是传统的美国组织,如路德派世界救济会(Lutheran World Relief),还是一些更新的组织,如牛津饥荒救济委员会美国分会(Oxfam America),以及一些大的基金会,如洛克菲勒基金会、福特基金会等都日益采用这种方法。到80年代中期为止,这些发达国家的民间团体向发展中国家发放了40亿～70亿美元的援助款项,另外还向发展中国家的2万个非政府组织提供道义上的支持。② 仅1990年一年间,北方非政府组织就向南方非政府组织输送了价值72亿美元的援助,相当于发展中国家当年收到的官方援助的13%,或当年流入这些国家总资金的2.5%。③ 第二,经济衰退等原因迫使发展中国家政府给非政府组织让出更大的空间,并允许它们参与社会经济发展的一些项目。第三,经济增长造就了新的社会阶层—中产阶级,使利益群体的划分更加多

---

① 朱莉·费希尔著,邓国胜、赵秀梅译:《NGO与第三世界的政治发展》,北京:社会科学文献出版社,2002年,第6～11页。

② 莱斯特·萨拉蒙:《非营利部门的崛起》,载李惠斌主编《全球化与公民社会》,桂林:广西师范大学出版社,2003年,第177页。

③ UNDP. Human Development Report 1993. p.92.

元化,传统的政治参与形式已经不能充分表达各种利益群体的愿望,这种格局催生了一大批形形色色的非政府组织,如律师组织、教育组织、学生组织。它们比以阶级或意识形态为基础的组织更能适应多元化的社会。

3. 联合国与非政府组织的发展

国际联盟和联合国这两个国际组织都是在人类社会经历了战争的浩劫之后应运而生的。尽管它们都是全球意义上的政府间国际组织,但是它们的出现在法律地位上赋予了国际组织新的生命和历史使命。在这样的条件下,非政府组织获得了新的增长动力,成为国际组织体系中日渐完善的一个重要组成部分。

联合国同非政府国际组织的关系在 20 世纪中后期得到了进一步发展。联合国将非政府组织定义为:在地方、国家或国际级别上组织起来的非营利性的、自愿公民组织。也就是说,它不仅承认国际性的非政府组织,同时也承认在各国或地区活动的非政府组织,并允许各国和各地区的非政府组织以自己独立的名义参与联合国经社理事会的会议,并通过在经社理事会使之具备咨询地位,进而可以间接地在联合国表达自己的主张。

1972 年 6 月,首届人类环境会议在斯德哥尔摩召开。此次会议是由联合国主办的,共有 134 个非政府组织参加了会议。此外,还有不少其他非政府组织参与了会议的筹划等工作。这次会议后,非政府组织频繁地参与联合国所召开的各式各样的会议。1975 年联合国在日内瓦设立了联合国非政府组织联络服务中心,其主要任务就是扩大联合国同非政府组织之间在教育、信息和政策倡议等方面的合作。到了 1989 年,在联合国经济及社会理事会获得咨询地位的非政府国际组织就达到了 93 个。1992 年的里约热内卢环境与发展大会被看作是非政府组织同联合国关系的转折点,1500 个非政府组织参加了大会。会后,非政府组织"大举进入联合国系统"。① 同年的联合国与发展世界首脑会议上,不仅为数众多的非政府组织参加了这次会议,而且还同期举行了非政府组织全球论坛,吸引了来自170个国家的3万多人,代表了9000多个非政府组织和团体,共举行了350次正式会议和1000多次非正式讨论会。② 在随后的几年中,在维也纳举行的世界人权大会(1993年)、在开罗举行的世界人口会议(1994年)、在哥本哈根举行的社会发展首脑会议(1995年)、在北京举行的世界妇女大会(1995年)、在伊斯坦布尔的联合国第二次人居会议(1996年)等国际会议中,非政府组织广泛参与,积极活动,发挥了极为重要的作用。

1996年,联合国经社理事会通过了1996年31号决议,更明确规范了非政府组织与联合国间的互动。在联合国经社理事会下设非政府组织委员会(The Committee on Non-Govermental Orgnizations),审查非政府组织之各类咨询地位及事务申请,监督非政府组织与联合国之间的发展,作为联合国与国际非政府组织的沟通桥梁。经社会衡量各个国际非政府组织之特性及活动能力,以及是否可提供联合国咨询协助,给予非政府组织三类的咨询地位。(一)一般咨询地位(Organizations in General Consultative Status);(二)特别咨询地位(Organizations in Special Consultative Status);(三)列名咨询地位(Organizations in Roster)。

自从联合国与非政府组织之间的法律框架确立以来,联合国已成为非政府组织的巨大的推动力量,到1997年已有1356个非政府组织建立了与联合国的密切联系,甚至确立了与联合国联系的会议机制和机构机制。没有或没有来得及与联合国确立法律关系的非政

---

① 王杰、张海滨等:《全球治理中的国际非政府组织》,北京:北京大学出版社,2004年,第172页。

② 孙景民:《非政府组织政治行为研究》,中央党校博士学位论文,2005年,第21页。

府组织多达 3 万个。①

1997年,在联合国秘书长科菲·安南提出了联合国的改革方案,方案规定:今后在联合国的每一个实质性的部门都将安排一名非政府组织成员担任联络干事,为联合国和非政府组织的对话搭建桥梁。

四、非政府组织的分类

1. 国内外学者对非政府组织的分类

对非政府组织可以按不同的标准予以分类。而分类的类别因分类标准不同而有不同区分,在研究取向上具有一定意义。这里先列举国外学者不同的分类标准。

表 2-2　国外学者对非政府组织的分类

提出学者	分类标准	分类结果
David C. Korten	组织本质	自愿性组织、公共服务承包者、人民组织、政府非政府组织
David Hulme & Michael Edwards	总部所在地	国际组织(北方非政府组织)、中介组织(南方非政府组织)、基层组织
Cousins William	组织取向	慈善组织、服务组织、参与组织、授权组织
	运作层次	社区组织、城市组织、国内非政府组织、国际非政府组织
Sam Moyo	活动范围	社区组织、中介非政府组织、服务性非政府组织、信托基金、国际非政府组织

资料来源:沈中元:《全球化下非政府组织之研究》,复旦大学博士学位论文,2003年,第43页。

这些学者从组织本质、总部所在地、组织取向、运作层次、活动范围等分类标准对非政府组织进行分类。以大卫·科腾(David.

---

① 杨冠群:《关注蓄势待发的世界非政府组织运动》,载《国际问题研究》2001年第3期。

Korten)为例,他认为非政府组织一词包含了众多不同的组织并将非政府组织做了如下分类:①它们有:

(1)志愿组织(Voluntary Organizations, VOs)基于对一种共同价值的承诺而追求一种社会使命。

(2)公共服务承包人(Public Service Contractors, PSCs)作为市场取向的非营利企业来提供公共产品。

(3)人民组织(People's Organizations, POs)主要代表其成员的利益,有其成员信任的领导层,在很大程度上自力更生。

(4)政府非政府组织(Governmental Nongovernmental Organizations, GONGOs)由政府创办并作为实施政府政策的工具。

国际研究非政府组织的著名机构约翰霍·普金斯大学,(The John Hopkins University ICNPO－The International Classification of Nonprofit Organization)以其国际研究个案的实证经验将非其分为以下多种类型:文化与娱乐、教育与研究、卫生保健、社会服务、环境保护、发展与供给、法律、职业、宗教、其他。这个分类反映了非政府组织活动所涉及的领域非常广泛。②

国内学者也对非政府组织进行了分类。中国学者王名根据中国非政府组织发展的实际情况主张应就不同层次进行分层分类,大体分为会员组织、非会员组织、人民团体及未登记或转登记之团体,其中运作型组织、互益型组织、公益型组织统称为社团;而使用非国有资产从事各种社会服务的实体型机构,现行法规称为"民办非企业单位";至2001年止,进行合法登记属于非营利组织范畴的,包括13.6

---

① D. C. Koten. *Getting to the 21st Century:Voluntary Action and the global Agenda*. Kumarian Press, West Hartford. 1990. p. 2.

② [美]莱斯特·萨拉蒙等,贾西津等译:《全球公民社会:非营利部门视界》,北京:社会科学文献出版社,2002年,第24~37页。

万家社会团体和10万家民办非企业单位。①

从全球层面,非政府组织可以分为国际非政府组织(International Nongovernmental Organization,简称 INGO)②、跨国非政府组织(Transnational NGOs)③和国内非政府组织④。有些学者将国际非政府组织与国内非政府组织严格区分来论述它们在国际法中的不同地位。从地缘经济与政治的角度看,有发达国家的非政府组织,也有发展中国家的非政府组织。在一些学者眼中,北方发达国家的非政府组织和南方发展中国家的非政府组织无论在活动范围还是组织形式方面都是泾渭分明的。⑤北方非政府组织多是国际性的,致力于解决一些全球性的问题;南方非政府组织,主要是致力于本国的社会经济发展活动、提供地方服务,以中小型组织为多。

在一定范围内,如南方国家和北方国家、国际和国内、一个地区

---

① 王名:《非营利组织管理概论》,北京:中国人民大学出版社,2002年,第9页。

② 国际非政府组织是指那些非政府、非营利性且有来自不同国家(至少3个)成员参加、得到三个以上国家成员资助、有正式机构和固定地址的组织,如国际商会、大赦国际、国际红十字会、绿色和平组织等。它们中的绝大部分获得联合国咨询地位。有关国际非政府组织的条件请参阅:Union of International Associations, Year book of International Organizations, 2000—2001, p. 551, Edition 37, Vol. 4, K. G. Saur Müchen, Gemany, 2001.

③ 跨国非政府组织是指那些没有获得联合国正式咨询地位的跨国性非政府组织。

④ 国内非政府组织是指以国内为基地,主要在国内活动的非政府组织,其中有地方性非政府组织,也有全国性非政府组织。有关分类可进一步参阅:James N. Rosenau, 'Organizational Proliferation in a Changing World', pp. 374~376. Papers written for the Commission on Global Governance, Issues in Global Governance, Kluwer Law International, 1995.

⑤ [英]迈克儿·爱德华兹,戴维·休姆、蒂纳·华莱士:《面向全球未来的非政府组织:提供地方服务与发挥世界影响相结合》,载何增科《公民社会与第三部门》,北京:社会科学文献出版社,2000年,第287~314页。

或一个社区,非政府组织按多种标准又可以被划分为许多种类。如:从一个国家内部来看,非政府组织可以从活动范围上被划分为社区或乡村的地方性非政府组织、全国性的非政府组织和从事跨国活动的国内跨国非政府组织(Domestic Transnational NGOs)[①]。从非政府组织的活动领域看,可以划分为致力于单一问题的专门性非政府组织组织,如环境非政府组织、人权非政府组织、妇女非政府组织,和从事全面社会经济发展活动的综合性非政府组织。从非政府组织的活动目标看,有发展型非政府组织和非发展型非政府组织。此外,非政府组织还可以从其自身的发展阶段来进行代际划分。

2. 非政府组织的代际划分

这种划分方法主要来自大卫·科腾(David C. Korten)的经典文献《迈向21世纪:志愿行动与全球议程》。1987年,科腾提出了非政府组织的发展迄今已走过了三个阶段,正进入第四个阶段,这就是他所谓的"四代非政府组织"之说。[②]

按照科腾的说法,在不同的阶段,非政府组织的战略不一样,组织形式也不一样。第一代非政府组织的工作重点放在救济和福利性服务上。它们直接为特定的社会群体提供诸如食品、医疗等服务;很多历史悠久的北方发达国家非政府组织在初创之时都采取这种战略。拯救儿童(Save the Children)、养父母计划(Foster Parents Plan)、牛津饥荒救济委员会(Oxfam)可以算是第一代非政府组织的代表。北方的以及南方的非政府组织在早期都经历过这一阶段。

第二代非政府组织将重点移到了小规模的、以自力更生为基础的社区发展上。目的是通过组织和动员发展中国家的当地资源去培

---

① 国内跨国非政府组织是指以一个国家为基地,在一个国家内部活动,成员来自国内(包括地方、州或省以及国家层次),但与国外非政府组织保持着密切联系、并从国外获得支持的非政府组织。

② D.C. Koten. *Getting to the 21st Century: Voluntary Action and the global Agenda*. Kumarian Press, West Hartford. 1990. pp. 114~128.

育当地的自助活动,增强人们满足自身需要的能力,以实现当地自力更生基础上的发展,缓解由慈善和人道援助造成的依赖性。其活动方式主要包括以预防为主的医疗服务、加强农业基本建设、教育建设和社区建设。

第三代非政府组织将可持续的系统发展作为其目标。它们的战略超越了在单个社区的活动,寻求在地方、全国以及全球层面上特定政策和制度的改变,加强同政府和多边组织的合作。它们的努力方向是促进制度变更和创新,将自己提供服务的角色转变成为新事务催生的角色。

第四代非政府组织还处在发展的初期阶段,许多特性尚不明确。它的基本宗旨是支持"人民运动",促进形成广阔的社会发展环境,把尽可能多的人动员起来,为争取更美好的明天而共同奋斗。

当然,科腾并不是说第一、第二代非政府组织已经消亡,现代的非政府组织都属于第三或第四代。实际上,在几乎所有国家,这四代非政府组织都是并存的,而不是相互排斥的。20世纪80年代后,发展最快的是第二、第三代非政府组织。其实,四代非政府组织的说法可看作是对非政府组织的另一种分类方式。

五、非政府组织理论概述

在解释公民社会及非政府组织出现和发展的问题上,西方学术界有两个主要理论派别:需求学派和供给学派。前者从供给方面提出的解释,认为非政府组织的出现和发展在于有特定的人力资源和财政资源,因而社会现实为非政府组织的发展提供了必要的基础。这一观点侧重于制度环境和政府治理的变化及其新的资源配置方式。后者则从需求方面作出解释,认为非政府组织出现和发展关键在于社会存在着特定的需求,客观需求是非政府组织出现和发展的基础和动力。这种观点着重分析这种需求的发生、原因及影响。以上两种理论归纳起来就是关于政府/市场/非政府组织三边关系的不同认识,学术界因而出现了所谓的"市场失灵"、"政府失败"和"第三者政府"的不同主张。

从需求方面考察非政府组织的,有三个理论流派:市场/政府失灵理论、合约失灵理论和新社会运动理论。

1. 市场/政府失灵理论(Market Failure/Government Failure)。这一理论是由美国经济学家波尔顿·威斯伯德(Burton A. Weisbord)[①]首先提出。该理论解释了为什么有些公共物品要由非政府组织提供,即从公共部门的观点来分析非政府组织存在的原因。因为公共物品的不可分割性和非排他性,公共物品无法通过市场体系,即由个别消费者和生产者之间的交易来提供,出现"市场失灵"。在这种情况下,提供公共物品的任务自然应该由政府来承担。但人们因为民族、宗教和文化背景等方面的不同,对公共物品在量和质方面的偏好不可能完全一样。政府无法满足一部分人对公共物品的过度需求,也无法满足一部分人的特殊需求。在政府机构效率差或公共政策不符合民众的实际需求的时候,也会出现公共物品短缺的情况。此时,非政府组织可以弥补政府功能的不足,成为政府以外的公共物品的供应者,有效地弥补"政府的失灵"。

为什么会出现政府失灵现象?威玛尔(Weimer)和维宁(Vining)认为主要是因为民主制度设计的缺失。[②]这些缺失表现在以下四个方面:(1)代议政治下,人民只能用投票的方式来表达意见,但面向供多数人制定的政策未必符合所有人的需要。(2)压力团体施压下,政府会漠视弱势者之需求满足。(3)官僚体系提供的服务难以评估绩效,政府机构因为缺乏竞争,缺少创意与效率。(4)分权政治的影响下容易产生政府部门的权责划分不清,造成无人可管的灰色地带。

---

① Burton A. Weisbord. *The Nonprofit Economy*. Cambridge．Massachusetts, Harvard University Press, 1988. p.25.

② Weimer and Vining. *Policy Analysis: Concepts and Practice*. Englewood Cliffs. New Jersy, 1989. p.94.

总之,市场/政府失灵论认为,在市场体系无法提供公共物品的情况下,政府同样对偏好差异较大的消费者的需求感到无能为力的时候,非政府组织应运而生。

2. 合约失灵论理论。该理论由亨利·汉斯曼(Henry Hansmann)提出,它解释了为什么有些私人物品要由非营利组织提供。① 在很多情况下,服务购买者不是最终消费者,而是让第三者受益;有些服务的性质复杂,消费者对它难以评估,这就出现了信息或权力不对称的现象,消费者没有能力在现行的合约制度下有效监督商品生产者或供应商的行为和合约的履行,而生产者可能为了谋求利润最大化去欺骗消费者。在这些领域,消费者会倾向寻求较值得信赖的机构来购买服务。非政府组织的非营利特性和不得分配赢利原则正好符合这种要求。即使消费者同样无法评估产品的质量和监督合约的履行,但非政府组织不以追求利润为目的的本质赢得了消费者的信赖。

3. 新社会运动理论。新社会运动论认为,社会的发展为人们有更高的要求提供了可能。如果这种要求无法在现有体制下得到满足,他们就会寻找新的途径。非政府组织恰好提供了这种途径和解决方法。

从供给方面研究非政府组织,有两个理论流派:治理观念转变理论和利他主义"扩溢"理论。

治理观念转变理论围绕着物质和财政资源的供给问题展开。这一理论认为,在实施社会管理的实践中,各国政府意识到某些公共物品的供应职能如果由非政府组织承担,效率高而且效果好,因此政府开始转变态度,开始有意识地寻求与非政府组织的某种程度的合作。这样非政府组织有了来自政府的财政支援和政策支持,发展的制度环境也逐渐营造起来。在国际范围内,各国政府也越来越多通过非

---

① Henry Hansmann. The Role of Nonprofit Enterprise. *Yale Low Journal*,2000. pp.835~901.

政府组织向贫困国家提供人道主义和开发性援助。这些事实构成了近年来非政府组织的迅速发展。

利他主义"扩溢"理论强调的是人力资源的供给问题。这一理论主张,尽管有悖于理性人的普遍认定,但真正利他主义的存在以及部分追求非物质性个人私利(如荣誉声望和社会影响力)的人们投身非政府组织的活动,往往会产生"扩溢"效益,感召和动员着越来越多的人们参加非政府组织的志愿活动。这一情况使得新的非政府组织不断出现和发展。

第三者政府理论和志愿主义理论分别代表了这两个理论流派。

1. 第三者政府理论(the third party government)。政府失灵论及市场失灵论只能将非政府组织的存在,视为一种补充的功能,非政府组织应该有更积极的角色,从事公共领域的服务。因此,萨拉蒙(Salamon)提出了第三者政府理论(the third party government)认为:非政府组织应该是一种优先机制(preferred mechanism),由民间非政府组织执行政府的目标,对公共基金的支出具有实质的裁量权,代为政府执行公共权力。由于民众渴望公共服务,又惧怕政府权力过度膨胀,因而透过第三者政府的组织,增加政府提供福利服务的角色与功能。[①] 以第三者政府理论解释非政府组织兴起的原因,较能符合现代主权理论里的多元主义概念,即政府不再是唯一的治理权力的主宰者,有公民社会参与的多元治理成为全球化下的主流趋势。

2. 志愿主义理论(voluntarism)。该理论强调非政府组织的利他精神,认为志愿人员为某种信念加入组织,这部分人的热心参与和奉

---

① Lester. M. Salamon, Partners in Public Service: The scope and Theory of Government Nonprofit Relations, in W. W. Powell, *The Research Hardbook*. New Haven, Yale University Press. 1987. p. 110.

献是非政府组织的最为宝贵的资源。根据施拉姆(Schram)①的研究,志愿主义包括的内涵如下:(1)利他主义(altruism)。利他主义被公认为人们参与志愿服务之主因,个人从满足他人的需求中同时满足了自己,不期望获得回报。(2)效用理论(utility theory)。所谓"效用",即个人将其资源置于最有利的位置,最大限度地发挥个人潜能,使效用最大化;而志愿服务工作是发挥个人效用的途径之一。(3)人力资源理论(human capital theory)。在此强调的是付出与获得的关系,并运用投资的概念。(4)期望理论(expectancy theory)。个人行为是基于将来"可能报酬"期望下的产物,志愿服务人员预期从参与中得到下列满足:与他人互动即对组织、社区、工作环境奉献的机会。(5)需要满足理论(need fulfillment)。心理学家马斯洛(Maslow)曾指出人类的需求有五个层次:生理、安全、相互信任、爱、自我实现。这个理论也能解释人们参与志愿服务的动机。(6)社会化理论(socialization)。当人们认为参与志愿服务的行为是其角色的一部分,同时也是责任时,会受到社会化的影响。

由于非政府组织是具公益性质的志愿组织,难免在运作时也有缺失与限制,萨拉蒙称这种现象为"志愿服务失灵"(voluntary failure),其内涵有以下四个方面:(1)公益的不足,非政府组织无法提供足够的集体性财产与服务,满足所有人的需求。(2)公益的特殊性,非政府组织偏向某些特别的受惠对象,造成资源不够普及。(3)公益的干涉,捐助者经由捐助干涉非政府组织的目标与服务造成资源受少数人控制。(4)资源的业余性,由于资源有限,须靠许多业余的志愿服务,所以专业人员的不足难免会影响服务的质量。

以上这些理论虽然触及了非政府组织兴起的原因,也试图定义其功能,但存在的缺陷也是明显的:第一,它们的着眼点似乎只是集

---

① V. R. Schram. Motivation Volunteers to Participate. In L. E. Moore (ed.), *Motivation Volunteers, How the Rewards of Unpaid Work Can Meet People's Needs*. Canada: Vancouver Volunteers Centre, 1985. pp. 13~29.

中在部分非政府组织身上,很难解释人权非政府组织和政治组织的存在和行为。第二,这些理论主要以北方国家,特别是美国的经验提出的,而各国特别是发展中国家,在历史传统、语言文化、族群分布、宗教影响、政治体制、经济体系等方面的情况千差万别,如果将这些理论生搬硬套到每个国家的非政府组织身上,免不了有牵强附会的嫌疑。所以,有关非政府组织的理论基础应该在更多个案研究的基础上加以总结。

第三章

马来西亚非政府组织的发展

和许多其他第三世界国家一样,马来西亚的非政府组织在20世纪70—80年代后迅速发展起来。任何事务的发展都有一个过程,马来西亚的非政府组织也是如此。许多当代马来西亚非政府组织根源于历史上的一系列组织,包括华人秘密会社、印度民族主义组织和马来—穆斯林进步组织。独立后国家的政治、经济和社会发展给非政府组织的发展提供了有限的空间;新经济政策对非政府组织的发展及其特点有直接的影响;90年代以来非政府组织的发展出现了一些新动向。马来西亚政府和非政府组织的关系逐步演变为既有对抗又有合作和协商的关系。新经济政策造就了一大批新中产阶级,他们对非政府组织的发展作出了一定的贡献。随着全球化步伐的加快,非政府组织之间的联系在加强,非政府组织全球网络正在或已经形成;一国内部非政府组织的发展无疑要受到国际非政府组织以及其他国家非政府组织的影响;作为外部因素的国际和地区非政府组织的发展也对马来西亚非政府组织的发展起到一定的推动作用。

第一节 马来西亚非政府组织的发展过程

一、马来西亚非政府组织的渊源:早期华、巫、印三大族群社会互助组织(1673—1945)

当代马来西亚非政府组织的前身主要是独立前的华人社会组织

(特别是秘密会社)、印度改良主义者组织、马来民族主义者组织和伊斯兰教组织。

1. 早期华人社会的互助组织

如果把1673年马六甲青云亭的建立算作马来西亚最早的华人社团组织,①那么到1945年,华人社团大致经历了三个阶段:华人社团的草创时期(1890年以前);华人社团的发展时期(1890—1941);华人社团的停顿时期(1941—1945)。②

在第一阶段,即殖民统治者放任华人社会组织自由发展时期,华人社会组织主要是一些地缘、血缘和业缘性组织,这些组织包括:秘密会社(如三合会、私会党、洪门会等)宗族组织——代表某一具体县、宗族或方言群的互惠互利社会组织、争端仲裁组织以及华人社区经济发展组织等等。这些组织中,华人秘密会社、宗亲组织、方言组织最有影响。

(1)华人秘密会社

19世纪初的殖民地官员总喜欢把大多数华人社会组织归为一类,即秘密会社(Secret Societies)。结果给人一种印象,即多数华人社团都凶残成性,他们是各种犯罪活动的渊薮。③ 华人秘密会社被殖民政府看成是具有暴力倾向和危险的组织,这使得殖民政府严格限制他们的活动。

华人秘密会社在人生地不熟的异乡为具有相同习俗和语言的中国移民提供了一个适宜的社区生活环境,同时也提供保护和帮助。更为特别的是,华人秘密会社起到使华人社会稳定的作用。由于殖

---

① 石沧金:《马来西亚华人社团研究》,北京:中国华侨出版社,2005年,第312~321页。

② 郑良树:《论中华大会堂五十二年来的贡献》,载《庆祝五十四周年纪念特刊》,吉隆坡:雪兰莪中华大会堂文教委员会,1977年,第121页。

③ 颜清湟著,粟明鲜等译:《新马华人社会史》,北京:中国华侨出版公司,1991年,第1页。

民政府司法保护系统的不完善使得华人秘密会社得以维系和发展。如殖民地警察不懂华语和华人习俗而有碍对案件的调查等等。秘密会社中那种解决冲突机制的力量可以弥补殖民政府法律保护的不足。

秘密会社的负面影响也是很明显的：这些组织各自为政，以至于经济案件和其他案件层出不穷，如敲诈、勒索、谋杀和袭击等等；秘密会社还充当控制华人新客苦力贸易和新马华人社会移民的一个有效工具。

1889年秘密会社遭到查禁，成为非法组织。在此之前殖民政府是默许他们存在并通过甲必丹制度间接控制秘密会社。之所以默许，是因为殖民政府当时还没有足够的力量和手段来监管和控制这些组织。他们对秘密会社的监管和控制力度是随着他们力量和权力的扩大而逐步实施的。1869年，殖民当局颁布了《镇压危险社团法令》，要求所有10人或10人以上的组织必须登记注册（互济会成员除外）。任何据有非法物品或对政府统治和公共秩序有可能造成威胁的组织都要提供其组织成员、仪式和规则的详细情况；对那些参与暴乱的组织则处以罚款和偿付赔偿金。在海峡殖民地，一项新的《社团法令》(Societies Ordinance)①在1890年1月1日正式生效，到日本法西斯占领马来亚为止，《社团法令》实际上一直是规范社团组织的基本法律。这个法律同样要求10人或10人以上的组织登记注册，为了维护公共利益和公共秩序，任何组织都可以不予注册或被强行解散；参加非法组织的人要受到罚款甚至被监禁的惩罚。随之，类似的法令在马来各州被采用。

（2）华人方言组织

早期出国谋生的移民很容易因为方言认同和风俗习惯的认同而结成方言群体，这些群体经过一定时间又发展成为规模较大的组织，方言会馆可以说是方言组织成熟的标志。19世纪20年代和30年

---

① 这项法令在临时社团法(the contemporary Societies Act)之前就存在。

代是华人方言组织发展最重要的两个十年。这一时期,在新马地区至少有 11 个方言会馆建立。这是因为当时马六甲沿海三个英国殖民地的建立及其在行政上的合并促进了经济的发展,从而吸引了更多的华人前来这里定居。①方言会馆的宗旨和目的大多是为了辅助贫困、联络乡谊、兴学助教等。有关方言会馆的职能,著名学者颜清湟教授根据保留下来的方言会馆资料作出了总结,②他认为方言会馆大致都有以下几个方面的职能:(1)宗教和社会职能。(2)福利职能。(3)仲裁职能。由于海外特殊的条件限制,早期的华人社会逐步形成了一定程度的自治。这些自治机构包括方言会馆、宗亲会馆、秘密会社等。这些机构帮助维持基层的法律和秩序,处理诸如民事纠纷、债务和商务纠纷以及家庭问题等。

(3)华人宗亲组织

中国人重视家庭和宗亲系统的传统被早期华人移民带到国外。在外国政府的统治下,在语言隔阂的群体中生活,早期华人移民似乎迫切感到需要第二道防卫线,满足这一实际需要的宗亲组织便应运而生。③颜清湟教授将宗亲组织划分为地域性宗亲组织和非地域性宗亲组织两种类型。地域性宗亲组织是一个基于血缘、地缘以及方言纽带的地域性宗亲集团,成员共认一个相同的祖先,他们来自同一村县,操同一种方言。非地域性宗亲组织是以一个较大范围亲缘和地缘为纽带,或以传统兄弟结盟的特殊团体为基础。

---

① C.M.特恩布尔:《1826—1867 年的海峡殖民地:从印度管辖地到皇家直辖殖民地》,伦敦:伦敦大学、阿恩龙出版社,1972 年,第 1~5 页。

② 颜清湟著,粟明鲜等翻译:《新马华人社会史》,北京:中国华侨出版公司,1991 年,第 41~48 页。

③ 社会学家 J·P·墨克多认为,家族集团代表着个人的第二道防卫线。当某人陷入险境或遇到麻烦时,当其为履行经济业务或正式契约需要帮助,而他的直系家族又无法给予他所要求的帮助时,他便可以转向更大范围的宗族集团成员寻求支援或接济。参见 J·P·墨克多著《社会结构》,纽约:弗里斯出版社,1965 年,第 43 页。

宗亲组织的结构：宗亲组织的正式结构呈三层状：常务委员会，理事会以及宗亲会馆的会员。宗族首领的选择遵循三条主要的原则：辈分与年资、社会名望、正直。

宗亲组织的职能是宗族世系长存，促进宗族的团结，培植传统价值观，从而维系传统的宗族思想。海外的宗族主要有以下五大职能：祭祖和崇祀保护神，纪念传统节日，辅助贫困会员，仲裁纠纷和对婚姻的法律认可，促进教育事业的发展。

这段早期华人移民社会的历史时期中，这些华人社团及其先导组织如寺庙、义山、公司、会党等组织大多扮演着协调与促进马来亚各地区开发及充当华人社会管理机构的重要角色。

郑良树是这样评价华族会馆的历史价值和意义的：

> 今天，我们从历史的眼光，回顾合法的结社——会馆，对华人社会乃至于大马社会的贡献，大约有下列数端：第一、创立学校……第二、行会……第三、婚丧服务……在独立以前的殖民地时代，基于历史眼光的局限，华人会馆所提供的是一套华人社会"自给自足"的社会活动。①

第二阶段是华人社团发展的一个新的历史时期，《社团注册法》的颁布促使更多的社团组织以合法的名义注册成立。从1891至1941年期间，除了原有的社团及新成立的社团不断增加外，还出现了各方言群的社团联合会，以及更多的超地缘、血缘和业缘的组织，如槟城中华总商会（1903年成立）、雪兰莪中华大会堂（1923年成立）等。

这一时期还是华人社团逐步被政治化的时期。在19世纪和20世纪之交，各类华人社会组织逐渐被政治化了，从清朝末年到中华人民共和国成立之前，先有清政府卖官鬻爵，对这些组织的头目进行拉拢和收买；随之有以康有为为首的保皇派和以孙中山为首的革命派

---

① 郑良树：《灵根自植》，吉隆坡：马来西亚华人文化协会，1978年，第115～120页。

为争取这些组织的支持所进行的论战和较量;最后,国内政党各自在马来西亚发展自己的组织,各自有自己的支持者。许多互助性质的福利机构,许多华人社团,即使其政治色彩模糊,也都表现出一定的政治取向。这一时期,华人社团还对中国的抗日救亡运动和马来亚华文教育的发展作出了贡献。总之,这一时期华人社团的活动超越了"馆内活动"的界限,是外向型发展的重要时期。

第三阶段是日本法西斯占领马来亚的时期,华人社团被迫关闭或停止活动。

2. 早期马来人社会组织

和华人社会相比,马来人缺少建立社会组织的积极性,在整个殖民时期,绝大多数马来人生活在农村,他们所从事的职业也以农业为主。普通人民和世袭苏丹之间的保护和被保护的关系(patron-client)限制了马来社会组织发展的空间;马来贵族和广大马来农民两个阶级的分裂和英国殖民统治者对这两个阶级分裂状况的强化,使得马来社会组织出现得较晚;另外,马来传统和英国的殖民政策使得马来人认为政府有义务给他们一定的福利和保护他们的利益,这也阻碍了马来人组织的兴起。长期在马来人社会中存在的是一些结构不完整的组织,如:gotong-royong(相互合作而致力于整个村庄的福利维持)和 tolong Menolong(一种在城市和乡村都存在的互助组织)。他们的目的只是为了个人或社区的福利而进行合作和互助。

尽管如此,在资本主义制度下的经济和社会变迁,包括不断扩大的城市化建设,社会差别的扩大等等,对马来人社会组织的转型起到一定的催化作用。独立前的马来人社会组织无论在公民组织还是政治组织的发展方面都扮演了至关重要的角色。对居住在城市的马来人的社会变迁,学者威廉·若夫(William Roff)是这样论述的:"城市的生活环境,包括它的异质性、竞争性以及传统习俗和权威约束力的降低,使得个体产生出一种使人迷惑的不安全感,同时也产生了一种全新的群体意识。"①从殖民者东来到 19 世纪晚期,生活在新加坡、槟榔屿和马六甲的马来人在城市建立起自己的社区,他们的社会认同的需求得到很大的满足,每个社区大概是来自同一个地方的人,从事的行业也大概相似。随着城市生活变得复杂,竞争也变得激烈,他们的这种居住模式和职业类型也变得多样化,追求传统结构下的声望和地位的重要性开始减弱。

马来社会新的社会组织形式出现在 19 和 20 世纪之交,主要是文学组织、社团组织、宗教组织和政治组织等。起初,这些组织是由 Malayo-Muslims(阿拉伯人、印度穆斯林和 Peranakans)领导的,而不是马来人自己。这些人多参与政府管理,同时他们感受到来自华人的经济竞争压力。他们模仿西方建立了自己的社区组织,在语言和宗教层面追求统一、团结和相互交流。这个领导层要求的是对语言和宗教的忠诚,而非旧式的对团体的效忠,尤其是那些自发的、会员式的俱乐部在此时大量增加,这些俱乐部按照会员的经济条件和受教育程度的不同相互区别开来,它们要么用于学习,要么用于娱乐或体育锻炼。对于这些组织本身来讲,无论它们所达到的目标多么有限,但它们确实发挥了一定的社会整合功能。至少从 1910 年开始,在城镇和较大的集市,类似的俱乐部和社会组织如雨后春笋不断涌现,这些体育组织、社团组织以及文化和进步组织的创立,反映了居住在城市、且在经济上有竞争力的马来人在寻求个人和社会发展新途径的意识在不断增长。社会的变迁促使马来人呼吁他们的社会去追求经济发展和文化的复兴。这也使得马来人社会组织,包括文化组织、福利组织和进步组织等,意识到它们是整个马来社会的一部分,在这样一个多元种族的社会里,为了改进马来人的教育和经济地位,他们有必要用一个声音说话。

当代受过教育的马来人,包括教师、政府公务员、小企业商人以

---

① William Roff. *The Origins of Malay Nationalism*. Kuala Lumpur: Oxford University Press. 1994. p. 178.

及记者,在 20 世纪早期的"进步组织"中起着主导作用。这些组织中有:1916 年在柔佛新山建立的新希望组织(New Hope Society);1918 年在吉打州的亚罗士打成立的神州组织(Heavenly Land Society);1919 年在柔佛麻坡建立的穆斯林论辩组织(Muslim Debating Society)。第一个马来伊斯兰教师协会(Malay and Islam Teachers' Association)也与 20 世纪 20 年代初建立。这些组织讨论现代世界马来人的生活问题,并致力于开发一些自助项目和教育项目来为马来人的发展做出贡献。这个时期其他的马来社会组织则更多地集中于一些经济问题。尽管一些组织偶尔就一些相关问题和政府进行交涉,但直到 20 年代中期,海峡殖民地以及马来半岛各州的马来人社会组织和马来穆斯林(Malayo-Muslim)组织都属于社会、文化和经济组织,而不属于政治组织。[①]

马来准政治组织和文学组织是在 20 世纪 30 年代发展起来的。特别公开的政治组织并不很成功。第一个这样的组织是 1926 年新加坡的马来人成立的新加坡马来公会(Kesatuan Melayu Singapura),该组织旨在提高马来人的政治意识和促进马来人的经济和教育发展。随后,许多这样的组织得以建立,如 1938 年成立的马来青年公会(Kesatuan Melayu Muda),该组织属于左翼的、受印度尼西亚影响的、带有民族主义倾向的组织。在这些组织中,年青的、受过英文或本国语言教育的马来人充当先锋,和他们站在同一个战线上的是传统的世俗和宗教权威人士。虽然就马来社会各种组织的角色和地位问题分别在 1939 年和 1940 年各举行了一次大会;虽然马来人对自身权利和利益的意识开始增长,由于参加组织的人数有限,其会员也只是来自有限的阶层,在马来人中普遍存在着对政治倾向的不确定性,以及马来人中持续存在的有关国家的狭隘思想观念,有限的经

[①] Tham Seong Chee. *The Role and Impact of Formal Associations on the Development of Malaysia*. Bangkok:Friedrich-Ebert-Stiftung. 1977. pp. 25~28.

济资源,对"Malay"一词定义的争吵不休等等。这些使得马来人组织的影响受到很大的限制。① 此外,由于英国殖民统治者在经济和行政地位方面偏袒传统的马来贵族,一个相对新的中产阶级和改革政治意识没有在海峡殖民地范围以外的地方得到发展。

相比而言,文学组织则比较成功。在第一次世界大战期间,尤其到20世纪20—30年代,马来报刊的数量激增,这极大地"帮助了新兴的马来精英阶层对马来民众的政治教育,这也逐渐对传统的社会和政治结构发起了挑战。同时,他们更加直白地提醒他们的读者注意外来移民的人口增加和移民经济统治地位的不断加强。"②

文学组织的努力激起了马来人激进民族主义情绪的扩展;马来人对政治的不断接触,华人和印度人在政治参与方面给他们树立的榜样,又进一步促进了他们的民族主义情绪。在诸多文化精英中,有些也积极参加了激进政党组织,他们和新闻记者、政论文章作家、评论家、诗人等一起,在促进马来民族主义的发展方面发挥了重大作用。在1930年到1941年间,他们出版的102种马来报刊给新的知识阶层提供了一个针对现存的社会和政治秩序提出各种各样批评的大好机会。如槟城的 Saudara 报社在1934年发起并创立了马来亚笔友协会(Persaudaraan Sahabat Pena Malaya);吉隆坡的社 Majlis 参与创立了马来青年公会(Kesatuan Melayu Muda,成立于1938年)。可见,这两个报刊社在促成和维系这两个影响范围很大的马来人社会组织方面发挥了特殊的作用。这两个马来人社会组织是当今政治性非政府组织的先驱者。马来亚笔友协会自认为是一个非政治

---

① Firdaus 认为:对是谁构成了马来社会的讨论非常有意义,这个概念在大马(Greater Malaysia)和大印度尼西亚(Greater Indonesia)中有所阐明,这个讨论把两个殖民地的马来人联系起来。这个运动使得马来民族主义者卷进了印度尼西亚反抗荷兰殖民统治的斗争中去,也把国外的学生组织、新闻记者以及其他的不同的政治力量都纳入到这个运动中。

② Firdaus Abdullah. *Radical Malay Politics: Its Origin and Early Development*. Petaling Jaya: Pelanduk Publications. 1985. p.59.

性组织,但它是第一个真正泛马来亚的马来人组织,它把不同地域和不同社会阶层的马来人联合起来,其数量和范围均超过了以前的任何组织。就马来青年公会而言,它可以说是表达马来人激进思想的第一个具体组织。[1] 即使是以前那些保守的、亲英的、由传统的马来贵族精英领导的政治组织,也都受到报刊辩论的极大促进。[2]

以上马来人组织的基本特点一直保持到战后阶段。大部分组织属于社会组织、娱乐组织或者福利性质的组织,为特定民族主义目标而奋斗的文学组织、准政治组织和政治组织也不在少数。

3. 早期印度人社会组织

和中国移民一样,印度移民也在马来西亚殖民时期建立过自己的组织,这些组织也是基于民族认同而建立,从某种程度上说这些组织和其祖籍国的社会运动相联系和对应,马来亚时期的印度组织尤其如此,它们和印度当代的独立运动紧密关联。在马来亚时期(特别是战前阶段)的印度人显示出城乡差别,一般根据种姓、语言、经济实力以及受教育程度的高低来划分为城乡两极,他们之间没有任何相同的文化认同或归属感,更没有任何深厚的群众组织。[3] 从 20 世纪 20 年代开始,少数受过西方教育的印度人因为在职业、收入以及权利的享有等方面所具有的优势而跻身于印度社会精英阶层。20 世纪 20 年代,马来半岛的印度人组织的社会基础仍然是种姓制度,同时这些组织和印度国内的运动相呼应。在战前阶段,有些组织则关注种姓制度乃至印度教的改革。

---

[1] Tham Seong Chee. *The Role and Impact of Formal Associations on the Development of Malaysia*. Bangkok: Friedrich-Ebert-Stiftung. 1977. pp. 25~28.

[2] Firdaus Abdullah. *Radical Maly Politics: Its Origin and Early Development*. Petaling Jaya: Pelanduk Publications. 1985. p. 64.

[3] Sheila Nair. States, Societies and Societal Movements: Power and Resistance in Malaysia and Singapore. Ph. D. Dissertation, University of Minnesota. 1995. p. 22.

大部分印度组织属于宗教组织,占第二位的是青年组织,其次是社会组织和行业组织。早期的马来亚印度组织只是具有一些简单的组织结构,他们所要培育的是团队精神。但随着时间的过去,这些组织的政治特性逐渐显现出来。马来亚的印度移民比较早地建立了现代化的和西方类型的工会。因为印度移民大多受雇于欧洲人开办的大型种植园,或者在殖民政府的某些部门工作,所以他们所建立的组织的早期活动主要集中在谋求自身工作条件的改善。印度国内争取独立的斗争也唤醒了马来亚印度移民的意识,他们开始关注自己的困境。在激起马来亚印度移民的政治意识方面,那些激进的记者发挥了主要作用,他们的手段是写作和直接动员相结合。

印度人组织具有多样性,且各自为政,他们强调组织内部的认同,一些次级社区的差异显得很突出。其中一个相当主要的原因是信伊斯兰教的印度移民社会倾向于和马来穆斯林形成联盟,而不是和信印度教的印度移民合作。许多精通英语的印度人信奉基督教,不少在基督教男青年协会(YMCA,1905年建立)和基督教女青年协会(YWCA,1921年建立)中担任重要职位。也就是说他们更加注重宗教认同。所有这些都妨碍了他们的真正团结。[①] 第一个宣称代表所有印度移民的团体组织是马来亚印度中央协会(the Central Indian Association of Malaya,简称CIAM)。这个组织经过长期的努力才得以成立。这其中包括尼赫鲁(Nehru)在1937年对马来亚的访问,其间他指责马来亚印度中产阶级对马来亚印度社会漠不关心,并号召他们团结起来。

4. 早期各族群社会组织的作用

由于各种原因,独立前马来西亚三大民族社会组织各有自己的发展路径,它们以福利互助组织为主,各个民族的社会组织缺乏相同

---

① R. Rajoo. World-view of the Indians with Regard to Their Social Identity and Belonging in Malaysia. In Mohd. Taib Osman (ed.), *Malaysian World-view*. Singapore: ISEAS. 1985. p.155.

的议题基础,但这些早期组织的重要作用至少体现在以下三个方面:第一,推动了法律法规的制订,使得规范社团组织的立法初具形态,经过修改和不断完善,这些法律法规至今仍然支配和约束着现在的非政府组织。第二,预示了非政府组织的构成会基本上沿着族群分际的线路发展。第三,超越福利组织和文化组织的功能,而朝能够提出批评性政治观点的方向发展。

二、独立前后各民族社会组织的分化重组时期
（1945—1969）

从二战结束到1969年是马来西亚争取独立,以及各族群移民社会向当地社会转变的时期。如图3-1可以表示这个转变的过程和结果。

战后,马来西亚的政治形势发生了根本变化,移民社会和祖籍国的关系也发生了根本改变。在这种情况下,各民族新旧社会组织经过了分化、瓦解和重组过程。这突出表现在:有的组织得以恢复重建,有的组织逐渐消亡;围绕新的议题一批新的社团组织得以建立;应政治发展的需要,有的社团组织转化为政党组织等等。整个马来西亚作为现代社会的格局（国家、市场和公民社会）就在这个动荡中初步形成。

1. 华人社团组织的恢复和发展

日本投降后,一些被监禁的华侨社团领袖获得释放,各种华侨社团又纷纷恢复活动,同时还涌现了许多新的社团,形成了华人社团发展的第四个阶段,即华人社团的复兴时期（1945—1956）。同时,马来亚从殖民地向独立国家的演变决定了华侨社团向华人社团的转变。

战后初期,和东南亚很多国家一样,马来西亚的方言会馆和宗亲会馆得到恢复并作为传统的华侨社团继续发挥着重要的作用。此外,各会馆出现了扩大和联合的趋势,成立了一些全国性的组织。如,马来亚中华工商联合会于1947年宣告成立。此外,各种专业性团体也相继成立了全国性的组织。1951年,为维护和发展华文教

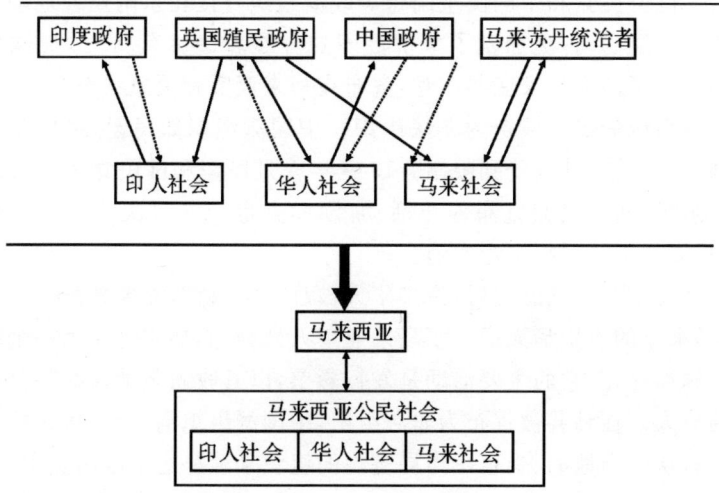

图 3-1 马来西亚各族群移民社会向当地社会的转变

说明：图的上半部分表示殖民统治时期印度人、华人移民社会和殖民政府以及各自祖籍国政府的关系；马来社会和殖民政府以及苏丹统治者之间的关系。英国殖民政府对三个民族采取分而治之的统治政策，三大民族社会相互分离。华人社会认同中国政府（用实线表示），但中国政府不能直接管理华人社会（用虚线表示）；印度人也和其国内的政治发展保持紧密联系；马来社会认同苏丹统治，既受苏丹统治者的保护，又受殖民政府的管辖。图的下半部分表示马来西亚独立后，国家和三大民族社会构成的马来西亚社会的关系。

育，马来亚各地的华校教师会组成了马来亚华校教师会总会，1954年又成立了马来亚华校董事联合会总会。董教总（董总和教总）作为民间教育组织，时至今日仍然是维护华文教育的中坚力量。

战后初期到50年代末，受中国国内国共两党政治斗争的影响，马来西亚大多数华侨社团都不同程度地卷入了意识形态之争，此前华侨社团以团结合作、共同抗日为崇高目标的政治基础已不复存在，华侨社会陷于分裂状态，华侨社团领导人之间也出现明显的政治分歧。中国国民党和中国民主同盟等政治组织直接在东南亚各地华侨社会中开展活动,更加剧了华侨社团的分裂。1948年6月,英国殖民当局为了消灭马来亚共产党,宣布在马来亚实施紧急状态法,马共及马共系统的组织被定为非法组织。中国派组织如民盟、致公党等受到警告,其活动也受到限制。1949年5月民盟和国民党都被打成非法组织,随后民盟宣布停止活动,国民党也于9月决定解散。至此,马来亚中国派组织走向消亡。[1]

在实施紧急状态法后,许多华人被赶入"新村",需要救济。1948年,马来亚的土生华人成立了马来亚华人公会,起初它是作为一个福利机构而存在,它的主要活动是发行彩票,以其收入救助这些"新村"里的华人。在马共被宣布为非法组织,中国派组织消亡后,华人社会需要有认同当地的、受殖民当局赏识的组织来填补这个政治真空,马华公会无疑应运而转变为华人最大的政党组织。马华公会的宗旨是加强华人社会的团结,促进马来亚各民族之间的了解,支持政府镇压马共,保障马来亚社会的和平与安定;通过合法途径为华人争取政治、经济、文化教育等权益。马华公会作为一个福利社会组织转变为一个政党组织表明了马来亚华人社团深刻的本土化走向。1954年,马华公会、巫统和印度人大会党组成华、巫、印联盟,在大选中取胜,从此,奠定了马来西亚三大民族政党联合执政的格局。

随着马来亚的政治前景逐渐明朗化,华人社团的功能也有新的调适。在争取公民权运动中,华人社团参与所在国政治活动的意识开始增强。1954年9月19日,雪兰莪中华大会堂召开雪兰莪华人社团代表大会,共商促进华人申请公民权问题;1956年4月27日,全马华人注册社团代表争取公民权大会在吉隆坡召开,包括华教组织在内的454个华人社团参加了会议。大会提出的议案涉及公民权、语言、民族平等等问题。争取公民权运动在华人社团、华人政党

---

[1] [日]原不二夫著,刘晓民译:《马来亚中国派华人组织的兴亡》,载《南洋问题资料译丛》1991年第4期。

组织、华人商会以及其他类型社团的共同努力下,成效显著。到1957年,获得公民权的华人共计200万人左右,约占当时华人总人口的90%。

2. 马来人组织

战后初期,马来社会组织的特征和战前差不多,主要是一些福利性和娱乐性的社会组织,同时存在的是一些文学组织、准政治性和政治性组织,它们多追求民族主义目标。到20世纪50年代,在马来人中兴起的组织可以分为两大类:第一类组织大多由政府公务员或者官僚(其中许多是贵族)组成;第二类则由教师、记者和其他在本民族学校受过教育的马来人。前者多致力于政治组织;后者则专心于文学和文化组织。费尔多斯(Firdaus)进一步将第二类组织中的'激进民族主义者'又划分为两类:受伊斯兰教育的教师和作家以及受本国马来语教育的教师和记者。把马来伊斯兰派系和马来左翼划分开来是有一定意义的,因为前者倡导通过泛马伊斯兰党[①]建立一个伊斯兰国家,后者曾建立Angkatan Pemuda Insaf组织(1948年被取缔)和马来民族党(Parti Kebangsaan Melayu Malaya,简称PKMM,英文Malay Nationalist Party,1950年解散),而后在1955年建立Parti Rakyat Malaysia(PRM)。所有马来人组织都有一个共同的目标,那就是致力于保护马来人社会免受外来移民的影响;保护马来人的利益不受侵犯、文化不受侵蚀。所采用的是行之有效的政治手段或者是政治社会化的途径。

总之,在战后阶段,马来人组织的发展状况是战后马来西亚政治变迁在马来人社会的集中反映。战前殖民时期的准政治组织被战后注册的政党组织所取代,因为这些政党的出现以及马来人对政权的掌控使得改善马来人经济和教育状况的任务自然地落在这些政党的头上。除此之外,独立后的马来人所面临的新问题和新环境又造就

---

① 泛马回教党,英文为Pan-Malayan Islamic Party,简称PMIP,1971—1973年称为Pari Islam,现在称Parti Islam Se-Malaysia,简称PAS。

了新的组织。这些新组织和政府又要进行新的磨合。

3. 印度人组织

独立后,致力于整个印度社会更高层次团结的组织是马来西亚印度国大党(Malaysian Indian Congress,简称 MIC)。这是一个政治组织而不是非政府组织,它的前身是马来亚印度协会(Malayan Indian Association,简称 MIA)。MIA 是由在马来亚当地出生的印度人在 1936 年建立的。这个组织影响很小,因为它的领导精英大多受过西方教育,且住在城市,他们没能够把广大种植园的印度人和乡村印度人动员起来。即使是 MIC,它在马来西亚的印度社会也不是完全具有代表性和独立性,它作为联盟政府或国阵政府之一员,其影响力甚微。它迫于其他印度组织的强大压力,要在保护和促进印度语言、文化和教育方面做出努力。要建立强有力的组织,马来西亚的印度人,尤其是种植园和工厂的穷苦印度人,还面临着许多困难,因为印度中产阶级一般不太关心本民族的事务,更不愿意卷入帮助穷人的事务中去。在诸多困难之中最突出的是:贫穷,遗留下来的种姓等级制度,资源的匮乏,泰米尔学校所传授的威权文化,家长制作风盛行而缺乏草根组织的合作机制等等。①

4. 独立初期马来西亚的非政府组织

1957 年,马来西亚独立,殖民政权被和平移交,代表马来民族利益的巫统在政治上取得优势地位,三大民族政党组成的联盟政府继承一系列殖民遗产:完整的行政管理体系、政府的世俗性、对社会加以控制的立法等等。新制订的宪法确立了马来人的特殊地位和各项优惠政策,②族群关系的政治制度性安排在宪法的框架下完成。但联盟在执政初期确立的一个基本原则是:各族群的利益受到同样的

---

① INSAN. *Sucked Oranges: The Indian Poor in Malaysia*. Kuala Lumpur: Institute of Social Analysis. 1989. pp. 26~34.

② 宪法第 3 条和第 153 条规定马来西亚的人口分为两类:马来人和非马来人,这两类人所享受的权利是不一样的。

保护；每个族群自主地协调和处理本族群内部的利益,不受其他族群的干涉。政府只是在一定限度内促进经济发展；各族群传统的经济体系仍然在经济生活领域发挥着重要作用。和政党沿着族群界限建立一样,这一时期活跃的社会组织也都是按照族群界限建立起来的,它们主要是一些互助组织、慈善组织和宗教组织。根据《马来西亚以开发为主的非营利组织指南》所提供的数据资料的统计,50年代成立的非政府组织有15个,60年代有18个。1969年建立的槟城消费者组织(CAP)被认为是马来西亚第一个现代非政府组织,其成员主要是印度人和华人。独立后的马来穆斯林社会出现了两类伊斯兰非政府组织,一类是政府创办或支持的伊斯兰非政府组织,如1960年成立的马来西亚伊斯兰福利组织(PERKIM,亦称帕克姆组织)和穆斯林妇女福利会(LKPI)；另一类是在穆斯林社会中自发兴起的伊斯兰非政府组织,如1968年兴起的澳尔根组织。在传统的社会组织之外,这些新组织的出现预示着马来西亚非政府组织的发展方向。

此外,规范非政府组织的《社团法令》(第335号法令)和一系列其他法令在这一时期颁布实施。非政府组织开始受到一系列法令的约束和政府监控。

三、新经济政策时期:发展型非政府组织的大量出现(1970—1990)

1.新经济政策对发展型非政府组织的影响

1969年"5·13"种族冲突事件对马来西亚的政治、经济和社会影响深远。国民阵线(BN)取代联盟执政,政府的威权统治得到强化；政府开始实施新经济政策,对这个国家的政治、经济和社会资源进行的重新分配明显有利于马来人。其实,新经济政策就是将有利于马来族群的政治制度性安排在经济和社会发展等方面付诸实践。

世界上许多国家的民族政策中都或多或少地包含了与族群相关的某些特殊政策,给某个族群或某些族群以优惠或歧视。研究族群冲突和族群政策的美国社会学家霍洛维茨(Donald L. Horowitz)认为有三个方面的因素会促使政府实行族群优惠政策:"(1)优惠政策花费不多,是一个应付民族冲突而代价较低的策略;(2)为了这些(面前处于不利地位的)族群最终能够进行平等的竞争,至少在短时期内有必要实行这种政策;(3)源于客观经济差距的民族冲突可以通过针对这些差距的政策的实行而加以消除。"①

马来西亚独立后,政权实际上掌握在人口占多数的马来人手中,但马来人和华人之间存在着客观的经济差距,马来精英认为族群冲突源于两个族群之间的经济差距,这个差距需要实行一定的政策加以消除。

根据民族社会学理论,在族群优惠政策的执行中有两种情况:一种情况是人口多,且在教育、经济等方面较发达的大族群对不发达的少数族群实行优惠政策,美国的白人对黑人在某些方面实行的优惠政策就属于这种情况;另一种情况是人数多同时在教育、经济等方面不发达的大族群对相对发达的少数族群实行歧视,而对自己实行优惠政策。② 马来西亚占多数的马来人利用政治权力限制在教育、经济方面比较发达的华人,而对自己实行优惠政策就属于这第二种情况。在马来西亚,以马来族群为对象的政府优惠政策涉及的范围要比其他国家广得多,主要有:(1)保证和扩大马来人的就业机会,马来西亚行政部门的公务员多为马来人;(2)实行"固打制",提高马来人受教育的机会,同时采取压制措施,限制华文教育的发展;(3)保障马来人拥有土地的权利;(4)增加马来人从事经济活动的机会。在企业股份持有(规定马来人必须持有 30% 的股份)、营业执照发放等方面,政府作出了一系列有利于马来人的规定。这些优惠政策还以法律的形式固定下来,马来西亚的宪法"确认了马来人的特殊地位,保

---

① [美]D. 霍洛维茨:《减少民族冲突的优待政策》,载马戎主编《西方民族社会学的理论与方法》,天津:天津人民出版社,1997年,第 430 页。
② 马戎:《民族社会学:社会学的族群关系研究》,北京:北京大学出版社,2004年,第 526 页。

证马来人在政府行政部门中占有一定的比例,享有一定比例的奖学金和教育机会,拥有一定的土地和一定程度的商业参与"。①

马来西亚的政治体制和包含对马来族群实行许多优惠政策的新经济政策的实施对马来西亚非政府组织的发展有深刻的影响。

这些影响主要体现在以下三个方面:

首先,巫统领导的政府实施的社会经济发展政策有利于马来人,而非马来社会在发展和公共服务等方面却不能从政府那里得到充足的资源,这为华人和印度人社会的非政府组织提供了发展空间。②其结果是马来人经济组织所占的比例有所提高,其中包括福利组织,各行各业的商会和行业协会,其中有的组织带有伊斯兰色彩。而马来人的部分社会组织、青年组织和农民组织开始衰落,他们的事业主要由政府的发展项目所取代。③ 因为政府的发展项目延伸到以马来人为主的乡村地区,政府组织直接承担了原应该由非政府组织承担的职能,给非政府组织留下了有限的发展空间,影响乡村地区的主要是政府和伊斯兰反对党。在新经济政策下,马来人和非马来人的经济组织形成了很有意思的鲜明对照。谭祥志(Tham Seong Chee)的研究发现:马来人经济组织的基本动机是向相关政府部门施加压力来获得特权和金融资助以便追求他们的经济利益;非马来人组织(特别是华人组织)表达的愿望则是阻止或不愿意让政府干预他们的事务以保护自身的特殊利益,因为政府的干预往往会缩小他们可供选

---

① 《马来西亚宪法》第89、153条。

② 这种现象在殖民时期就已经存在了,如殖民政府为马来人兴办学校,却对华文教育不闻不问,甚至进行压制;殖民政府和马来民族主义者在独立前极力限制华文教育的发展,独立后的新政府对华人教育设置了重重障碍。这样,为华人提供受教育机会这项"公共服务"只好由华文教育组织以及华人社会来承担了。

③ Tham Seong Chee. *The Role and Impact of Formal Associations on the Development of Malaysia*. Bangkok: Friedrich-Ebert-Stiftung. 1977. pp. 33~38.

择的空间,从而失去某些自主权。①

其次,从政治体制和公民社会的关系来讲,马来西亚被有些学者认为是"仁慈—威权主义体制"。威廉姆·科斯(William Case)就把马来西亚的民主定义为"严紧的半民主"(Semi-democracy with Strain Points)②。在马来西亚,巫统领导的政府倾向于对经济和社会的每一个领域加强控制,公共权力受到挑战,自愿结社受到法律的严格限制,但马来西亚的政治体制有自己的特征,这是由多族群社会的历史和现实决定的。在联盟时期,代表各自民族社会的精英组成的联盟政府通过立法(内安法令、社团法令等)和高压措施(未经审讯拘留)等国家工具来维持它的政治体系,这种联盟体制也使得政府和基层相互隔离。"5·13"事件后,联盟政体得到修改,"国民阵线"取而代之,"国阵"(BN)的政治制度安排是努力将各民族社会所有部门(包括反对党)都纳入这个政治体系,并通过统治联盟达到全国一致。这种政党制度也遭到许多人(特别是中产阶级)的反对,他们认为这些政党具有宗派性,并且效率低下。随着主要的政党组织被纳入到国阵体系以及政府对参与主流政治的控制,政治意见的表达只好通过个人和国家之间新的中介组织(如非政府组织、伊斯兰或其他宗教运动等)来实现。

第三,虽然新经济政策未能完全实现其许多目标,如消除贫困等,但它却造就了一大批城市中产阶级,他们中的许多人有较强的政治意识,对民主和公民权利有较高的期望。构成中产阶级的新一代有一个明显的区分,一部分是在国内接受高等教育,并积极参与70年代激进的学生运动和政治运动;另一部分是政府优惠政策的享受者,他们被送到西方国家(英国、美国、澳大利亚和加拿大)或穆斯林

---

① Tham Seong Chee. *The Role and Impact of Formal Associations on the Development of Malaysia*. Bangkok: Friedrich-Ebert-Stiftung. 1977. p.63

② William Case. *Politics in Southeast Asia: Democracy or Less*. Curzon, 2002. pp.99~146.

国家(埃及、巴基斯坦和印度尼西亚)接受教育。70年代的经济繁荣和新经济政策强有力的推行使得大批马来学生涌出国外深造,每年高达5万人。① 后者人数的增长以及他们带回来的新思想和新观念以及他们进行的多方面的探究(如学生运动、民主运动、可替代发展战略等)对马来西亚非政府组织有较大的影响。对于这个全新城市中层阶级中的许多人(无论是马来人还是非马来人)来说,族群政党政治已经不合他们的口味了。"在70年代,当国家的政党为追求权力或维持既有的权力进一步演变为以族群为基础的政党模式后,建立一个超越族群政党政治的尝试似乎是不可能了。正是因为这个原因,许多政党组织朝公共利益集团的方向转化。"②

基于以上原因,在新经济政策时期,马来西亚发展型非政府组织不断涌现,并得到发展。70年代有27个非政府组织得以建立,80年代多达41个(见表3-1)。其中倡导型非政府组织也在上述因素的刺激下在70—80年代开始出现。这些组织主要活跃于华人和印度人社会。通过挑战政府的威权和扩大它们的活动范围,这些非政府组织把自己形塑为斗争型非政府组织。现在许多主要的、活跃的非政府组织都在那个时期建立,如:国民醒觉运动(Aliran,成立于1977年),马来西亚消费者协会联盟(FOMCA,成立于1973年),马来西亚环境保护协会(EPSM,成立于1974年),大马地球之友(Sahabat Alam Malaysia,成立于1977年),全体妇女行动组织(AWAM,成立于1988年)等等。

在马来社会,由于政府实施偏向马来人的族群优惠政策,很少有上述发展型非政府组织出现,这一时期出现的非政府组织主要是伊

---

① Tan Boon Kean and Bishan Singh. Uneasy Relations: The State and NGOs in Malaysia. Kuala Lumpur: *Gender and Development Programme*, Asian and Pacific Development Centre. 1994. p. 7.

② Khong Kim Hoong. The Role of Public Interest Groups in a Democratic Society. *Ilmu Masyarakat* . 1988—1989.

斯兰非政府组织、妇女组织，以及政府主导的非政府组织（GONGOs），如马来西亚伊斯兰青年运动（ABIM，成立于1969年，1971年正式注册）、马来西亚全国回教学生协会（PKPIM）、伊斯兰姐妹（SIS）、女生指南运动组织（PPI，1981年成立）等，还有一些穆斯林职业组织，如马来西亚穆斯林律师协会（Persatuan Peguam Islam Malaysia）和马来西亚伊斯兰宗教学者组织（Persatuan Ulama Malaysia）等。政府资助或主导的非政府组织有马来西亚宣教基金会（YADIM，1974年成立）等。

2. 发展型非政府组织

除了传统的社会组织仍然发挥着它们的某些功能外，在新经济政策时期马来西亚的发展型非政府组织得到全面发展。为致力于开发出一种新的发表政治言论模式，许多发展型非政府组织都是在一个特定议题的基础上形成的，如扮演1974年环境质量法（the Environmental Quality Act of 1974）实施的监督者角色，关注人权问题，或挽救一个森林保护区等等。

古密·辛（Gurmit Singh）认为非政府组织成立的具体原因如下：[①]

　　感到在国家范围或某个地区的公共利益受到威胁的时候；
　　……为保护公民免受企业或政府的剥削；
　　……为改善马来西亚人总体的生活质量；
　　……为争取社会公正和经济公正，特别是为社会中的穷人和弱势群体争取公正待遇；
　　……为改善马来西亚整体社会的道德伦理价值观提供可供选择的发展观念；
　　……让普通马来西亚人获取信息并赋予权力，以便他们能够在这个国家的社会和政治生活中有更多的发言权；

---

① Gurmit Singh. Understanding Public Interest Groups in Malaysia. *Alam Sekitar*, 12(4).

……为争取更多的对基本人权的尊重,包括言论和集会自由;

……在少数情况下,为关注国际问题和相关议题。

据估计,到80年代,大约有100个注册的非政府组织属于这种"发展取向"(development-oriented)或"议题取向"(issue-oriented)类型的非政府组织。1981年至1983年间很多非政府组织加入了反对社团法令修改案而设立的非政府组织联盟秘书处,它们关注公共议题和发展,社团法令修改案对它们影响最大。这个数字是根据这些非政府组织的数量估计出的。[①] 这个数字和表3-1反映的数字差不多。

从1987年马来西亚发展型非政府组织所从事的项目来看,大部分活动主要集中在教育、研究、妇女权益和意识提升、研讨会和论坛等方面,只有少数非政府组织直接从事乡村和城市社区的发展活动。

马来社会的妇女参政比较广泛且和执政党巫统(UMNO)联系紧密;在非马来人社会,很少妇女参政。许多政党都设有妇女部,为妇女活动家们提供了一定的活动空间。随着妇女受教育程度的提高、就业率的上升、经济独立以及中产阶级的兴起,80年代的妇女在公民社会表现活跃。妇女非政府组织在反对性别歧视、涉及妇女权益保护的法律改革、设立妇女救助中心、反对家庭暴力等方面取得了一定的进展,它们的影响力不断上升。

有些非政府组织的活动涉及专门议题。这些议题包括环境保护、消费教育和人权等。虽然有专门的人权非政府组织的存在(数量很少),但更多的是关注某一方面人权问题的其他非政府组织,如消费者组织、环保组织、华文教育组织等,因为它们所关注的议题往往和人权问题有关。

[①] Tan Boon Kean and Bishan Singh. Uneasy Relations: The State and NGOs in Malaysia. Kuala Lumpur: *Gender and Development Programme*, Asian and Pacific Development Centre. 1994. p. 8.

致力于教育和觉悟启蒙的非政府组织占很大的比例。在教育方面,它们的工作对象是西马的老年人、部落和土著居民,以及东马沙巴和沙捞越占很高比例的妇女。前者是被排斥在国家教育体系之外,后者是因为家务繁重、为男性能够接受教育而牺牲了自己受教育的机会。许多非政府组织采用联合国的非正规教育和扫盲项目计划来开展工作。它们认为教育就是觉悟启蒙,公民受教育程度的提高,就意味着他们能把信息和决定权掌握在自己手中,从而避免权力集中在少数人手中。强调司法和社会权利成为非政府组织活动的重点,它们引导人们关注社会问题,如有关制止污染的法律和规章、工人的安全和健康、土地和水资源的分配等等。由非政府组织初创的这些项目后来也被政府非政府组织(GONGOs)所采用,主要是为了加强国家对社会的控制。

从事农村和城区发展的非政府组织很少。因为代表马来人利益的政党巫统在国家政治生活中占据着优势地位,国家的发展计划要优先覆盖到马来人人口占多数的乡村地区;乡村地区的开发活动自然由政府组织和政府非政府组织(GONGOs)主宰。政党的力量延伸到村庄,甚至地方村庄安全和发展委员会也被当地的政党支持者和精英所主导;没有当地政府官员的同意,其他非政府组织很难进入。卷入农业部门的非政府组织主要致力于组织和帮助马来西亚半岛上种植园和新村里的非马来人,以及东马沙巴和沙捞越的土著民族。

随着城市化进程的加快,城市贫困问题和公地定居者(squatter)问题大量出现为非政府组织提供了参与的机会。发展型非政府组织和政府非政府组织、传统非政府组织共同合作,致力于这些问题的解决。

3. 二元结构:马来西亚非政府组织的地理和族群分布

如前所述,独立后,马来西亚政府积极致力于马来人口占绝大多数的乡村地区的开发,许多项目的实施都是由政府非政府组织(GONGOs)来完成,政党势力也向乡村渗透,留给非政府组织发展的空间极为有限,只有在非马来人居住的乡村和种植园才有零星的非政府组织活动。这和许多其他东南亚国家形成鲜明的对照,在很多东南亚国家(如菲律宾和印度尼西亚等国家),非政府组织在乡村很活跃。在城市,特别是在非马来人人口占多数的城市,情况则完全不同,在各种因素的促动下,非政府组织在那里得到一定的发展。一半的非政府组织集中在首都吉隆坡(51%),27%在首都附近的雪兰莪州,接下来是槟州,占6%。① 如果加上其他城市的非政府组织,城市非政府组织在总体中所占的比例应该超过90%。这样,马来西亚非政府组织在地理分布上形成了分布不均衡的城乡二元结构。

通过前面对新经济政策和非政府组织之间的关系的分析我们已经看出存在于马来西亚非政府组织在族群(马来人和非马来人)间的另一个二元结构,即非马来人社会非政府组织的"繁荣"和马来人社会非政府组织的"萧条"这个二元结构。其原因主要是前已述及的族群关系的政治制度性安排以及新经济政策中实施的偏向马来人的族群优惠政策。

四、国民发展政策时期非政府组织的新发展:倡导和提供公共服务并存(1991—)

1991至1999年间,马来西亚的非政府组织增加了70个,和整个新经济政策时期的数量(68个)差不多;非政府组织的分布范围很广,涉及社会生活的每个领域。有很多原因可以说明非政府组织在这一时期的快速增长。

从国际上看,冷战结束,"全球结社革命"在世界的每一个角落展开,全球化把世界的每一个国家紧密联系起来。先进的通讯工具将人们之间的距离拉近。此外,进入90年代后,全球性问题也更为

---

① Yoshiki Kaneko. Dual Structure in the State-NGO Relationship. In Shinichi Shigetomi(ed.), *The State and NGOs: Perspective from Asia*. Institute of Southeast Asian Studies. Singapore. 2002. p.183.

突出。

从国内看,1991年,首相马哈蒂尔宣布了"2020年宏愿"计划,目标是通过高速的经济发展使马来西亚到2020年跻身世界发达国家之列。同时,他宣布他的政府在新的国家战略——国民发展政策(Natinal Development Policy,NDP)下采取更加实际的途径以实现经济发展的任务。为此,要优先考虑的是:作为一个国家整体的经济发展和效率而不是通过族群优惠政策来实现公平;利用私人部门的积极性和创造性。[1]

在这种情况下,非政府组织有了新的发展。除了数量的增加、范围的扩大以外,马来西亚的非政府组织提供公共服务的功能得到政府的承认和鼓励,即许多非政府组织在社会福利、健康等领域提供服务作为政府有益的补充。这一时期新建的这类组织中,社会福利组织有12个,是这一时期增加得最快的组织;健康7个,教育和儿童5个,经济社会组织11个,它们的增幅都超过以往任何时期。马来西亚医疗福利基金(the Malaysian Medical Welfare Fund,1997年成立)、医疗社会工作者协会(Association of Medical Social Workers,1997年成立)、雪兰莪特殊儿童和成人福利协会(the Welfare Organization for Special Children and Adults,Selangor 成立于1990年)等都是这一时期成立的福利和健康组织。此外,环境组织(9个)、消费者组织(5个)和人权组织(5个)在这一时期的增幅也很大。参见表3-1反映了发展型非政府组织在整个20世纪的增长以及在各个领域的分布情况。

---

[1] Malaysia. The Second Outline Perspective Plan. 1991 — 2000. Kuala Lumpur:Government Printer, 1991. and Sixth Malaysian Plan 1991 — 1995. Kuala Lumpur:Government Printer, 1991.

第三章 马来西亚非政府组织的发展

表 3-1 发展型非政府组织在各个活动领域的分布情况

单位：个

年代	消费运动	人权	环境	经济社会	妇女	宗教	福利	健康	教育儿童	青年	其他	总计
1930s					2		1			2		5
1940s		2	1				1	1		2		7
1950s				1	1	6	3			3	1	15
1960s	1			1	4	2	5	2		2	1	18
1970s	4		5	4	3	3	2	2		2	2	27
1980s	3	2	4	7	5	6	5	4		2	3	41
1990s	5	5	9	11	6	4	12	7	5	3	3	70
总计	13	9	19	23	16	18	32	20	9	14	10	183

资料来源：Yoshiki Kaneko：Dual Strucrure in the State-NGO Relationship, in Shinichi Shigetomi(ed.), *The State and NGOs：Perspective from Asia*. Singapore：Institute of Southeast Asian Studies, 2002. p. 182.

1. 提供公共服务的非政府组织

90年代以来，由于政府实施公共服务私有化的政策取得进展，又由于社会的发展，人们的需求变得更加多样化，非政府组织发展的空间逐渐扩大了，活动的领域得到很大的扩展。除了非马来人社会外，马来人社会的这类非政府组织也得到发展。另外，这类非政府组织和政府以及政府行政部门的合作和联系得到加强。

这方面比较有影响的非政府组织是马来西亚信托基金协会（Amanah Ikhtiar Malaysia，AIM），该组织通过提供低息贷款来承担一些消除贫困的项目。AIM在每个州都有分部，有大约700名职员，接受AIM贷款的家庭达到32000个。提供贷款的资金全部由政府提供。有很多非政府组织在当地协助政府提供公共服务。如，为了保护槟州地区的历史遗迹,有三类组织联合起来承担了这个项目:社会经济与环境研究所(SERI),一个由州政府建立的非政府组织;州政府;槟城遗产信托公司(Penang Heritage Trust)和其他非政府组织。资金的提供、工作的协调、技术专家与人力的提供分别由这三类组织承担。① 从这案例我们可以看出,"保护槟榔历史遗迹"这项公共服务是由槟城遗产信托公司为代表的非政府组织、社会经济与环境研究所为代表的政府非政府组织以及州政府共同合作提供的。在建立州政府和非政府组织的合作机制方面,槟州走在其他州的前面。

沙巴福利服务委员会(the Sabah Council of Welfare Service)也许是最值得称道的在公共部门和私人部门建立联系和协同合作的榜样。这个委员会是一个包括沙巴消费者协会(CASH)在内的13个非政府组织的伞状组织,在社会服务部(the Ministry of Social Services)的范围内致力于福利和社区服务。其成员可以获得年度资金以补足他们所开办的项目。政府将一部分社会服务成功地私有化,因为如果政府单独承担这些项目,其成本将大得多。政府的资金得到NGO专业人士和人力资源的很好支配和利用。②

2. 倡导型非政府组织

对政府持批评态度的政治性很强的非政府组织属于倡导型(advocacy-oriented)非政府组织。有学者称这类非政府组织为政治性

---

① Yoshiki Kaneko. Dual Structure in the State-NGO Relationship. In Shinichi Shigetomi(ed.), *The State and NGOs: Perspective from Asia*. Institute of Southeast Asian Studies. Singapore. 2002. pp. 194~195.

② Lim Teck Ghee. Nongovernmental Organizations in Malaysia and Regional Networking. In Tadashi Yamamoto(ed.), *Emerging Civil Society in the Asia Pacific Community*. Tokyo: Japan Center for International Exchange and Singapore: ISEAS. 1995. p. 173.

非政府组织(political NGOs)。① 这种组织在 70 年代开始出现,80年代初,政府已经感受它们的存在了,并将它们划分为"政治性"社团组织一类。倡导型非政府组织的崛起是在 80 年代末和 90 年代后。它们对一些重大议题反应积极,如积极参与环境保护运动、保护人权的活动以及民主化运动。在非政府组织发展过程中出现的这类非政府组织包括:国民醒觉运动(Aliran)、董教总、大马人民之声(SUARAM),槟榔消费者协会(CAP)、伊斯兰姐妹(Sisters in Islam)、马来西亚伊斯兰青年运动(ABIM)、澳尔根组(Al Arqam)、妇女力量(Tenaganita)、公正世界运动(JUST)、和平倡导中心(CENPEACE),除此之外,还有各种宗派的大学学生组织和青年组织。它们一起构成了马来西亚社会运动发展的主要线索,在过去的 30 多年间,这些社会运动努力使政府参与到政治对话中来,支持代表人民特殊利益的事业,从多种视角提出有关人权、公民社会和社会公正的观点。

它们的角色及功能演变可以看作是对国家角色演变的回应。当国家中的政府不断威权化的时候,作为回应,相应的倡导型非政府组织建立起来。如 1987 年的"茅草行动"后,为了支持和救援那些被扣留人员,一个新的人权非政府组织——大马人民之声(SUARAM)得以建立,到目前为止,该组织已成为马来西亚最有影响力的倡导型非政府组织之一。

90 年代以来,倡导型非政府组织在马来西亚得到进一步的发展,在 70 个新成立的非政府组织中有一半以上属于这类组织。非政府组织所倡导的议题的广度和深度都是前所未有的。1998 年的"安

---

① Saliha Hassan. Political Non-Governmental Organizations: Ideals and Realities, in Francis Loh Kok Wah and Khoo Boo Teik(eds.), *Democracy in Malaysia: Discourses and Practices*. Curzon Press, 2002. p.198.

华事件"对于非政府组织来说是一个转折点。在"烈火莫熄"运动①中,各个族群非政府组织联合起来并组成网络开展活动。它们批评马哈蒂尔政府并公开参加政治活动,还和反对党(民主行动党和泛马回教党)联合组织了民主诉求运动。更为重要的是无数马来西亚人走上街头,并加入反对党或非政府组织。一夜之间,即使在社会最冷漠的角落,人民参加政治活动的权力问题成为大家优先考虑的议题。更有甚者,那些有关民主化公民社会的词语,如:司法独立、行政干预、执政透明、信息自由、言论自由、负责任的媒体、公民自由权和人权,很快成为家喻户晓的话语。以前远避政治的非政府组织,在公共领域很少见到的妇女,以及不在乎政治的年青人都被推到"烈火莫熄"运动的前线。

许多非政府组织活动家还加入了一个新成立的反对党——国民公正党(Parti Keadilan Nasional)。该党的成员基础是巫统以及马来青年伊斯兰组织(ABIM)中安华的追随者。在就职仪式上,寻求公正世界国际运动组织(JUST,一个关注人权和民主议题的NGO)的领导人詹特拉·穆扎法(Chandra Muzaffar)被任命为该党的总副主席,蔡天强(Chua Tian Chan,一个来自人权非政府组织的活动家)被任命为代理副主席。主席是安华的妻子婉·伊兹梅尔(Wan Azizah Wan Ismail)。从领导人的构成成分来看,该党有超越族群界限

---

① "烈火莫熄"运动是马来西亚华人学者和政治家对"Reformasi Movement"的翻译。"reformasi"是马来文,其对应英文为"reformation",其意是"改革,革新"。1998年,前首相安华·依布拉欣在被马哈蒂尔革职,该事件引发了由反对党和公民社会组织广泛参与的改革运动。政党与非政府组织组成"人民阵线"(Gagasan Rakyat);"民行党"、"回教党"、"国民公正党"、"人民党"共同组成"替代阵线",与"执政党"形成相互对抗。在这次运动中,伊斯兰非政府组织和世俗的非政府组织第一次就共同关心的议题同时参与同一个运动。随着运动的开展,"烈火莫熄"运动开始从恢复司法信赖度转为要求基本人权和争取自由民主的课题上。非政府组织参与这个运动的主要目标是要塑造一个有生气的公民社会。

的性质。安华事件后,马来社会的非政府组织开始分裂。批评政府的阵营由马来人非政府组织来维系。这些非政府组织还和非马来人倡导型非政府组织合作以便支持 1999 年大选中的替代阵线(Barisan Alternatif)。这反映了各族群非政府组织就共同关心的议题有超越族群界限联合的趋势。这种打破族群藩篱、超族群的非政府组织之间的联合对未来马来西亚族群关系的发展有重要的意义。[1] 但这次大众运动的高潮不能代表一个划时代的里程碑,它并没有带来实质性的突破。

对于倡导型的非政府组织来说,面对的重重困难也是很明显的。首先,非政府组织由于法律条文的限制而受到很大的局限,消极保守的大众政治文化,意识形态和策略差异也妨碍了跨越公民社会之间的更深层次的交往与合作。其次,非政府组织在聘请组织机构的领导人、吸收组织成员和开展活动也很困难,主要原因有以下几个方面:(1)马来西亚的主流意识形态和法律规定不鼓励讨论敏感话题,人们惧怕内安法令和其他法律的制裁而不愿意加入或者担任领导职务。(2)公众对人权等问题的冷漠、对非政府组织及其活动缺少必要的了解。(3)为非政府组织工作所取得的报酬太低,难以养家糊口,对有的人来说,他们缺少的是从事志愿性工作所需要的时间。(4)反对党(如民主行动党)通常在各种讨论会和其他会议上就人权和民主等问题发表言论,其所扮演的显著角色使得政府认定人权非政府组织和这些反对党站在同一个战线上对抗政府的统治。[2] 在倡导型非政府组织中,人权组织在组织活动中面临的困难是最大的。尽管面临着这样大的困难,这些非政府组织还是争取有所作为,缺少正式成

---

[1] Yoshiki Kaneko. Dual Structure in the State—NGO Relationship. In Shinichi Shigetomi(ed.), *The State and NGOs: Perspective from Asia*. Institute of Southeast Asian Studies. Singapore. 2002. pp. 196～198.

[2] Gordon Means. Malaysian Politics: The Second Generation. Singapore: Oxford University Press. 1991. pp. 198～199.

员的非政府组织在某些特定的活动或运动中仍然可以赢得民众广泛的支持和参与。

20世纪90年代后,由于外部环境和政府政策的变化,马来社会的倡导型非政府组织较以前活跃。但由于马来人和非马来人对非政府组织的看法和评价存在较大的差异,虽然有合作的实践经验,非政府组织在各族群之间分布的结构还没有出现太大的变化。

第二节 马来西亚的中产阶级与非政府组织的发展

一、马来西亚中产阶级的产生

中产阶级(中产阶层或中间阶层)"是由具有相同特性与价值观念的不同的经济社会集团所组成,主要包括中小工商业主、专业人士如医生、律师、会计师、经济师、工程师和其他技术人员,政府和企业中的中高级管理人员以及从事自由职业的知识分子等等。"[1]亨廷顿(Samule Huntington)指出:"一个庞大的中产阶级,是工业化经济成长的产物"[2]。马来西亚中产阶级的成长是和马来西亚的工业化进程以及经济发展分不开的,是政府"发展霸权"主导下的经济社会发展战略实施的结果。

在马来西亚,早期的那些中产阶级成员是那些出身于传统显贵家庭但接受了现代西方教育的知识分子,其次是随民族资本主义经济发展而成长壮大起来的中小民族工商业主,以及在殖民地政府本地化过程中的公职人员。在争取国家独立的斗争中,他们是民族主

---

[1] 黄云静:《东南亚政治发展中的中产阶级》,载《北大亚太研究》(第五辑),香港:社会科学出版社,2001年,第174页。

[2] 亨廷顿:《第三波——20世纪后期民主化浪潮》,上海:三联书店,1998年,第76页。

义的载体。为民族解放作出了贡献。中产阶级作为一支有影响的力量形成于二战后,特别是新经济政策实施后的经济高速发展时期。

随着20世纪70年代以后新经济政策的实行,马来人的贫困处境很大程度上被消除,城市马来人受教育机会增加、企业界拥有股份增加,在"马来人优先"族群优惠政策下,马来人可以有更多更好的受教育、进政府部门工作、担任军警职务的机会;乡村马来人也凭借政府的大力帮助,他们的生活质量和生活环境都得到很大的改善和提高。从70年代起,马来人口中的"中产阶级"数目有逐渐增加的趋势。[1] 巫统为了得到乡村马来人的支持和选票,以维护自己的持续统治地位,运用各种方式方法维系马来人特权地位。

这样,新经济政策的实施实际上造就了一大批城市马来中产阶级,新兴的中产阶级除了企业家、管理人员外,大多是靠知识、技术和脑力劳动谋生的知识分子。中产阶级的人数占总劳动人口的比例1970年为10.4%,1985年为19.5%,1995年为23.1%。1980年马来西亚的中间阶层数量达到劳动力人口的24%,1986年达到37.2%。[2] 这其中一部分是70年代的经济繁荣和新经济政策强力推行后大批出国深造者,他们带回来的新思想和新观念以及他们在多个领域进行的探索和实践对马来西亚的政治有较大的影响。这也使构成中产阶级的新一代有一个明显的区分,一部分是在国内接受高等教育,并积极参与70年代激进的学生和政治运动;另一部分是政府优惠政策的享受者,他们被送到西方国家(英国、美国、澳大利亚和加拿大)或穆斯林国家(埃及、巴基斯坦和印度尼西亚)接受教育。整体教育水平的提高不仅是经济增长的结果,而且促进了经济持续增长,教育水平的提高也促进了公民民主与参政意识以及参政议政

---

[1] 林若雩:《马哈蒂尔主政下的马来西亚:国家与社会关系(1981—2001)》,台北:韦伯文化事业出版社,2001年10月,第182页。

[2] 李文:《东南亚中间阶层的二重性及其成因》,载《当代亚太》2004年第6期。

能力的增强。教育在培养行政精英人才的过程中发挥了重要作用。按照亨廷顿的观点,"那些受过更多教育、有更多收入、从事更体面职业的人通常要比那些贫穷的、没有受过教育、从事地位较低职业的人更能参与政治"。① 但马来中产阶级很大程度上是从政府政策中得利,依靠政府提供的资源发展起来的。不言而喻,他们的政治态度是倾向政府的。在半威权主义政府扶植下成长并受益于经济增长的大部分中间阶层是"发展独裁"的主要支持者。新的城市中产阶级支持当政的巫统,为巫统增加了新鲜血液。从单纯经济增长的角度考察,马来中产阶级和开发独裁之间具有高度的合意性。此外,威权主义政府在领导和推动经济增长的过程中,也需要得到中产阶级的支持。这也表明了马来中产阶级对威权政府有很大的依赖性。他们突出的特征是具有保守性。但随着其力量的增长,随着其与缺乏民主的威权体制的矛盾加深,他们中许多有较强政治意识、对民主和公民权利有较高的期望的马来中产阶级要求变革、参与政治和促进政治民主化的呼声比较高,其革命性的品格也有所表露。这在1998年"烈火莫熄"运动中已经显露出来。

在实施新经济政策之前,华人在私营经济上占据着主导地位。在实施新经济政策过程中,马来人享受了一系列优惠政策,政策倾向于扶持他们发展经济,华人受到压制,他们要让出一定的股份给马来人,在接受高等教育、任职公务员等方面受到限制。马来西亚中产阶级的比例逐渐发生变化,华人比例相对减少。马来族群与华人族群的所谓"中产阶级"所占的比例为1:3,但马来中产阶级(主要为公职人员与企业中的人士)在政府的扶持下随着经济高速增长而迅速扩张,并具有活力。马来中产阶级分为两大类:一类与政府无直接关系,如知识分子;另一类与政府有直接关系,如企业主、公务员等。随着受高等教育的人越来越多,他们从事的事业也多元化。在马来西

---

① Samuel Huntington and Joan M. Nelson. *No Easy Choices*. Harvard University Press, 1976. p.167.

亚,20世纪80年代以来巫统内部的分裂以及巫统与主要的马来人政党之间的冲突被认为是中产阶级对政治关注的结果。在新经济政策实施以前,巫统的基础主要在农村;而新经济政策实施以后的70—80年代以来,城市中产阶级逐渐构成巫统的新生力量。华人中产阶级主要是中型企业者,他们受到一定程度的歧视。

二、马来中产阶级与非政府组织

有学者依据goldthorpe分类新方式将马来西亚吉隆坡的阶级分为四大类:(1)资本家阶级(雇用超过10人的雇主);(2)新中产阶级(政府与私人企业中的专业人士、技术人员、管理与经理人员);(3)旧中产阶级(自雇、雇用非家族劳工10人以下的小雇主);(4)劳工阶级(包括蓝领低阶层的白领劳工)。[①]

这个分类包括了各个族群的中产阶级。如前文所分析的,由于国家所实施的新经济政策主要面向马来人,开发项目和公共服务自然也面向马来人,再加上其他的因素,如非马来中产阶级几乎没有当公务员、参军、从政的机会,所以非政府组织在非马来族群社会发展迅速,非马来中产阶级广泛参与其中,如受英文教育的华人中产阶级多参与发展非政府组织,受中文教育的中产阶级多参与传统的互助和福利组织。当然还有许多非马来中产阶级参加政党组织。

在马来人社会,参与政党组织似乎应该是马来中产阶级的主流意识,但政党和政府部门的容纳量毕竟有限。马来中产阶级参与伊斯兰非政府组织(如ABIM)的不在少数。随着马来中产阶级数量的扩张,他们参与其他非政府组织的数量在逐渐增多。

阿布都·拉赫曼·安邦(Abdul Rahaman Embong)在《国家主

[①] 林若雯:《中产阶级与非政府组织(NGO):马来西亚未来民主的奠基》,载郭梁主编《21世纪初的东南亚社会与经济》,厦门:厦门大学出版社,2003年,第193页。

导下的现代化和马来西亚的新中产阶级》①一书中对马来西亚的中产阶级,特别是马来新中产阶级进行了全面的研究,其中包括马来新中产阶级对非政府组织的参与。

阿布都·拉赫曼·安邦选择了五类非政府组织,即消费、环保、职业、居民(resident)和宗教,来分析中产阶级参与非政府组织的活动。尽管这些组织经常被认为是支持和维护新中产阶级的利益的,尽管这些组织被认为大多由中产阶级来主导(因为和劳动阶级相比,组织中来自中产阶级的成员受过良好的教育,并通常被认为具有良好的领导才能),但这些组织并不都是由中产阶级所构成(除专业性组织外),其中也包含了劳动阶级的成员。消费者组织和环保组织基本是民族群性的,这些组织为之奋斗的议题反映了非马来人对某些社会安排方面的变革要求。

表 3-2 马来新中产阶级对非政府组织的参与情况调查表

	巴生流域 (Klang Valley) (n=108)		哥打峇鲁 (Kota Bharu) (n=80)		瓜拉丁加奴 (n=96)		所有被访者 (n=284)	
	Yes	No	Yes	No	Yes	No	Yes	No
消费者组织	10.2	89.8	13.8	86.3	11.5	88.5	11.6 (n=33)	88.4 (n=251)
环保组织	12.0	88.0	3.8	96.3	9.4	90.6	8.8 (n=25)	91.2 (n=259)
职业组织	39.8	60.2	11.3	88.8	20.8	79.2	25.4 (n=72)	74.6 (n=212)
居民组织	37.0	63.0	27.5	72.5	29.2	70.8	31.7 (n=90)	68.3 (n=194)
宗教组织	31.5	68.5	40.0	60.0	27.1	72.9	32.4 (n=92)	67.6 (n=192)

资料来源:1996年和1997年田野调查资料。见 Abdul Rahaman Embong, *State-led Modernization and the New Middle Class in Malaysia*, Palgrave, 2002. p.159.

---

① Abdul Rahman Embong. *State-led Modernization and the New Middle class in Malaysia*, Palgrave, 2002.

如表3-2显示了巴生流域(Klang Valley),省城哥打峇鲁(Kota Bharu)和瓜拉丁加奴(Kuala Terengganu)三地马来中产阶级对这五类非政府组织的参与情况。

综合三个地方的情况,研究者发现,马来中产阶级参与宗教、居民和职业组织的比例高于其他组织。几乎有1/3的被调查者参与宗教和居民组织,1/5参与了职业组织,参与其他组织,如消费者组织和环保组织的比例比较低。

在大都市和在省城,马来中产阶级对非政府组织的参与是有差别的,比如,与哥打峇鲁和瓜拉丁加奴的马来中产阶级相比,巴生流域的马来中产阶级更积极参与居民和职业组织。在参与消费组织方面,三地的马来中产阶级没有多大的差别。在参与环保组织方面,巴生流域的马来中产阶级比省城的,特别是哥打峇鲁的中产阶级更积极。在参与宗教组织方面,巴生流域的马来中产阶级参与比例比较高,哥打峇鲁的比例最高。

这些发现表明有一定比例的马来新中产阶级被卷进了"公域"的活动,并且参与到公民社会组织中去。如果这些组织取得某种程度的自治和相对独立,就会有助于扩大公民社会发展所需要的民主空间。因为非政府组织的增长以及公民对这些组织的参与显示了公民社会民主空间的开放,非政府组织的特征凸显在公民社会的成长中。

为什么马来中产阶级参与宗教、居民和职业组织的比例要高于消费和环保组织?这种现象的出现和前文的分析相吻合:首先,马来人的公共服务多由政府相关机构来提供,他们没有必要像非马来人那样创办消费者组织;其次,消费者组织和环保组织属于倡导型非政府组织,多由非马来人主导,自然不会成为马来中产阶级的首选对象。虽然消费者组织在非马来人社会存在已久,他们对消费和环保组织的关注主要是在20世纪80年代以后,对他们来说,这种组织比较新,且常被认为是具有西方色彩的舶来品。所以,尽管这两方面影响现实生活中的每一个人,包括他们自己,他们还是认为消费者和环保组织离他们比较"远"。许多马来中产阶级远离与他们近期切身利益无关的组织,当这些组织明显采取政治对立的姿态时,他们尤其如此。在这种情况下,尽管消费者组织和环保组织所发动的运动向所有族群开放,尽管这些运动和消费者的权益以及人类居住的环境有关,马来中产阶级还是和政府保持一致,认为这两种组织具有政治和反对性质,因为这类组织经常表现出对现行统治力量的抗争。马来西亚的消费者组织和环保组织,如槟城的消费者协会(CAP);马来西亚消费者协会联盟(FOMCA);马来西亚环保协会(EPSM),都以批评马来西亚政府在消费和环保方面的政策而闻名。如在1998年的巴生流域供水危机事件中,FOMCA威胁要将雪兰莪州政府和供水部告上法庭,因为他们失职,没能够向公众提供水源,在双方最后坐下来协商解决之道后,对抗才降温。雪州州政府答应将有效处理这次供水事件。这至少部分说明为什么马来中产阶级对这些组织敬而远之。他们的政治观念更倾向于保持政府的稳定和经济发展,因为他们经济发展的受益者。另外,许多政府领导人攻击某些非政府组织并指责这些非政府组织是在兜售西方观念和做法,这使得马来中产阶级在加入这类组织时表现出迟疑,甚至使他们对这类组织持怀疑态度。

以上这种情况充分反映了马来新中产阶级对代表他们自身利益的政府的依附性。最近有迹象表明,这种情况有所改变。由于物价的上涨和环境的恶化,马来中产阶级维护消费者权益和保护环境的意识在不断增强。

居民组织和职业组织多为中性组织,和政治联系不大。居民组织可以满足邻里人群的特殊和现实利益,职业组织可以满足他们职业上某些需求。而宗教组织在马来西亚的历史比较长,且公众意识也比较强。这些组织刚好迎合了这些中产阶级的物质和精神需求。宗教组织则可以增加社区成员的认同感和满足宗教方面的需求。另外,参加宗教组织不仅和他们的宗教信仰有关;宗教组织,特别是伊斯兰政党和伊斯兰非政府组织还是他们表达政见的好地方。

从表3-2我们可以看出,大部分被访者不参加非政府组织。大多数马来中产阶级不参与非政府组织,不能简单地认为他们对公众事务和民主以及公民社会的增长漠然,就像许多学者指出的那样,族群政治是马来西亚政治生活中的一个重要因素。这种情况在巴生流域比较突出,但在哥打峇鲁和丁加奴,种族问题并不重要。好几个政治性非政府组织(political NGOs),如马来西亚人民党(PRM),尽管站在多民族立场上进行斗争,还是被有些部门认为是在为"非马来人"争取利益。在马来西亚,族群性议题和决策一直是政治领域中的主轴,历史上马来人与非马来人之间的潜在紧张和利益之争不自主地塑造出一批族群性政党,他们以各自族群代表的身份自居,努力把自己形塑为族群利益的捍卫者以便争取和要求族群成员的效忠和支持。历史上虽然有人曾尝试建立跨族群性的政党,但都不成功。①在这种政治背景下,热衷政治的马来中产阶级也许对泛马回教党(PAS)表现更积极,也许他们在巫统中构成重要的民主成分,但他们依然以种族的眼光来看问题,从而不热衷于参加诸如环保和消费这样的非政府组织,反而热衷于那些争取马来人和穆斯林利益的组织。

有少量的马来中产阶级,特别是知识分子,无论是身处何种组织,通常采取独立的姿态,有的甚至没有参加任何组织。他们对各种重大事件发表批评观点,并致力于在全国范围内打开更加广阔的政治空间。他们提醒我们,我们不但要研究政党和非政府组织,而且还要在它们之外把握代表公民社会的民主空间。

第三节 马来西亚非政府组织和国外非政府组织的关系

非政府组织在许多国家的公共生活中起着关键性的作用,这些

---

① 王国璋:《马来西亚的族群政党政治》,台北:唐山出版社,1997年,第191页。

组织不仅在本国提供最基本的健康福利、教育服务以及在政治生活中起着越来越重要的作用,而且有些组织还跨越国界,在其他国家提供相同的服务,甚至影响其他国家的社会、经济以及政治生活。

随着全球化的发展,许多非政府组织作为全球网络的一部分进行运作,非政府组织部门也不断成为一个很大的全球产业。这种全球产业所提供的资金可以使非政府组织来参与大众议题和相关的运动。这种网络直接或间接地把世界上各个国家的非政府组织联系起来,尤其是加强了南北方非政府组织的联系。

如前文所述,南方非政府组织的发展得益于大量发达国家的非政府组织对南方非政府组织的援助和支持。许多北方非政府组织更愿意支持地方的非政府组织而不是自己来实施某些项目,越来越多的援助都是通过非政府组织来实施(见第二章)。这些都促进了第三世界国家非政府组织的发展。

一、马来西亚非政府组织与国际非政府组织的联系

20世纪80年代以来,马来西亚的非政府组织和世界其他地方的非政府组织有一定的合作和联系。这种合作和联系所涉及的范围很广泛,且超出了国内范围,形成了地区和国际网络,但大多针对相似的问题领域,诸如环保、人权、劳工、妇女和儿童发展以及其他相关的问题,亚太国家大多也面临类似的问题。合作和联系方式可以概括为以下四个方面:

1. 通过总部设在马来西亚的国际非政府组织以及国际非政府组织在马来西亚设立的分支机构进行信息交换和合作。这些组织包括:大马地球之友(SAM)、马来西亚国际特赦组织(Amnesty International Malaysia)、第三世界网络(TWN)、世界自然基金会(WWF)、湿地国际马来西亚组织(WIMP)、水生生命资源管理国际中心(ICLARM)等。

第三世界网络(TWN)是一个总部设在马来西亚槟城的国际非政府组织,成立于1984年。它在国际论坛和联合国会议上代表南方

国家的利益和观点。它在亚洲、欧洲、非洲和南美洲的六个国家设有办事处和代表机构；第三世界网络的出版物有定期出版的系列丛书和研究报告，有两种主要的杂志：月刊《第三世界苏醒》和双周刊《第三世界经济》，除此之外，它的日内瓦办事处还发行《SUNS》新闻简报，每日报道和贸易有关的发展情况。它在非洲和南美的分支机构也出版它们自己的杂志。这些出版物包含了大量的信息和资料。除了它的出版物在世界上有一定的影响之外，第三世界网络还与许多第三世界国家政府建立了广泛和紧密的联系。多年来，每当召开重要的贸易会议之前，第三世界网络就要召开研讨会或论坛向各国代表提供有可能在贸易会议上出现的议题和争论。许多国家没有足够的资金和人力在日内瓦设立常驻机构，第三世界网络和其他一些非政府组织在使这些国家保持有关信息畅通方面发挥了重要作用。第三世界网络还在委任一个国际专家组审查基因工程的安全性中发挥了作用，对联合国促成生物多样性公约的谈判中作出了贡献。① 鉴于第三世界网络所拥有的资源和联系，许多国家的政府，包括马来西亚政府，在制订有关生物安全、生物多样性和基因资源有关方面的政策时不得不向它咨询。

马来西亚成为许多国际组织所召开会议的东道国，如生物多样性公约缔约方大会第七届会议就于2004年2月9日—20日和27日在马来西亚首都吉隆坡召开。由于第三世界网络（TWN）活动范围广大，使得马来西亚和其他国家政府和非政府组织的关系得到加强。

2. 主动参与地区和国际非政府组织的活动。马来西亚的非政府组织也参与到国际和地区非政府组织活动中，使得国际的和地区

---

① Graham K. Brown. Stemming the Tide: Third World Network and Global Governance, in Olav Schram Stokke and Øystein B. Thommessen (eds.), *Yearbook of International Co-operation on Environment and Development* 2003/2004. London: Earthscan Publications, 2003. pp. 73~77.

的网络逐渐形成。人权组织参与的地区性活动有:参与起草亚洲人权宪章,支持东帝汶和亚齐的独立运动,支持建立民主缅甸运动,以及柬埔寨的政治改革。1987年成立人权支持组织(Human Rights Support Group)要求释放在新加坡被监禁的16名男女。像妇女力量(Tenaganita)这样的妇女组织则参与国际和地区性的反对贩卖妇女,抵制艾滋病的传播等一系列和妇女有关的议题。马来西亚的伊斯兰非政府组织也参与到一系列的地区和国际运动中,如,支持巴勒斯坦和科索沃的穆斯林。此外,马来西亚非政府组织参与了一系列由国际非政府组织主办的会议,如1995年北京世界妇女大会等。

3. 接受国际非政府组织的支持和援助。有关国际非政府组织和马来西亚非政府组织具体的合作案例应该不少,但缺少文献记录。1994至1996年间,绿色和平组织、绿色韩国(Green Korea United)和来自其他20多个国家的环保非政府组织来到马来西亚的沙捞越支持反对建设巴昆大坝活动。在1996年的一份书面陈述报告中,全世界有120个非政府组织劝说瑞典－瑞士工程设计合作组撤出这项具有争议的水电工程项目。①

对马来西亚非政府组织支持和援助最多的发达国家非政府组织应该是其中的基金会组织。基金会通过各种渠道进入马来西亚,如荷兰的荷兰人类发展合作学院(HIVOS)基金会、美国的纵深生态基金会(the Foundation for Deep Ecology)等。荷兰的人类发展合作学院(HIVOS)基金会在马来西亚赞助的非政府组织有:妇女救助中心(WCC)、大马人民之声(SUARAM)、全体妇女行动协会(AWAM)、妇女力量(Tenaganita)、沙巴州的社区组织伙伴(Pacos)、城市先锋者支持办公室(JSPB)、粉红三角(Pink Triangle)

---

① Sundari Ramakrishna. The Environmental Movement in Malaysia. In Meredith L. Weiss and Saliha Hassan(eds.). *Social movements in Malaysia: from moral communities to NGOs*. London; New York: RoutledgeCurzon, 2003. p.125.

等非政府组织。但 HIVOS 宣布于 2000 年撤出马来西亚,认为马来西亚已经有很高的发展水平了。

4. 加入有影响的地区和国际非政府组织而成为其会员。如马来西亚消费者协会联盟等消费者组织属于 FOMCA 亚太国际消费者联合会(IOCU)的成员;SUARAM 是维也纳联合国人权会议在东南亚的合作成员,该组织积极主动地和大赦国际、亚洲人权会议、亚洲观察以及国际法学家委员会建立网络联系;妇女力量(Tenaganita)加入了以下地区和国际组织:亚太妇女、法律和发展论坛,亚洲妇女委员会,杀虫剂亚洲网络组织,亚洲移民中心,亚洲发展文化论坛,亚太成人教育组织。和地区及国际非政府组织有紧密和广泛联系的是环保非政府组织,如:马来西亚环保协会(EPSM)参与了东南亚气候行动网络,它是 UNCED 的一成员,参与了气候和生物多样性会议,它还是防止空气污染国际联合会的成员。

二、美国基金会和马来西亚非政府组织

以上只能提供马来西亚非政府组织和国外非政府组织联系的一个宏观框架,缺少具体的案例分析。马来西亚所有的非政府组织每年都必须向社团注册官报告国外资金的来源,但这些资金有多少是用在发展非政府组织身上,资金的使用范围如何,绩效如何,双方互动的情况如何,社团注册官却从来没有透露过。马来西亚政府要求所有的注册社团向社团注册官提供年度报告,这是一个合理的要求,对于加强对各类社团的管理以及提高透明度等都有益处,但结果并不令人满意。首先,信息和资料不容易获取,在马来西亚有近 100000 个注册的社团组织,但信息资料只能在注册官那里得到,而这些资料没有输入计算机,要想获取某个组织的信息资料很难。其次,信息资料不完整,比如在 2001 年,只有 1/3 的注册社团组织提交了年度报告。再次,监控机制不完善,注册官只是忙于收集信息,但他们并没有从监管社团组织资金和行为的角度以及向马来西亚公众提供社团组织活动的角度去仔细审查这些信息资料。获取这方面资

料的其他途径也很少。本书利用公共事务机构(IPA)所发表的一个研究报告《美国基金会基金在马来西亚的使用》[①]来分析马来西亚非政府组织和国际非政府组织的互动关系,通过这个案例分析,我们可以看出两者关系发展的新动向。

基地设在澳大利亚墨尔本的一个非营利研究机构－公共事务机构(the Institute of Public Affairs,简称 IPA)[②]已经开始的一个非政府组织研究计划是:通过了解亚太地区非政府组织在使用国际资金方面的情况来深入探究和了解非政府组织。该组织从事这项研究的出发点是:尽管非政府组织的影响与日俱增,但人们对非政府组织的结构、资金来源和使用以及非政府组织的绩效等方面知之甚少,因为许多著名的非政府组织所提供的信息很不充分,所以这个部门的透明度和信赖度还很差。因为有关这个部门和个别非政府组织的有限的信息和资料只能从官方和其他渠道得到。为了加强对非政府组织以及这个部门透明度的了解,有必要进行这方面的调查研究。

公共事务机构(IPA)之所以选择美国基金会和马来西亚非政府组织作为该项目的研究重点是出于以下考虑:首先,美国基金会是全球非政府组织接受资助的最大源泉之一。[③] 其次,美国基金会通常在资助重点等方面起着引领世界潮流的作用。第三,美国基金会能提供较准确的数据。最后,IPA 认为马来西亚正在成为地区性非政府组织的中心,这是促使 IPA 对马来西亚非政府组织基金使用情况进行研究的最重要原因。美国基金会向马来西亚非政府组织提供的捐助资金大约有 70% 用在亚太地区;另外 12.2% 的捐助用在国际领

---

① Mike Nahan. US Foundation Funding in Malaysia. NGO Project Report, published by the Institute of Public Affairs, Number 1, January 2003. Melbourne, Australia.

② 有关该机构的详细情况,请查询 www.ipa.org.au

③ H. Anheier, M. Glasius, M. Kaldor (eds). *Global Civil Society* 2001. Oxford: Oxford University Press, 2001.

域,这样共有 82.2%的捐助(价值超过 400 万美元)用在开展地区性和国际性活动;相反,只有 16.8%的捐助用在国内活动上,用在国内某个特定地区的活动的捐助就更少了,只占 1.4 %。①

表 3-3 马来西亚非政府组织使用美国基金会捐助的地理分布情况

地理分布	捐助次数	捐助金额	所占百分比
亚太地区	21	3438001	69.6
马来西亚国内	21	828497	16.8
国际领域	2	602745	12.2
国内特定地区	15	69900	1.4
总　　计	59	4939143	100.0

资料来源:Mike Nahan, US Foundation Funding in Malaysia, NGO Project Report, published by the Institute of Public Affairs, Number 1, January 2003. Melbourne, Australia.

1. 美国基金会背景简介

美国的慈善事业有相当长的历史。到 2000 年为止,在美国 IRS 注册的慈善基金会就有 10000 多个,控制资金大约 385 亿美元。为了保持慈善机构的地位,美国基金会每年至少要捐出资产的 5% 来发展慈善事业。在世界股票市场下落时,基金会付出的资金则往往超出这个最低限度。在 2000 年,美国基金会捐助的资金总共达到 28 亿美元。大部分资金流向北美的组织,只有两亿美元流向世界其

---

① Mike Nahan. US Foundation Funding in Malaysia. NGO Project Report, published by the Institute of Public Affairs, Number 1, January 2003. Melbourne, Australia.

他地方。① 但流向世界其他地方的资金在逐年增加,在 20 世纪 90 年代,流向北美以外的资金平均增长了 57%,仅 2000 年就增长了 86%。②

美国基金会中心(the Foundation Center)把美国基金会划分为三种类型:独立基金会、公司附属基金会和社区基金会。

顾名思义,独立基金会的管理和操作是独立于创办这些基金会的公司和企业。尽管这些基金会的创办者或者他们的后代可以通过董事会对这些基金会的运作拥有主要的发言权,但许多基金会,尤其是那些比较大的基金会和创办者家族的联系非常有限。如福特基金会在目标、功能和管理上就完全独立于福特汽车公司;它甚至不拥有该公司的股票,在基金会董事会中也没有福特家族的成员。独立基金会的数量最多,囊括了许多最富有和最慷慨大方的基金会。如福特基金会(the Ford Foundation)、帕卡德基金会(the Packard Foundation)、麦克阿瑟基金会(MacArthur Foundation)、查尔斯斯蒂沃特莫特基金会(Charles Stewart Mott Foundation)、洛克菲勒基金会(the Rockefeller Foundation)以及洛克菲勒兄弟基金会(Rockefeller Brothers)等。独立基金会一般是由已故许久的企业家创办或捐赠的。许多基金会在美国股票市场上占有一定份额,原始的捐赠作为资本不断得到扩张。可以说这些基金会是美国资本主义制度的产物。

在规模、目标的选择以及实现目标的方法等方面,独立基金会也具有很大差异性,但和其他类型的基金会相比,独立基金会的活动范

---

① Lawrence,Steven,Carlos Camposesce and John Kendzior,(eds). *Foundation Yearbook*: *Fact and Figures on Private and Community Foundations*, New York: The Foundation Center, 2000.

② Francis Printer. Funding Global Civil Society Organizations in H. Anheier, M. Glasius, M. Kaldor (eds), *Global Civil Society* 2001, Oxford: Oxford University Press, 2001.

围以及运作灵活性等方面都处于优势地位。

随着时间的流逝和社会环境的变迁,许多独立基金会已经远远偏离起初的宗旨,有些甚至成为反全球化运动的强有力的支持者。亨利·福特的孙子亨利·克雷福特于1977年从福特基金会董事会辞职,他说:"尽管基金会是资本主义的产物,但就基金会的所作所为来看,很难辨别这样一个事实。"①

近20多年来,在美国和全球的慈善机构出现了一股新力量,即新贵基金会(new money foundsations)。和以前的基金会相比,它们的资产并不雄厚,但它们在数量上居多并且发展得很快,它们在运作、价值取向以及在重点捐赠对象的取舍方面具有很大的差异。之所以称它们为新贵基金会,是因为创办这些基金会的个人或家族大都是在20世纪90年代后的信息技术革命中发财致富的,如美国首富比尔盖茨。由于这些创办人都健在并控制着基金会,基金会的价值取向和捐赠重点和这些创办人紧密关联。

公司基金会是由某个公司投资建立和控制的基金会。法律不允许这类基金会捐助那些直接能给公司带来事业利益的活动,但大多数公司基金会的捐赠仍然和本公司的利益挂钩。如:某个公司基金会某个大学的研究项目,很可能是因为该公司在很大程度上依赖这个大学的科研成果。公司基金会的资产没有独立基金会的雄厚,但它们每年的捐赠在总资产中所占的份额却比独立基金会高。美国大公司大都创办并运作一个基金会,且运作的方式和公司的业务活动协调一致。这类基金会的影响远远超出了它们资产所应该占有的比例,而且它们的活动范围不断越过国界,在世界范围内造成影响。如在1998年至2001年间,共有7个公司基金会向马来西亚的组织提供了捐赠。

---

① Nation's Leading Foundations Violate Donor Intent: Foundations Funding America's Left Have Conservative Origins, Foundation Watch, Capital Research, October 2002.

第三类基金会是社区基金会。这类基金会的一个突出特点是它们接受资金的来源各种各样,包括个人、企业和政府;它们的重点放在某个社区。尽管这类基金会在数量上不断增长,但在现阶段它们还不是非政府组织的主要捐赠者,从1998年至2001年还没有马来西亚的非政府组织接受此类基金会的捐赠。

2. 美国基金会对马来西亚非政府组织的捐助

(1) 捐助和接受捐助总体情况介绍

在1998—2001年之间,美国共有15家基金会对马来西亚30个非政府组织提供了资金捐助,捐助次数59次,总金额达到4939143美元。参见表3-4。

表3-4 1998—2001年美国基金会对马来西亚非政府组织的捐助总体情况

美国基金会对马来西亚NGOs的捐助次数	59次
马来西亚接受捐助的NGOs数量	30个
美国提供捐助的基金会的数量	15个
捐助总金额(美元)	4939143(美元)

资料来源:Mike Nahan, US Foundation Funding in Malaysia, NGO Project Report, published by the Institute of Public Affairs, Number 1, January 2003. Melbourne, Australia.

美国基金会对马来西亚非政府组织捐助的资金在美国基金会对外捐助的份额中所占的比例极小,但对于财政预算比较紧张的马来西亚非政府组织来说,这应该是一笔可观的数目;接受捐助对于非政府组织开展项目有很大的帮助。

(2) 对捐助基金会的分析

15家对马来西亚非政府组织提供捐助的美国基金会中包括了许多大的慈善基金会,也有一些新贵基金会和公司基金会。在这期间没有社区基金会向马来西亚的非政府组织提供捐助。IPA的报告将捐助者的情况按照捐助数量的大小顺序详细列表。参见表3-5。

表 3-5　15 家美国基金会向马来西亚非政府组织提供捐助的详细情况

基金会名称	捐助次数	捐助数量	占捐助总数百分比
福特基金会	5	993630	20.1
帕卡德基金会	3	972731	19.7
查尔斯斯蒂沃特莫特基金会	1	600000	12.1
纵深生态基金会	8	555000	11.2
洛克菲勒基金会	4	536640	10.9
洛克菲勒兄弟基金会	6	365000	7.4
麦克阿瑟基金会	1	310000	6.3
AT&T 基金会	2	200000	4.0
摩托罗拉基金会	4	147000	3.0
利惠基金会	1	100000	2.0
全球绿色基金	17	56645	1.1
J.P.摩根奇思基金会	3	34000	0.7
朗讯科技基金会	1	28500	0.6
BP 阿莫科基金会	2	20000	0.4
UPS 基金会	1	19997	0.4
总　　数	59	4939143	100.0

资料来源：Mike Nahan, US Foundation Funding in Malaysia, NGO Project Report, published by the Institute of Public Affairs, Number 1, January 2003. Melbourne, Australia.

从表 3-5 可以看出，对马来西亚非政府组织提供捐助数量最多的是著名的美国福特基金会。它的捐助数额是 993630 美元，占总数的 20.1%。它的全部捐助都用来推动和发展妇女的权益。

第二大捐助者是帕卡德基金会。它向马来西亚的非政府组织提供了 972731 美元的捐助来推动亚太地区的人口控制。

第三大捐助者为查尔斯斯蒂沃特莫特基金会。该基金会由通用汽车公司的一个原始投资者创立。在1998—2001年间该基金会向总部设在马来西亚槟城的一个非政府组织,即第三世界网络(the Third World Network)提供了600000美元的资金用于维持其国际网络活动。这是所有基金会中向马来西亚非政府组织所提供的最大单项资助。

第四大捐助者是纵深生态基金会。该基金会在90年代成立,自称是一个激进组织,使命是'代表大自然支持教育、倡议以及法律行为,同时反对摧毁自然世界的科技发展'。纵深生态基金会尤其反对农业生物科技,在世界范围内(包括马来西亚)资助许多主要的反生物科技运动。该组织和总部设在马来西亚的第三世界网络保持着紧密的联系。第三世界网络的执行总裁马丁·阔先生(Martin Khor)在纵深生态基金会董事会中有一定的影响。第三世界网络在1984年刚成立时,它是作为槟城消费者协会(CAP)的一个分支机构而存在,后来它的独立性逐渐增强,槟城消费者协会、第三世界网络和地球之友这三家非政府组织共同拥有办公地点和工作人员,共同使用外来捐助资金,可谓是世界上少有的非政府组织"三位一体"结构。所以,纵深生态基金会将总数555000美元的资金捐助给槟城消费者协会(CAP),其实也是对第三世界网络(TWN)的捐助。

全球绿色基金在1998—2001年之间对马来西亚非政府组织的捐助次数最多,达17次。这是作为汰炽基金会(the Tides Foundation)的一个项目来进行的。提供的捐助主要用来支持草根组织和反发展组织(anti-development organizations)。汰炽基金会捐助的不是自己的钱,它的资金主要来自其他的基金会、企业和个人,然后这些资金按照捐赠者的意愿再捐助给某些非政府组织和某些事业。该基金会的主要功能在于使资金来源变得模糊不清以逃避公众的视线。如果某个基金会或企业想投入资金开办某个特别的事业,而没有这样的组织从事这样的事业,汰炽基金会就从无到有创办一个这样的组织来承担这个任务,这样汰炽基金会就成为一个非政府组织的孵化器。到目前为止,该基金会至少创设了 30 个这样的项目组织来满足基金会和企业的需要。汰炽基金会在马来西亚的全球绿色基金直达一些当地较小的组织。其捐助主要用来反对大坝工程(包括沙捞越的巴昆大坝工程)。像汰炽基金会的资金来源不明朗一样,全球绿色基金的资金来源也不向外透露。

洛克菲勒基金会对马来西亚的非政府组织有 4 次捐助,资金达 536,640 美元,主要用在亚洲地区的人口控制和大学科研领域。

洛克菲勒兄弟基金是洛克菲勒财团的一个分支机构,对马来西亚非政府组织的捐助有 6 次,捐助资金总数 365000 美元,其中 275000 美元捐给槟城消费者协会和第三世界网络,用于开展反发展运动和组织的运作。其余部分捐给湿地国际亚太组织(Wetlands International Asia Pacific)[①]来研究该地区的湿地管理。

麦克阿瑟基金会向国际水生动物资源管理中心(ICLARM)[②]一次性捐助资金达 310000 美元,主要用来资助该地区的渔业发展。

剩余 7 家基金会的捐助达 549497 美元,占总数的 11.1%。这 7 家基金会都是公司基金会,他们分别由这些著名的公司(AT&T、摩

---

① 湿地国际(Wetlands International)创建于 1995 年,由 3 个国际组织合并组成:亚洲湿地局(AWB),国际水禽和湿地研究局(IWRB)和美洲湿地组织(WA)。湿地国际的宗旨是:通过在全球范围内开展研究,信息交流和保护活动,维持和恢复湿地,保护湿地资源和生物多样性,造福子孙后代。湿地国际总部在荷兰,下属 3 个联系松散的区域机构,即湿地国际非洲、欧洲和中东组织,湿地国际亚太组织和湿地国际美洲组织。湿地国际亚太组织(Wetlands Interntional Asia Pacific),总部设在马来西亚吉隆坡,在马来西亚、印度尼西亚、印度、柬埔寨、泰国和中国设有办事处。

② 现更名为世界鱼类中心(the World Fish Center),其网址:http://www.worldfishcenter.org,原为 ICLARM(International Center for Living Aquatic Resources Management),总部设在菲律宾,是一个自治的非赢利的非政府的国际科学技术中心,为进行、促进和加快对渔业和其他水生生物资源的所有方面的研究而建立。该中心致力于通过对水生生物资源进行研究、建立伙伴关系、增强能力和政策支持对发展中国家的食品安全和消除贫困贡献力量。

托罗拉、利惠公司、J. P. 摩根奇思、朗讯科技、BP 阿莫科以及联合包裹投递公司)创办并和这些公司保持紧密联系。他们的捐助支持的一些传统项目,如大学科研、奖学金、培训以及向穷人和弱势群体提供健康、福利和医疗服务等。

(3) 对捐助接收者的分析

在 1998—2001 年之间,马来西亚有 30 个非政府组织接受了美国基金会的资金捐助。参见表 3-6。

表 3-6 30 个接收美国基金会资金捐助的马来西亚非政府组织列表

接受美国基金会捐助的非政府组织名称	次数	金额($)	百分比(%)
国际人口方案管理理事会(ICOMP)	5	1209030	24.5
第三世界网络(TWN)	5	1155000	23.4
水生生命资源管理国际中心(ICLARM)	3	630341	12.8
大马艾滋议会	1	380630	7.7
槟城消费者协会(CAP)	6	260000	5.3
伊斯兰姐妹(SIS)	1	233000	4.7
马来西亚美国教育交流协会	2	200000	4.0
亚太妇女资源研究中心	1	200000	4.0
国际妇女权利行动观察亚太组织	2	180000	3.6
大马艾滋基金会(MAF)	1	100000	2.0
多媒体大学	2	87000	1.8
湿地国际亚太组织	2	60000	1.2
马来亚大学	1	50000	1.0
大马儿童救助中心(Desa Amal Jireh)	2	40000	0.8
马来西亚理科大学(USM)	2	20000	0.4
大马自闭症协会	1	19997	0.4

续表

接受美国基金会捐助的非政府组织名称	次数	金额($)	百分比(%)
大马人民之声	1	15000	0.3
大马地球之友	3	14000	0.3
原住民发展中心	3	12000	0.2
教师统一联合会(persatuan guru dharma)	1	12000	0.2
彭亨佛教协会血液透析中心	1	10000	0.2
彭亨圣约翰救护车组织	1	10000	0.2
精神严重障碍救助协会	1	10000	0.2
Uma 居民协会	3	7400	0.1
KERUAN 组织(一原住民组织)	2	6500	0.1
雪兰莪保河组织(SOS Selangor)	2	6500	0.1
反巴昆大坝非政府组织联盟	1	3000	0.1
槟榔近海渔民福利组织	1	3000	0.1
大马可持续发展网络	1	2745	0.1
婆罗洲工程组织	1	1500	0.0
总　　计	59	4939143	100.0

资料来源：Mike Nahan, US Foundation Funding in Malaysia, NGO Project Report, published by the Institute of Public Affairs, Number 1, January 2003. Melbourne, Australia.

国际人口方案管理理事会(ICOMP)接受捐助的数额最多。在1998—2001年间,该理事会接受两家美国基金会(洛克菲勒基金会和帕卡德基金会)的捐助达5次之多,总价值达1209030美元。所有捐助被用来开展亚洲地区的人口控制工作和相关的控制人口增长的学术研究。

第三世界网络(TWN)接受捐助的数额仅次于国际人口方案管

理理事会(ICOMP)。接受美国基金会 5 次捐助,总金额达 1155000 美元。如前文所述,第三世界网络和槟城消费者协会(CAP)有共同的理事会成员和工作人员,共享办公设施,共同开展活动,所以应该综合考虑这两个组织接受捐助的情况。如纵深生态基金会向槟城消费者协会(CAP)提供价值达 255000 美元的捐助,条件是这些捐助要被转交在第三世界网络(TWN)的名下。如果把第三世界网络(TWN)和槟城消费者协会(CAP)接受美国基金会的捐助数额加在一起,他们将成为接受美国基金会捐助最多的组织,总数达 141000000 美元,共计 11 次之多。纵深生态基金会对他们的捐助最多,其次是查尔斯·斯蒂沃特·莫特基金会和洛克菲勒兄弟基金会。这些捐助资金主要用来开展活动和维持现存的网络。水生生命资源管理国际中心(ICLARM)是一个世界级的国际渔业研究和发展组织,总部设马来西亚的槟城。该组织在此期间接受美国基金会的捐助资金达 630341 美元。所得捐助资金主要用在该组织所开展的小型渔业开发和水产养殖业等方面。值得注意的是,水生生命资源管理国际中心(ICLARM)在这期间是唯一一个接受美国基金会捐助来从事农业和渔业发展活动的非政府组织。以往,这些领域是美国基金会对马来西亚提供捐助的重点。不仅如此,有的美国基金会捐助反发展活动。

SIS 论坛(SIS Forum)从福特基金会那里得到了 233000 美元的捐助来促进妇女权益。另外两个非政府组织—亚太妇女资源研究中心和国际妇女权利行动观察—也分别从福特基金会那里接受了 200000 美元的捐助来从事相同的事业。

从 80 年代初在美国首次发现艾滋病以来,艾滋病逐渐在全球泛滥猖獗,马来西亚也不例外,为此,在马来西亚成立了两个相关的非政府组织,即:大马艾滋基金会(MAF)和大马艾滋议会。这两个非政府组织分别从利惠(Levi Strauss)基金会和福特基金会那里得到了 200000 美元和 380000 美元的捐助。这些捐助资金被指定用来召开地区性的艾滋病治疗和预防会议。

在此期间,马来西亚有三个大学接受了美国基金会的捐助。多媒体大学两度接受摩托罗拉基金会的捐助(87000美元)来从事研究。马来亚大学也从摩托罗拉基金会那里得到了50000美元的捐助。马来西亚理科大学分别从摩托罗拉基金会和洛克菲勒基金会那里得到捐助,两次共得资金10000美元。

马来西亚湿地国际两次共得资金60000美元,主要用来在暹罗湾及其附近进行湿地管理的研究。

美国基金会有捐助福利组织的传统。在此期间,马来西亚有许多福利组织也从美国基金会那里得到了捐助来开展他们的福利事业。这些福利组织是:大马自闭症协会(19977美元),教师统一联合会(12000美元),彭亨佛教协会血液透析中心(10000美元),彭亨圣约翰救护车组织(10000美元),精神严重障碍救助协会(10000美元)。捐助这些福利组织的都是美国公司基金会,包括J.P.摩根奇思基金会、BP阿莫科基金会和UPS基金会。

环保组织接受的捐助资金相对要少。主要是汰炽基金会(Tides)通过全球绿色基金向这些组织提供捐助。接受捐助的人权组织是大马人民之声(15000美元),环保组织有:大马地球之友(14000美元),原住民发展中心(12000美元),Uma居民协会(7400美元),KERUAN组织(6500美元),反巴昆大坝非政府组织联盟(3000美元),槟榔近海渔民福利组织(3000美元),马来西亚可持续发展网络(2745美元),婆罗洲工程组织(1500美元)。

从60年代和70年代开始,来自美国、加拿大以及欧洲的许多非政府组织从传统的强调人道主义救济转向有关"授权"(enpowerment)这个新重点。无论是传统的美国组织,如路德派世界救济会(Lutheran World Relief),还是一些更新的组织,如牛津饥荒救济委员会美国分会(Oxfam America),以及一些大的基金会,如洛克菲勒基金会、福特基金会等都日益采用这种方法。通过分析美国基金会在1998—2001年间对马来西亚非政府组织的捐助情况,我们大致可以看出另一个新变化——从捐助发展到捐助治理。

表 3-7 美国基金会在马来西亚捐助领域详细情况列表

捐助领域	次数	金额	百分比(%)
环境保护	25	1266645	25.6
人口控制	5	1209030	24.5
渔业发展	3	630341	12.8
妇女权益维护	4	613000	12.4
艾滋病防治	2	480630	9.7
教育	11	429497	8.7
消费者权益维护	6	280000	5.7
健康和福利服务	3	30000	0.6
总　　计	59	4 939 143	100.0

资料来源:IPA《NGO Project Report》No 1.2003

表 3-7 显示在此期间美国基金会主要对环境保护和人口控制感兴趣并提供了大量捐助,这两个领域的捐助占总捐助的 50%。这表明亚洲在环境保护和人口控制方面所存在的问题日益得到世人的关注,单方面强调发展所带来的问题日益突出,很多问题已经溢出国界,不再仅仅是一个国家内部的事情,而需要全球治理。IPA 报告认为:该表所列美国基金会捐助领域的顺序基本反映了美国基金会的选择捐助领域的偏好,这也在很大程度上体现了美国人的价值取向。

如前文所述,美国基金会对发展项目的捐助投向水生生命资源管理国际中心(ICLARM)这个组织。该组织是唯一一个接受美国基金会捐助来从事农业和渔业发展活动的非政府组织。尽管数量下降了,只占总数的 12.8%,但就捐助领域的重要性来看,它仍然占据第三位。其他领域接受捐助的情况如下:妇女权益维护接受 613000 美元的资助,占总数的 12.4%;艾滋病防治接受 480630 美元,占总数的 9.7%;教育接受 429497 美元,占 8.7%;消费者权益保护接受总计 2870000 美元的捐助,占 5.7%;健康和福利服务接受 30000 美元的资助,只占到总数的 0.6%。①

总体而论,美国基金会对环保领域的捐助比人们预想的要多。所有对消费者权益保护的捐助都投向槟城消费者协会(CAP)及其伙伴——第三世界网络(TWN)。虽然该组织的名称是消费者协会,但作为马来西亚第一个具有现代意义的非政府组织,它所从事的事业已经远远超出了它的名称所能覆盖的范围,包括环境保护、以及以环保为议题的游说活动、人权和反发展等诸多领域。那么美国基金会投向环境保护的资金主要用在哪些方面呢? IPA 提供的资料显示:92%的资金投向一般的、没有特定目的的领域,其他资金则投向有固定目标的项目。湿地管理项目得到的资助最多,共有 63000 美元投向湿地国际用于湿地管理的研究。反大坝组织也从汰炽基金会(Tides)的全球绿色基金那里得到捐助。从汰炽基金会(Tides)得到捐助的还有反伐木和反对杀虫剂组织。纵深生态基金会将 555000 美元的资金投向第三世界网络和槟城消费者协会,因为这两个组织在反对生物科技方面和自己站在同一个战线。纵深生态基金会坚决反对在发展农业中使用生物科技,所有它的捐助也重点在这一领域,所有接受捐助的组织也都积极开展反对农业生态科技的活动,第三世界网络和槟城消费者协会亦是如此。参见表 3-8 反映了美国基金会在马来西亚所投入的环境保护资金的使用情况。

美国基金会投入在马来西亚非政府组织中的资金到底发挥了什么样的功能呢?换句话说,美国基金会希望它们所投入的资金发挥什么样的作用,这不仅反映美国基金会的捐助偏好,也会反映美国人的价值观念。IPA 的研究报告发现:以往美国的慈善基金会主要致力于资助教育、科研以及提供健康和福利服务,这样,捐助对象可以直接得到美国慈善基金会所提供的最基本的服务和接受教育的机

---

① Mike Nahan. US Foundation Funding in Malaysia. NGO Project Report, published by the Institute of Public Affairs, Number 1, January 2003. Melbourne, Australia.

会。到目前为止,美国基金会的这种捐助偏好已经改变,同时也暗示着美国人价值观念的改变。表 3-9 所反映的正是美国基金会捐助资金在马来西亚所发挥的功能的变化。

表 3-8 美国基金会在马来西亚 NGOs 所投入的环保资金使用情况列表

项 目	次 数	金 额	百分比(%)
广泛的环境保护领域	9	1153400	92
湿地管理的研究	3	63000	5
反大坝建设	7	36500	2
森林保护	5	11000	1
反对使用杀虫剂	1	2745	0
总 计	25	1266645	100

资料来源:Mike Nahan, US Foundation Funding in Malaysia, NGO Project Report, published by the Institute of Public Affairs, Number 1, January 2003. Melbourne, Australia.

表 3-9 美国基金会在马来西亚非政府组织中所发挥的功能列表

功 能	次 数	金 额	百分比(%)
能力建设	14	2543805	51.5
活动开展	25	1045500	21.2
研究	8	977341	19.8
培训	9	342497	6.9
提供服务	3	30000	0.6
总计	59	4939143	100.0

资料来源:Mike Nahan, US Foundation Funding in Malaysia, NGO Project Report, published by the Institute of Public Affairs, Number 1, January 2003. Melbourne, Australia.

在马来西亚,美国基金会的捐助资金重点用在支持游说陈情和相关的政治活动,而不是提供最基本的服务。美国基金会捐助的资金所发挥的最大功能是促进非政府组织的能力建设,包括发展网络、组织会议和制订策略等。捐助资金所发挥的第二大功能就是促进活动的开展。这两大功能中都包括了向普通大众的宣传活动以及向政府的游说和陈情。通常这类活动的目的就是敦促政府在相关方面采取行动,如在计划生育方面投入资金、不要建设大坝、加强保护妇女权益的立法以及禁止使用杀虫剂等等。表3-9显示,用在研究领域的资金只占捐助资金的19.8%,在培训和服务提供领域所用资金更少,分别只占到总捐助资金的6.9%和0.6%。

总之,美国基金会现在所关注的不是提供最基本的服务,而是通过非政府组织这个第三部门向马来西亚政府施加影响以便达到基金会所想要达到的目标。这说明美国基金会意识到在解决某些国际、国内和地区性问题方面,政府的作用以及政府和非政府组织的合作同样至关重要。这是美国基金会捐助资金功能的一大转变。第二个变化表现在美国基金会(起码部分反映了美国人的价值观)对待发展问题的观念转变。在过去,美国基金会,特别是像洛克菲勒基金会和福特基金会那些著名的基金会,在资金捐助上优先考虑的是经济发展。作为优先捐助对象的是能够推动经济发展的研究、培训以及与此相关的活动。现在这种情况得到完全改变,许多美国基金会都具有明显的反发展倾向。从捐助次数看,总共的59次捐助中,有28次捐助直接明了地用于阻止或减缓经济发展的速度,所用资金为1848245美元,占总金额的38%。这些资金多用于环境保护事业和向大众以及政府的宣传、陈情和游说。[1]

---

[1] Mike Nahan, US Foundation Funding in Malaysia, NGO Project Report, published by the Institute of Public Affairs, Number 1, January 2003. Melbourne, Australia[EB/01]. http://www.ipa.org.au/pubs/ngounit/NGO Project Report1.pdf

如何解释这种变化？我们认为：许多美国基金会的财富都是在西方追求高速经济增长的过程中获得的，这种经济增长是以牺牲环境为代价的，给人类环境带来了深远的影响，这些基金会现在不希望在马来西亚出现相似的财富创造活动，也就是不希望马来西亚以牺牲环境为代价来片面追求经济发展，所以他们的捐助资金要用在制止这种行为的行动中。看来，全球生态环境危机及其对人类造成的威胁，从根本上改变着人们对发展、现在与未来的关系以及发展与环境之间的关系的思想观念和思维方式，也改变着人们的态度和行为。[①]

通过对捐助者——美国基金会、捐助接收者——马来西亚30个非政府组织以及捐助资金使用领域等多方位的研究，我们可以从如下几个方面加以总结：第一，美国基金会从捐助服务和福利转向捐助倡导性的活动，这也体现了随着时代的发展美国人价值观念的转变。第二，美国基金会所提供的捐助所指向的领域反映了美国人的偏好，但这不一定就是马来西亚人所必需的。因为两个国家在发展的道路和发展进程等方面毕竟还存在很多差异。第三，美国基金会大力捐助基地设在马来西亚的地区性和国际性的非政府组织。这样，马来西亚正逐渐成为国际非政府组织在亚洲地区的机构中心，这些组织接受来自世界各地的捐助资金，然后以马来西亚为中心，其活动和影响向亚洲其他地区扩散。

---

① 赵黎青：《非政府组织与可持续发展》，北京：经济科学出版社，1998年，第246页。

第四节 马来西亚政府与非政府组织关系的发展变化

一、早期殖民政府对移民社会的控制和立法

在马来西亚,规范非政府组织的法律框架,可以说是继承于殖民统治时期英国殖民政府对移民社会加强控制的立法。

早在19世纪50年代,殖民统治者就试图通过立法加强对华人社会的统治。1856年,海峡殖民地政府颁布了《警察法令》(Police Act)和《管理法令》(Conservancy Act)。这两部法令涉及华人社会的集会、游行、演出、丧葬、祭祀及商贸管理等事务,企图把移民社会纳入殖民政府的统治之下。针对当时各地存在的华人秘密会社,海峡殖民地政府于1869年颁布了《危险社团法令》(Dangerous Societies Ordinance),并分别在1870、1872年做了修改和补充。1869年的社团法令规定了所有社团的注册原则,其目的是通过法律的注册程序来控制秘密会社,以减少它们的危险性。[1] 1869年《危险社团法令》应该是殖民政府颁布的第一部规范和管理社团组织的法令,预示着殖民政府以法律形式管理各类社团组织的开始。

在19世纪70年代以前,英国殖民统治者对马来亚的移民社会特别是华人社会总体上实行的是间接统治,殖民政府并没有制订出符合殖民地统治需要的政策和法律,华人社会内部事务都交由华人甲必丹管理,甲必丹大多是华人社会有权势的头目,殖民政府给予它

---

[1] 林远辉、张应龙:《新加坡马来西亚华侨史》,广州:广东高等教育出版社,1991年,第213~225页。

们较大的权力,以便他们能有效地协助殖民统治者控制华人社会。①由于秘密会社在当时的华人社会中有广泛深刻的影响,早期的殖民政府对它们的态度是默许它们的存在并加以利用。

19世纪70年代后,由于各种因素的变化,殖民政府调整了对华人社会的统治策略,转而进行直接统治,1877年华民护卫司署在新加坡的建立②和该年颁布的《华人移民法令》(Chinese Immigrants Ordinance)是这个转变的重要标志。1889年,海峡殖民地政颁布《镇压危险社团法令》(Dangerous Societies Suppression Ordinance),宣布各种秘密会社为非法组织。该法令于1890年1月1日开始生效,并一直被沿用到战后初期。

二、独立后规范非政府组织的法律框架

马来西亚于1957年独立,实行君主立宪联邦制。新国家不仅从英国殖民政府那里和平取得移交的政权,而且还继承了很多殖民遗产:一个相对完善的行政体系;初步建立的市场经济制度;对社会进行严格控制的立法等等。

马来西亚1957年颁布马来亚宪法,1963年马来西亚成立后继续沿用,改名为马来西亚联邦宪法,后多次修订。宪法规定:最高元首为国家首脑、伊斯兰教领袖兼武装部队统帅,由统治者(苏丹)会议选举产生,任期5年。最高元首拥有立法、司法和行政的最高权力,以及任命总理、拒绝解散国会等权力。1993年3月,马议会通过宪法修正案,取消了各州苏丹的法律豁免权等特权。1994年5月修改

---

① Victor Purcell. *The Chinese In Malaya*. Kuala Lumpur, Oxford University Press, 1967. pp.72~77.

② 1881年,槟榔屿华民护卫司署正式成立;两年后,霹雳的华民护卫司署成立;1890年,雪兰莪华民护卫司署成立;1911年,马六甲的华民护卫司署成立。在森美兰和彭亨两地成立华民护卫司署前,由雪兰莪华民护卫司负责管理当地华侨事务。见(英)W.L.布来司著,王陆译:《马来亚华侨劳工简史》,载《南洋问题资料译丛》1957年第2期,第2~24页。

宪法,规定最高元首必须接受并根据政府建议执行公务。2005年1月,马议会再次通过修宪法案,决定将各州的水供事务管理权和文化遗产管理权移交中央政府。宪法的制订和不断修改确保了一个强大的中央政府(两院制政府)。1957年宪法还规定了马来人的特殊地位。联邦宪法150款规定政府首脑有随时宣布国家处在紧急状态和终止议会的权力。

宪法的第二部分保护人的基本权利,包括人身自由权,法律面前的平等权,言论、表达、集会、结社自由权以及宗教自由等等。但这些自由权的享有受到很大限制。第一,宪法中规定了许多限制条件;第二,在实践中,这些自由权的享有又更多地受制于普通法。[1] 如内安法令(ISA)、机密法令(OSA,1986年修改)、煽动法令(the Sedition Act)、大专法令(UUCA,1975年修改)、出版法令(PPPA,1987年修改)、1967年警察法(the Police Act 1967,1988年修改)、社团法(the Societies Act 1966,1983年修改)等。这些在不同时期,根据不同的情况制订了一系列旨在控制社会的法律对非政府组织的发展影响重大。

(1)《1966年社团法令》。该法令是对19世纪晚期英国殖民政府所制订的《社团法令》(Societies Ordinance)的直接继承,当时的《社团法令》的制订和实施主要是为了应对华人秘密会社对公共秩序所构成的威胁。[2]

1966年《社团法令》分三大部分:第一部,适用于社团的一般性规定(第1—18条);第二部,只适用于互助社团的规定(第19—40条);第三部,适用于一般性社团的其他规定。《社团法令》给"社团"下的定义是:"(社团)包括由7名或7名以上的人士所组成的任何俱

---

[1] Poh-Ling Tan. Human Rights and the Malasian Constitution examined through the lens of the Internal Security Act 1960. at http://rspas.anu.edu.au/pah/human rights papers/2001/Tan.rtf.

[2] 《社团法令》(第52条)是涉及秘密会社的特别条款。

乐部、公司、合伙企业或协会－临时的或永久的、也不论其宗旨与性质如何"。像工会和合作社这样的有其他法律所规范的组织除外。

非政府组织的法律地位及其和国家的关系在1966年《社团法令》里得到了明确的界定。该法令对非政府组织的发展有直接影响。

(2)《1948年煽动法令》。该法令被用来控制有可能在不同阶级和不同民族间造成敌对的言论和出版物。对任何造成仇恨、蔑视行为,或者对国王、政府以及司法行政不满或不忠行为,无论是发生在那个族群或哪个阶级,都给予严厉的惩罚。除此之外,根据该法令,马来人的特殊地位不允许被质疑,1948年马来亚联合邦宪法和1956年独立宪法给予非马来人的同等公民权地位也不允许受到质疑。

(3)《1948年印刷出版条例》(the Printing Presses and Publications Act 1984, 1987年修改)。该法令规定任何出版物的出版发行都要到内务部(the Ministry of Home Affairs)领取年度许可证;就诽谤、蔑视法庭以及泄漏官方秘密等事件都有严格的法律规定。

(4)《1960年内安法令》(the Internal Security Act of 1960)。该法令旨在制止颠覆政府的任何企图和任何有组织的暴力活动,这个法律给予内务部长以很大的权力,他可以不经审讯拘留任何一个被指控的个人达2年之久,如果需要,还可以延期。到目前为止,该法令被多次援用。

(5)《1967年警察法》(the Police Act 1967, 1988年修改)。警察法(the Police Act)要求任何五个人以上的集会必须提前14天获得警察的许可。而警察不断地拒绝非政府组织和反对党的集会要求,如果任何组织一意孤行,警察就可以宣布其为非法,并命令参加集会的人解散,否则将被扣留。显然,这个法令限制和危害了宪法中赋予的集会自由权。1988年修订的警察法强化和拓展了警察的权力范围,警察可以解散有关会议或集会,包括私人聚会;一旦发现任何人参与非法集会,警察可以不由分说地将其逮捕。该法令还禁止为选举举行的公众集会,只允许党派在获得许可的条件下发表公众演讲。迄今为止,警察法被多次用来驱散示威抗议的群众。

(6)《1971年大专法令》(UUCA,1975年修改)。该法令旨在对学校师生的活动进行限制。UUCA在1975年被修改,增加了许多新的限制条款,惩罚也比以前更加严厉。一些补充规定进一步限制学校教师和其他教职员工的活动。

(7)《1972年官方机密法令》。机密法令(OSA)是严格限制在世界上散布政府信息的立法。该法令起初是为了保护政府机密信息的秘密性并阻止间谍活动。1986年政府对之加以补充和修订,扩大了政府对"机密"一词的定义范围。它禁止将有害国家安全的任何文件和信息传播出去,并对违法者进行严厉惩罚。这样,政府可以宣布任何政府信息为官方秘密。该法令成为发布信息的一大障碍。

三、独立后政府对非政府组织的监控

从以上所列的这些法令我们可以看出,马来西亚政府有很大的权力对非政府组织及其活动进行监控。虽然这些法令不是专门针对非政府组织,但它们对非政府组织的影响却很大。政府对非政府组织的监控正是通过这些法令来实施的。

《社团法令》[①]规定所有的社团组织不仅要按要求注册,而且在更名、地址变更和组织变动时都要征得社团注册官(the Registrar of Societies)的同意(第11条)。

申请注册为社团组织的手续很麻烦,首先要呈交文字材料,然后办理正常手续。每个注册社团组织在其召开年度大会的28天内必须向社团注册局提交年度报告,包括审计账目、章程的修改以及领导成员的详细情况。凡是违犯社团注册法的都会受到罚款或坐牢的惩罚。如果一个未注册的组织或被宣布为非法的组织参与或开展活动,它的职员和成员将遭到起诉。

---

① 本书主要依据马来西亚信雅达法律翻译出版社出版的《社团法令》中文译本(黄士春翻译),1998年版。

社团注册官的权力很大,他可以拒绝一个新组织的注册申请(第7条)[①],可以修改一个组织的规则和更改一个组织的机构和名称(第7条、第11条),可以随时取消任何社团组织的注册资格(第13条),还可以进入和搜查任何社团组织的场所。但对它所应承担的义务却没有严格的规定,如注册局的审批和做出决定的时间是没有限制的,也可以说是无限期的。在注册悬而未决期间,社团组织是不能够组织任何活动的,如有违反,将受到加倍的处罚。社团组织只能向内务部(the Ministry of Home Affairs)提起申诉,社团组织在法庭里没有法人资格;法律行为只能以个人的名义来进行。部长的决定是最终判定,在法庭上不得对此有任何质疑。

一个组织现任的和以前的职员都有义务回答社团注册官的质询,一个组织内部的职员,即使是没有参与某个特定的违法活动,都有可能代替这个组织接受惩罚。如果这个违法活动和某个或某些非法的、被取消注册资格的社团组织或秘密会社有联系,那么这个组织就可能被认定为非法组织。在调查涉嫌违法行为的过程中,社团注册官、助理社团注册官以及政府官员都可以搜查任何组织的住所并察看组织的任何文件。

《社团法令》被多次修改,其中最有争议的是1981年和1983年的修改案。1981年的修改案未经咨询和磋商就很快通过了,该修正案把所有组织分为两类,一类被定义为政治性社团组织(political society),另一类则被政府视为"友好组织"。政治性社团组织的职员以及会员的数量受到很严格的限制,设在马来西亚的国外组织的附属机构和赞助机构也是如此。对于那些反对或诋毁联邦和州做出的任何决定的社团组织,社团注册官随时可以取消它们的注册资格,修正的《社团法令》也提高了对违犯该法所规定的罚金数量。在社团法协

[①] 《社团法令》第7条第三款这样规定:"在他看来该本地社团在本法令或其他成文法律的规定下是非法的、或可能被用作非法用途、或用作危害或不符合马来西亚的和平、福利、安全、良好秩序或道德的任何用途。"

调委员会以及后来的社团法协商会议秘书处的领导下,①100多个非政府组织联合起来,开展了强有力的斗争,使得1981年的修正案的某些条款最终得以再度修改,并于1983年5月获得议会的通过。

经过修改的1983年社团法去掉了'政治性社团组织'这个定义,但政党组织的定义得到延伸,那些支持州和联邦立法机关候选人的社团组织被纳入到政党组织的范围内。对于任何敢于藐视州和联邦宪法的社团组织,特别是触及了某些敏感性问题的社团组织,都要遭到被取消注册的命运。

一旦一个组织被看成是政治性的社团组织,它就有可能被社团注册官拒绝,或者它的注册申请被搁置起来,多年得不到批准。如国家人权组织(HAKAM)的注册就被搁置了两年;而大赦国际自从1990年以来一直想在马来西亚建立一个分支机构,很长时间没有得到批准。这使得许多倡导型的非政府组织只能以公司或企业以及其他的身份注册②,如大马人民之声(SUARAM)就是以公司的名义注册的;马来西亚信托协会(Amanah Ikhtiar Malaysia)在《信托法》下注册;亚太国际消费者地区署(CIROAP)是作为国外组织的一个分支机构来注册的。"国内贸易及消费部部长阿布哈山表示,当局可能修改公司注册法,约束这些非政府组织的活动,但蔡天强(代表35个非政府组织的发言人)说,非政府组织选择依据《公司注册法》登记是不得已的,因为如果依据《社团注册法》申请登记,往往需要两三年才能批准。"③不过大部分非政府组织依然依据《社团注册法》登记成立,在表3-1所列的183个非政府组织中有127个依据《社团注册

---

① 社团法协调委员会,英文名称为 the Societies Act Co-ordinating Committee(SACC)。该组织后重组为社团法协商会议秘书处,英文名称为 the Secretariat for the Conference of Societies(SCS)。

② 《1965年公司注册法令》允许一些非营利团体、福利机构、基金会、研究单位等注册为公司。

③ 祝家华:《马来西亚防范民间组织越轨》,载《亚洲周刊》1997年2月3日—2月16日。

法》登记成立。有41个依据《公司注册法》登记成立。①

虽然很少发生强制性取消注册资格的现象,但它对每一个非政府组织是一个潜在的威胁,并且偶尔发生在某个非政府组织的身上。政府不时地威胁说要铲除像大马人民之声(SUARAM)这样的人权非政府组织。比如,在1980年,国民醒觉运动(Aliran)就受到被取消注册资格的威胁,并被要求说明它应该继续存在的理由。社团注册官指控Aliran有可能被人利用来损害马来西亚联邦和平稳定和其他利益,还指控该组织所追求的目标和其注册时所宣称的目标不符。作为回应,Aliran反驳这个指控,讨论了改革运动在马来西亚社会中的重要地位问题,并成功地赢得公众的支持。最终该组织幸运地存留下来并继续运作。②大约在同一个时期,社团注册官要求马来西亚穆斯林青年运动(ABIM)断绝和外国组织的接触和联系;该组织经常批评政府的政策,在大专院校的学生中和马来中产阶级中有很大影响。该组织很大程度上被认为是受到国外激进和好战的伊斯兰运动的影响。③

不在社团注册官那里注册的非政府组织,只要反对政府,也不一定能幸免于难。如沙捞越的非政府组织社区教育协会(IPK)就是以企业的名义注册的,因为和其他非政府组织一起组成非政府组织联

---

① Yoshiki Kaneko. Dual Structure in the State-NGO Relationship. In Shinichi Shigetomi(ed.), *The State and NGOs: Perspective from Asia*. Institute of Southeast Asian Studies. Singapore. 2002. pp.185~186.

② Aliran. Aliran Speaks. Penang: Aliran Kesedaran Negara. 1981. pp. 321~380.

③ Tan Boon Kean and Bishan Singh. *Uneasy Relations: The State and NGOs in Malaysia*. Kuala Lumpur: Gender and Development Programme, Asian and Pacific Development Centre. 1994. pp.22~23.

盟并积极参与反对巴昆大坝(Bakun Dam)工程而于1996年被解散。①

除1966年《社团法令》的限制外,其他的法律也对非政府组织及其活动进行限制。如《1967年警察法》要求任何一个五人以上的公共集会在14天前就应该申请领取警方发给的治安许可证。警方经常以此拒绝给非政府组织和反对党所组织的公共集会颁发许可证。但这并不能阻止非政府组织的活动,它们转而依靠讨论会、学术研讨会以及它们自己创办的刊物来发表自己的主张,或者向政府官员直接陈述自己的见解和主张,或者利用政府控制的传媒系统来向公众和政府宣传自己的主张。这些做法同样受到多方面的限制,如《1984年印刷出版条例》规定任何出版物的出版发行都要到内务部领取年度许可证。

除了以上所列举的对非政府组织的会员、办公人员和领导成员的限制条件外,所有的学校师生还要受到《1971年大专法令》的进一步限制。1969年大选和"5·13"事件之后,政府宣布国家处于紧急状态,1971年政府出台了大专法令(UUCA),禁止所有的学生和学校组织与其他任何组织保持联系,即学生不得支持或反对任何政党、工会以及其他非法组织,也不得在这些组织中供职;学校组织不能成为其他组织的附属组织,也不能在外建立自己的附属机构;学生团体的行为如果有损于学校的利益,该学生团体必须解散。

马来西亚学生,尤其是华人学生,有参与政治活动的传统,早在殖民地时期,华人中学生就积极参与各种政治活动,在20世纪50年代,华人中学生又因为反对政府压制中华文化和华文教育而举行抗议示威活动。20世纪60—70年代,马来西亚的学生组织和其他地方的学生组织一起抗议美国入侵印度支那,同时,这些学生组织还积

---

① Kua Kia Soong. The Struggle for Human Rights in Malaysia. Paper Presented at the *Asia-Pacific People's Assembly Human Rights Forum*, Kuala Lumpur, 9 November. p. 3.

极参与救助穷人和弱势群体的公益活动和社区建设。① 1974 年 9 月因为反对拆除柔佛新山附近的公地住房(squatter houses),大专院校的学生举行了抗议活动;同年 11 月,为声援吉打州华玲县的农民运动而举行示威活动。当局援用内安法令(ISA)和其他法令镇压了这些抗议活动,拘留了几十个学生、教师和宗教领袖。政府宣称马来人主导的马来亚大学学生会(UMSU)被所谓一个前共产党华人社团成员所利用,以引起校园动乱。随之,各个大学里所有的出版物要么暂停出版,要么被禁止。大专法令(UUCA)在 1975 年被修改,增加了许多新的限制条款,惩罚也比以前更加严厉,一些补充规定进一步限制学校教师和其他教职员工的活动。进入 80 年代后,特别是冷战后,随着国内外形式的变化,各大学的校园活动又有恢复的趋势,在马来西亚发生较大的群众性政治运动时,各种族学生参与运动的人数增多,如在 1998 年 9 月发起的"烈火莫熄"运动中,学生就是此次运动的主角之一,其中反对《大专法令》(UUCA)也是它们的主要议题之一。

四、冲突与合作:非政府组织和政府关系的发展

1. 冲突的背景

与许多其他国家一样,马来西亚政府和民众之间也存在这样一个默契:政府提供社会经济发展、国家安全和满足社会福利要求,民众则屈从和默许政府的合法地位,包括把"政治"交给政治家。所以,非政府组织的政治性表现被认为是打破了这个"默契"。政府认为反对党的政治言论和活动是理所当然的,而非政府组织的这些作为则使政府倾向于认为这些组织是和反对党站在一条线上,甚至把它们

---

① Meredith Weiss, Malaysian NGOs: History, legal framework and characteristics, in Meredith L. Weiss and Saliha Hassan(eds), *Social movements in Malaysia: from moral communities to NGOs*. London, New York: Routledge Curzon, 2003. pp. 34~35.

和政党划等号。于是政府将非政府组织笼统地划分为两类："政治性"非政府组织和"友好的"非政府组织。虽然这种划分遭到非政府组织的反对,在《社团法令》的条款中被取消,但政府显然"心中有数";研究马来西亚非政府组织的学者似乎也承认在马来西亚确有政治性非政府组织的存在。他们认为,尽管倡导取向的组织和志愿性福利组织都经常被冠以非政府组织,但前者在当代马来西亚更具有政治关联性和争议性。萨丽哈·哈桑(Saliha Hassan)给这种组织下了一个有用的定义:"所谓政治性非政府组织是那些参与公共言论,传播与公民自由、民主权利、善治、人民对政府信赖度以及以人为本的领导层等相关信息的组织,所有这些都和民主参与这个中心议题有关。"① 这些非政府组织紧扣善治这个问题,并把自己标榜为"国家的良知"(the conscience of the state)和公民民主参与政治的渠道,但这种非政府组织尽力和那些有民族偏见的马来西亚政党组织拉开距离。② 很明显的区别是:政府将政治性非政府组织和反对党联系起来;学者们则认为政治性非政府组织属于倡导型非政府组织。

的确,政治性非政府组织和反对党对政府提出的批评在许多方面相一致,如他们都批评政府留给公民民主的空间太小,批评政府限制不同政治观点的言论和活动,要求政府充分考虑人权、考虑促进公民社会多元化的重要性,以便推动马来西亚公民社会的政治发展等等。虽然民族国家的成立使得政治活动合法地让位于政党,传统的游说活动也被局限在一定的范围内。但非政府组织的这种特殊地位

---

① Saliha Hassan. Non-Governmental Organizations and Political Participation in Malaysia. Paper presented at meeting on Discourses and Practices of Democracy in Malaysia, Universiti Sains Malaysia, Penang,18—19 July. 1998. pp. 17~18.

② Meredith Weiss, Malaysian NGOs: History, legal framework and characteristics, in Meredith L. Weiss and Saliha Hassan(eds), Social movements in Malaysia: from moral communities to NGOs. London and New York: Routledge Curzon, 2003. p. 18.

（被假定是没有政治性的）使得自己以一种特殊的方式被赋权,因为当这些组织就公共政策的某些议题发表批评性的建议时,他们的所作所为和政党或者带有政治目的的机构不一样,因为政党探寻一个议题是为了选举的需要,而非政府组织则是作为非政党组织出现的,其所表达的是全体公民所关心的问题。①

基于不同的认识,政府极力要压缩非政府组织所在的公民社会的空间范围,而非政府组织(特别是政治性非政府组织)则争取扩大公民社会的活动空间。由此,二者存在一定程度的对抗。这种对抗则凸显了非政府组织的政治性。非政府组织认为政府对公民社会的种种限制是干涉了政党和非政党组织活动的基本自由,阻碍了政府造就一个更加民主和值得信赖政府的进程。政府对这些批评的回应是:这些反对力量,包括某些非政府组织,所提出的批评是滥用公民自由权来激起和煽动对长期执政的国阵政府的不满、反对甚至是仇恨。政府认为社会稳定和经济发展是享受公民权利和政治权利的先决条件。相反,政治性非政府组织则认为上述观点是颠倒了因果关系:为了确保社会稳定和经济发展,公民及其组织为了自身的利益必须享有行使公民权和政治权利的自由,以及在必要时为维护公民的利益和政府抗争的自由。

前一章曾经论及不同政体的国家对公民社会的包容度和开放度不同,公民社会的地位被相应地确定。马来西亚属于半民主半威权体制。这种体制是在独立后,特别是70年代后逐步确立起来的。在经济生活领域,特别是70年代后,新经济政策在完善的行政机制的保障下延伸到草根阶层,实现了国家对经济生活的控制;在社会生活领域,虽然马来西亚联邦宪法第10款规定在不损害国家安全和公共秩序的限度内保障公民的言论自由、和平集会和结社的权利,然而这

---

① Sheila Nair. Constructing Civil Society in Malaysia: Nationalism, Hegemony and Resistance. In Jomo K. S. (ed.). *Rethinking Malaysia*. Hong Kong: Asia 2000 for Malaysian Social Science Association. 1999. pp. 97~98.

一权利受到一系列法律的严格限制。

马来西亚政府对待非政府组织的态度和历史上英国殖民政府对待华人秘密会社、行业组织、反殖民统治组织的态度差不多。采取的手段是通过立法进行监控,在必要的时候进行打击和镇压。战后初期,当反殖民统治活动遭到镇压,激进的民族主义者和共产党的活动被禁止的时候,社团组织、协会、社会俱乐部等组织就成为政治活动的场所了,所以在独立后的很长时间里,政府依然以"政治"的眼光来看待这些组织。如1981年的社团法修正案里就将非政府组织划分为"政治性社团组织"和"友好的组织"两类。虽然非政府组织的产生和发展是个相对新的现象,但历史因素和政治因素建构了后来的执政党对待非政府组织的基本态度和政策取向。

前首相马哈蒂尔曾经这样最好地表达了政府对待非政府组织的态度:

> 大部分压力集团(非政府组织)是无害的、有用的。但有些压力集团对政府或国家的影响不利……大多数人的观点和一致意见引导民主的走向。压力集团是少数派,但它们会造成政治混乱和法律的崩溃。所以,在我们国家,压力集团的活动必须受到政府的监控。①

非政府组织则认为一系列法律限制了公民自由,应该给予修改或取缔;马来西亚要成为发达而民主的国家,就需要一个独立、强大的公民社会领域,政府限制非政府组织的民主活动空间是不当的。

在和非政府组织的对抗过程中,政府逐步形成了自己的一套理论,可以归纳为以下四个方面:

(1)国家利益和国家安全论。政府宣称国家利益高于一切,个人利益或少数人的利益从属于国家利益,这样国家利益等同于至高无

---

① Mahathir. *The Chalenge*. Petaling Jaya: Pelanduk Publications. Translated from Menghadapi Cabaran. Kuala Lumpur: Pustaka Antara(first published in 1976. Ch. 9.

上的利益,政府经常以此来对非政府组织施加压力。政府经常站在维护"国家安全"的立场上来控制非政府组织,1988年政府就1987年10月的大逮捕事件发布的白皮书里就明白地表达了这个观点:

> 为了维护国家安全和公共秩序,国家制订了各种法律,如:紧急状态法及与之对应的各项规章、《1960年内安法令》、《1948年煽动法令》、《1966年社团法令》、《1948年出版法令》和普通的刑法。①

(2)发展优先论。首相马哈蒂尔坚持认为:"政府的职责就是通过确保政治稳定来保证和平与和谐,从而创造一个有利于经济繁荣的环境。"政府应该把社会经济的发展放在优先重要的位置,政府的责任是维持社会秩序、保证经济增长、保护人民的利益不受侵害以及捍卫主权和领土的完整。强大稳定的政府做出的决定虽然不总是受欢迎,但却合乎国家的最高利益,这是经济发展的先决条件。

(3)亚洲价值论。亚洲价值及其相关人权话语强调整个社会和集体的利益高于个人自由,强调对权威的尊崇,并接受相对严格的政府控制;在国家关系上,强调一个国家的内部事务不应该受到其他国家的干涉等。政府领导人认为在发展经济的同时有必要保持"西方的"政治价值和"我们的"政治价值的区别,国家善治的标准和自由民主国家的标准不同。

(4)务实民主论。马来西亚的民主不同于西方式的自由民主,政府没有自诩实行或激励自由民主。就像前首相马哈蒂尔描述的,马来西亚实行的是"务实的民主":

> 马来西亚对民主体制的热衷还没有达到毫无保留地接受任何以民主命名的东西的程度。民主的东西如果对国家和人民有利,我们就实行。如果国家和人民只能从民主的实践中得到最

---

① Tan Boon Kean and Bishan Singh. *Uneasy Relations: The State and NGOs in Malaysia.* Kuala Lumpur: Gender and Development Programme, Asian and Pacific Development Centre. 1994. p. 14.

糟糕的东西,我们还是优先选择对国家和人民有好处的东西,把是否民主这个问题放在一边……政府最重要的任务就是为国家和人民谋求福祉。①

2. 政府对付非政府组织的策略

马来西亚政府对待不同类型的非政府组织所采取的政策是不同的。从整个第三世界来讲,从70年代初基层支持组织的出现到80年代初,政府对NGO最为普遍的反应就是采取无视NGO的政策。马来西亚也是如此。当NGO急剧发展,并且具有政治行动时,政府很难忽视它们了。1981年政府对《1966年社团法令》的修改案将非政府组织划分为"政治性社团"和"友好社团"似乎已经反映出非政府组织的政治影响力了。

政府对倡导型非政府组织所采取的政策是限制和防范。政府诉诸内安法令和社团法来监控、限制或惩罚公开批评政府和具有潜在影响的非政府组织。当这类非政府组织的力量和影响增强时就采取压制或打击措施。

在国家事务中,1986年和1987年可以说是政府和非政府组织关系非常恶化的两年。1986年,马来西亚政府就向经常对政府政策持否定态度和经常批评政府政策的几个利益集团发起了一次挑战,要求他们注册为政党组织来证明他们能否获得公众的支持;当时的联邦国土部长(the Federal Territory Minister)阿布·哈桑·噢马尔(Abu Hassan Omar)列举了7个组织为"摧毁这个国家的政治和社会结构"的危险分子时,政府和非政府组织的冲突可以说达到了最高潮。这7个政党和非政府组织是:民主行动党(DAP),泛马回教党(PAS)、马来西亚律师协会(the Bar Council)、国民醒觉运动(Aliran),雪兰莪毕业生协会(SGS),马来西亚环境保护协会(EPSM),槟城消费者协会(CAP)。② 这7个组织中,后面5个皆是非政府组织,

---

① *Sunday Mail*, 5 December 1996:2
② *The Star*, 1986.12.15.

而政府把它们和反对党这样的政治反对力量不加区别地放在一起对待,并把它们视为"肉中刺"(thorn in the flesh)。

针对反对机密法令(OSA)修正案运动,和非政府组织就银行丑闻、腐败、司法独立、资源开发、环境问题等等对政府提出的批评和抗议,马哈蒂尔驳斥那些所谓知识分子精英,认为他们已经成为国外势力利用的工具和马来西亚民主的破坏者。1987年Aliran就马来西亚的宪法问题主办会议后,马哈蒂尔把那些参加会议的人描绘成企图夺权和擅自为政府制定政策的失意知识分子。当时的副首相安华(Anwar Ibrahim)也称那些组织者为"自大狂妄的知识分子",认为这些人是想把他们观点强加给政府。①

1987年10月的大逮捕(代号"茅草行动")使政府和非政府组织的对抗达到高潮。1987年9月教育部派不懂华文的校长和助理到华文小学任职,此举激起马来西亚各地华人社会的强烈反对,从而造成"华小高职事件"。在马六甲,马华公会、民政党、行动党与华人社团领袖都出席大集会,抗议政府的决策。全国包括董教总在内的15个华人社团、马华公会、民政党及民主行动党组成了联合行动委员会,采取了必要的行动解决问题(如通过决议案、组织罢课等)。马来社会也通过马来报章杂志支持教育部长的决定。在北海的巫统区部召集了500多名党员展开示威,谴责马华公会公然反对政府。特别是巫青团召集的大会极具煽动性。"华小高职事件"促使种族两极化更趋恶化,种族情绪紧张。特别是执政的成员党之间的种族关系也呈现紧张趋势。最后,马哈蒂尔政府援用内安法令展开"茅草行动",大量逮捕持不同意见者。这次行动几乎影响到社会的各个部门——政客、学术界、工会、族群和非政府组织。在"茅草行动"中,国内3家报社被关闭,100多人被关押,2个月后,其中的35多人被判处2年监禁。这群人中,有1/3的人是卷入非政府组织和相关活动的个人,

---

① Gordon Means. *Malaysian Politics: The Second Generation*. Singapore: Oxford University Press. 1991. pp. 194~199.

政府说他们是这次种族紧张的根源,还指控他们是"共产党的同谋"。被监禁的人随后否认了这些指控,他们于1989年被释放出狱。在参与非政府组织的活动分子中,环保组织成员也发挥了突出的作用,他们在被逮捕60天后,大部分被释放。①

有关这次危机的根源,许多国际团体和个人则有比较客观公正的看法。大赦国际(Amnesty International)认为:

> 无论如何,观察家的评论显示,在数项危机中,那些被扣留的人士并未激起种族或宗教的紧张情绪,反而是国阵政府的决策人及同僚为了本身的利益,使得长久以来在大马社会中的政治及种族紧张情绪恶化。②

1996年11月,有关东帝汶问题的第二届亚太国际研讨会在吉隆坡召开(之前收到官方警告),会议被抗议者打断,其中包括巫统青年团。10个外国人权活动家被抓捕并被驱逐出境,另外有100多人被捕,其中有7名巫统青年团成员。③ 同年,由九个非政府组织筹办的"人民仲裁庭"集会定于12月15日举行,以纪念12月10日的国际人权日,另外探讨大马警方运用权力的问题。但是内政部和警方随即施加压力,集会一再延期,最终胎死腹中。12月18日马哈蒂尔警告说,政府正密切监督一些非政府组织的活动,"如果情况恶化,我们可能必须动用《内部安全法》"。他还表示:"我不管其他人如何批评这个国家。他们可以任意呐喊和咆哮……但如果他们违反法律,我们会采取行动。"他把一些非政府组织说成"左派",并指责他们受外国组织的影响,还接受境外资助。1997年1月11日,巫统最高理

---

① 柯嘉逊:《马来西亚华教奋斗史》,吉隆坡:华社资料研究中心,1991年,第163~171页。

② 国际特赦报告书. Operation Lalang: Detention Without Trial Under the Internal Security Act. 1988.12.20.

③ R. S. Milne and Diane K. Mauzy. *Malaysian Politics under Mahathir*. London and New York: Routledge, 1999. p.119.

事会会议也讨论非政府组织的问题。第三天,公司注册局就派员突击检查三个以公司名义注册的组织——雪兰莪中华大会堂、马来西亚妇女人权组织及社会分析学院,并带走一些文件。① 政府对非政府组织的运作方式进行了调查,暗示说:非政府组织对资金的使用背离了他们的初衷,只是个别人得到了好处;有些非政府组织和国外政府的合作过于密切。②

通过阶段性的对部分非政府组织的打击,政府的手腕变得更加强硬和老练,政府对非政府组织的打击对公众无疑是一个威慑,阻止了公众对非政府组织和相关的反对活动的支持。尽管如此,抗议和示威活动仍然时有发生,在"茅草行动"后,人们为了声援被拘禁人员而组成了人权组织大马人民之声(SUARAM)。

1998年安华事件爆发,随后政府和非政府组织的冲突又一次升级。在"烈火莫熄"运动中,各个族群非政府组织就共同关心的议题开展联合行动。它们批评马哈蒂尔政府并公开参加政治活动,还和反对党(民主行动党和泛马回教党)联合开展了民主诉求运动。许多非政府组织活动家还加入了一个新成立的反对党——国民公正党(Parti Keadilan Nasional)。非政府组织逐渐公开站在反对党这一边,在1999年大选前,这些党派和替代阵线(the Barisan Alternatif)结合在一起,伊斯兰非政府组织更倾向于和泛马回教党(PAS)保持联系,世俗的人权非政府组织(其成员主要以非马来人和非穆斯林为主)则多倾向于和马来西亚人民党(PRM)、民主行动党(DAP)以及羽翼未丰的马来西亚社会主义党(PSM)保持联系。支持国民公正

---

① 祝家华:《马来西亚防范民间组织越轨》,载《亚洲周刊》1997年2月3日—2月16日。

② R. S. Milne and Diane K. Mauzy. *Malaysian Politics under Mahathir*. London and New York: Routledge, 1999. pp. 119~120.

党的成分则比较多元化。①

政府采取的第二个对策是拉拢和利用。通过委任非政府组织的领导人来提高政府的形象和地位，赢得公众的支持和认可。在实践中，政府经常鼓励和赞助那些温和的和支持政府政策和理念的非政府组织。

另一个对策是政府在其各个部门建立类似的机构来挤占持不同政见非政府组织所从事的事业，同时抵消它们在城市社区、新村、传统村庄和种植园的影响。一些由政府促成和建立的非政府组织也起到类似的作用。它们属于政府非政府组织(GONGOs)之列，其目标很明确：帮助政府推行政策，巩固执政党的政治地位。这类非政府组织更容易获得政府的支持和资助。

需要指出的是，尽管政府对非政府组织没有采取放任自由的态度，但它也没有要把它们一起消灭的意思。政府对它们严密监视，在某些情况下，采取压制行动，如在1994年以宗教背离为由取缔澳尔根组织，在2000年以背叛政府的嫌疑对阿马巫纳(Al-Ma'unah)回教极端组织采取行动。如果非政府组织的活动对政府有利，或者能在国际或国内给它带来政治利益，政府就给这些非政府组织提供便利。经常的情况是，作为对非政府组织的批评和反对的回应，政府尽量消除或减轻这些批评和反对对它的统治基础所造成的威胁。有时候政府也鼓励非政府组织参与政府主办的论坛来讨论有些具体的公共问题。然而，到目前为止，这些论坛只限定讨论一些非政治性问题，诸如社会丑恶现象、公共卫生问题、犯人的改过自新问题、吸毒问题、酗酒问题、如何促进健康生活方式、青年活动的组织以及马来西亚公民道德的建设问题等等。

---

① Meredith L. Weiss. What will become of Reformasi? Ethnicity and Changing Political Norms in Malaysia. *Contemporary Southeast Asia*, Vol. 21, No. 3, December 1999. pp. 424~450.

3. 合作

对其他类型的非政府组织,政府所采取的对策多是合作和利用。特别在提供公共服务方面,政府与非政府组织的合作似乎已经成为发展趋势了。非政府组织在人才、技术和运作等方面有其自身优势,在政府想要解决诸如环境污染、消费者权益、妇女问题以及其他问题时,它不得不借助非政府组织的人才和技术等优势来阐明和实施它的一系列政策和措施。如马来西亚环境保护协会(EPSM)协助政府建立环境质量委员会(Environmental Quality Council)来实施1974年环境质量法(the Environmental Quality Act),1988年,马来西亚消费者协会联盟(FOMCA)、马来亚自然协会(MNS)和世界野生动物基金(WWF)三个非政府组织的代表参与政府科技环境部组织的一个委员会来监督国家公园建设的进展。和政府保持着密切联系和合作关系的非政府组织不少:如全国妇女理事会组织(NCWO)和首相署的妇女事务部合作;儿童福利会(the Child Welfare Council)和政府的福利部(the Ministry of Welfare)合作;社会关系组织(the Community Relations Organizations)和首相署的国家团结部(the National Unity Board)合作。

在马来西亚所有的非政府组织中,FOMCA以其伞状消费者组织结构和政府保持着广泛深入的联系。该组织为国家保护消费者权益咨询委员会(the National Advisory Council for Consumers' Protection)、国家经济咨询委员会(the National Economic Consultative Council)提供服务,在贸易和工业部、科技和环境部、卫生部、财政部、邮政电信部、信息部以及农业部等部门中都长期地代表消费者的利益。政府发现FOMCA及其成员组织的"温和性",即它们在决策过程中乐于接受政府的优先地位,在既有统治框架内开展工作,不和政府发生冲突。FOMCA给政府提供很多有价值的反馈信息供决策之用。FOMCA及其成员组织的有用角色被政府所看中,政府对它们大力支持。1989年,政府给它的年度拨款达285000马币,这对于一个马来西亚非政府组织来说是一个不小的数目。国家咨询委员会的成立可以说是消费者非政府组织所取得的重大胜利。该委员会的 24 个成员由来自企业组织、非政府组织和个人代表组成，任期两年。FOMCA 的成员在这个委员会里起主导作用。①

尽管政府没有正式认可某个非政府组织或者某些特定非政府组织的领导者，但政府在某些场合会邀请某些非政府组织的代表去和政府代表坐在一起商讨一些具体问题，非政府组织没有否决权，政府保留最后的决定权。政府最愿意和职业性的非政府组织和温和性的非政府组织保持一定联系，因为这些非政府组织的行为有助于政府的统治而不是挑战政府的统治。有的非政府组织也迎合政府的这种意趣，这样至少它们有表达自己观点的机会。政府和非政府组织在更大范围的合作可以起到相互补充的作用，避免功能重叠，减少资源浪费；同时也保证了更多的民主参与。②

---

① Tan Boon Kean and Bishan Singh. *Uneasy Relations: The State and NGOs in Malaysia*. Kuala Lumpur: Gender and Development Programme, Asian and Pacific Development Centre. 1994. p. 18.

② Lim Teck Ghee. Nongovernmental Organizations in Malaysia and Regional Networking. In Tadashi Yamamoto(ed.), *Emerging Civil Society in the Asia Pacific Community*. Tokyo: Japan Center for International Exchange and Singapore: ISEAS. 1995. pp.167~168.

第四章

马来西亚非政府组织个案研究

马来西亚于1957年独立,其后,这个新国家在的政治、经济和社会得到全面发展,但在这个过程中也出现了一些新的问题和矛盾,如华文教育的存亡问题、环境恶化问题、人权问题、发展资源在马来人和非马来人之间的分配不均衡问题、发展中的妇女问题以及马来穆斯林社会对国家政治和经济发展的认同问题等。一些主要的非政府组织正是为了解决这些领域的问题而产生。它们一直致力于这些问题的解决,非政府组织自身发展模式、政府和非政府组织的关系、非政府组织和国外非政府组织的联系以及非政府组织网络正是在这个过程中形成并不断得到强化。虽然各主要类别非政府组织之间的界限较为清晰,但它们关注的议题和从事的活动经常出现相互交叉的现象。

这一章对马来西亚主要类别非政府组织进行个案研究,以弥补前面宏观讨论之不足。

第一节 马来西亚的妇女非政府组织

一、独立前华、巫、印三大族群妇女组织的发展

1. 独立前的华人妇女组织

中国移民作为半殖民地国家的移民,其移民分布、移民方式、规

模、发展阶段等方面都受到资本主义发展进程的影响。① 从18世纪下半叶起,新加坡和马来亚逐渐沦为英国殖民地,殖民地的开发需要大量的劳动力,从而吸引了中国东南沿海人民大量进入新马,其中也包括成千上万的华人妇女,使新马成为华人妇女人口比例最高的地区之一。

陈碧笙将华侨史分为四个时期:第一时期从12世纪初沿海商品经济开始急剧发展到16世纪后半期明代海禁开放;第二时期从16世纪下半叶到1840年鸦片战争爆发;第三时期从鸦片战争到1949年新中国建立;第四时期从1949年至今。② 在第一、二时期,中国移民海外的主要是男子,妇女出国者极少,因此华侨多与当地女子结婚。中国妇女大量移民海外是在第三时期出现的,1860年以后,每年的妇女移民少则几千,多则上万。新中国建立后,中国人大规模移居海外的浪潮停止。可以说,华人妇女移民海外的时间集中在1840—1949年间。③

根据现有文献,马来西亚华人妇女社团组织产生于20世纪20年代初,到2001年6月,马来西亚共有妇女社团187家,其中华人妇女社团有32家,占全国妇女社团总数的17.11%。

雪兰莪华人女子精武体育会和槟城女子精武体育会分别于1921年和1924年成立。此后至二战前这段时间里,有关华人妇女组织的信息很少。

在抗日战争中,华人女性除直接回国参战外,还组织了各种组织。其活动亦主要围绕筹赈、宣传、妇女教育方面展开,按其组织类

---

① 郭梁:《东南亚华侨华人经济简史》,北京:经济科学出版社,1998年,第54~58页。
② 郑民、梁初鸣:《华侨华人史研究集(一)》,北京:海洋出版社,1989年,第68~75页。
③ 范若兰:《近代新马华人妇女概说》,载《华侨华人历史研究》1996年第1期,第53页。

型基本上可分为三类：一类是独立的妇女组织，如星华妇女筹赈会、星洲华人妇女会、槟城妇女协会等；另一类是附属组织，如筹赈会下的妇女分部，各地励志社妇女部等；还有一类是职业组织，如女佣组织、舞女协会等。

二战后，随着华人社团的复兴，为数不多的华人妇女组织建立起来。不过这时期的妇女组织多是福利性质的，关注的议题是福利和教育问题，所以它们几乎都是非政治性的。在各方面力量的共同努力下，华人妇女成立了自己的妇女组织来提升华人妇女的受教育水平。1946年1月成立的槟榔妇女协会（the Penang Women's Association）就致力于给女童组织夜校，以便让她们接受文化教育。① 三个月后雪兰莪妇女救济协会（the Selangor Women's Relief Association）成立，该组织为雪兰莪的无业华人妇女提供受教育的机会和相应的救济。② 成立于1947年的雪兰莪华人妇女励志会（原名为雪兰莪华侨妇女励志会）是另一个重要的华人妇女组织。

有一些超越社区范围、影响力较大的妇女组织在战后建立，如1945年在柔佛成立的妇女公会（Women's Union），它的分支机构遍及各州。其成员多为华人，但该组织的目标却是非种族的，她们要解决的是一些和劳工问题以及一些教育和政治问题。1946年成立的全马来亚妇女同盟（All-Malaya Women's Federation），其成员也多为华人，但它后来和下列组织合作：马来民主协会（Malayan Democratic Union）、马来亚民主联盟（Malayan Democratic League）、马华公会（MIC）、前马来亚人民抗日服务同志会（Malayan People's Anti-Japanese Ex-Service Comrades Association）、泛马来亚工会联盟（Pan-Malayan Federation of Trade Unions），成立了多种族成员结构的全马联合行动委员会（All-Malaya Council for Joint Action），致力于建立一个民主自治的、人民享有自由公民权的统一的马来亚（包

---

① *Straits Times*, 14 January 1946.
② *Straits Times*, 24 January 1946.

括新加坡)。这说明,在国家即将独立之际,生活在马来西亚的部分华人妇女从封闭的民族社区里走出来,面对各族群妇女要共同解决的问题。

2. 独立前的马来妇女组织

战前的马来妇女组织所关注的议题主要是学龄女童以及妇女的教育和福利问题,对于早期的追求政治目标的妇女组织来说,要解决的主要问题就是要推动妇女教育。1929年马来妇女教师联合会(Malay Women Teachers' Union)在柔佛成立。这是第一个此类正式妇女组织的创建,它的目标是鼓励更多的马来女孩接受正规的学校教育以便改变她们的社会地位;随后在1938年,另一个这样的组织在马六甲创立。到1940年,其他类似的组织也得以成立,这些组织和部门不仅关注妇女的厨艺和手工,也关注成人妇女的教育。

在日本占领时期,许多组织的活动被迫中断,日本人自己则建立了新的组织,他们把妇女征召到劳动大军中从事有酬或无酬的劳动。这样,妇女有了不断参与公众生活和商业及生产部门的经济活动的机会。二战中建立的妇女组织,如成立于1944年的重建马来亚合作组织(Malayan Reconstruction Co-operative Association),和马来亚福利协会(Malayan Welfare Association),使得马来妇女有机会参与群众集会和演讲,许多妇女第一次在群众性的政治活动中崭露头角。在日军统治之下,食物的短缺、文盲以及生活的艰辛,使得妇女的不利地位凸显,这也激发了乡村和城市的马来妇女在战后阶段急切要求改变自身处境和地位的愿望。[1]

在战后马来西亚争取独立过程中,马来妇女组织也发挥了一定的作用,不过它们大多是作为新政党的分支机构而存在,如妇女觉醒运动(Kaum Ibu or the nationalistic Angkatan Wanita Sedar),马来

---

[1] Lenore Manderson. *Women, Politics and Change: The Kaum Ibu UMNO, Malaysia*, 1945—1972. Kuala Lumpur: Oxford Univeersity Press. 1980. pp. 51~52.

民族党(Malay Nationalist Party,成立于1945年)妇女部。和其他民族的妇女组织相比,马来妇女组织具有更加显著的政治特色,1947年成立的巫统妇女部在反对殖民政府的马来亚联邦计划运动中发挥了一定的作用。1952年另一个妇女组织西马全国妇女机构协会(NAWIM)得以建立,NAWIM主要为乡村地区的马来妇女提供服务,以便提高她们的生活水平,改善她们的家庭经济状况并鼓励她们团结合作。

3. 独立前马来亚的印度妇女组织

印度妇女虽然也积极参与印度独立运动,有的参加了志愿性组织和工会,1946年印度妇女协会(Indian Women's Association)成立。但从总体来讲,这些妇女组织的作用很有限。

二、独立后各族群妇女非政府组织的发展及其活动

马来西亚独立后,各族群妇女非政府组织得到发展。1961年,妇女理事会(the Women's Council)成立,这是一个顾问和咨询性的团体,也是一个为妇女谋求幸福的先锋组织。该理事会的成员来自8个妇女组织,代表35000个妇女。[①] 1962年在成功地庆祝了第一个妇女节之后,另一个妇女组织巫统妇女组(KI)成立。在巫统妇女组和另外16个妇女组织的共同努力下,在当时巫统妇女组领导人凡迪梅·哈希姆(Fatimah binti Hashim)和妇女理事会领导人拉萨玛·胡帕兰(Rasamma Bhupalan)的促动下,这两大妇女组织合并为全国妇女组织理事会(NCWO),这样独立后,争取妇女解放的斗争主要由全国妇女组织理事会来承担。

马来西亚独立后,有更多的妇女进入政府公共服务部门,但她们作为雇员的权利却没有得到相应的保障,面对所受到的不平等待遇,妇女们组织起来进行抗争,她们主要通过非政府组织、政党和其他职

---

① *Straits Times*, 5 June 1961.

业团体来争取自己的权利。① 首先起来抗争的是教师们。1960年3月,马来亚女教师联合会同盟(WTU)就专门为争取女教师的平等地位而成立,该组织追求的目标包括同工同酬,反对歧视已婚妇女,要求给休产假的妇女发放工资等等。② 在这之前就已经成立的全国教师联合会(NUT)也加入 WTU,共同追求同等报酬。③ 在消除对妇女雇员的不平等待遇的斗争中,为了把该项活动进一步向前推进,公共服务雇员联合会大会(CUEPACS)于1968年元月也成立了妇女部,取名为妇女行动战线(the Women's Action Front)。除了各个教师联合会以外,参与此项运动的还有护士联合会和其他妇女组织,包括全国妇女理事会组织(NCWO)。这些联合会和组织通过各种方式争取同等报酬的获得:通过决议案、递送请愿书、呈递备忘录、组织集会和游行示威等等。经过长期不懈的努力,政府终于在1969年接受了她们的要求。虽然促成这项运动成功的因素有很多,但妇女和妇女组织作为这个运动的主力,对运动的成功作出了主要的贡献。同时,各个妇女组织在这次运动中加强联合,齐心协力,其争取自身权利和组织运动的能力得到了锻炼和增长。独立后,马来西亚华侨社会向华人社会转变,华人妇女组织也逐步当地化。1963年,雪兰莪华人妇女励志会和其他族群妇女组织合作共同创立全国妇女组织理事会(NCWO),后来加入该理事会的华人妇女组织还有:民主行动党妇女部、雪兰莪中华大会堂妇女部、马华公会妇女部等。

在70—80年代,马来西亚的经济快速发展,其制造业更是迅猛发展,大量妇女进入劳动力市场,她们在劳工运动中表现积极,在斗

---

① Maznah Mohamad. At the Centre and the Periphery: The Contributions of Women's Movements to Democratization, in Francis Loh Kok Wah and Khoo Boo Teik (eds.), *Democracy in Malaysia: Discourses and Practices*. Curzon, 2002. p.225.

② *Straits Times*, 11 March 1960.

③ *Straits Times*, 14 August 1960.

争中担当领导角色,最有影响力的是 1985 年的莫斯特克(Mostek)电子工厂大罢工。由于经济萧条,有大量的工人被裁减,其中在莫斯特克电子工厂工作的大多是女工,该工厂位于槟城巴六拜(Bayan Lepas)自由贸易区。她们在部长办公室外静坐示威,向首相呈递备忘录,组织公共集会、游行,要求工作、或者得到应有的失业补偿。这次运动得到自由贸易区其他各种族工人的支持。[1]

在 80 年代,受国际女权运动发展趋势的影响,以及越来越多的人注意到妇女在家庭、街道、工作场所和媒体受到暴力侵害的事实,反对对妇女施暴作为一个重大议题被提上历史日程,这是马来西亚妇女非政府组织发展的一个新动向。80 年代初期,由 20 多个 20—30 多岁的青年妇女成立了一个非正式的关注妇女受暴力虐待问题的研究小组,这个小组不断得到发展,一些男性成员也被吸收进来。1984 年 10 月 1 日,反对对妇女施暴联合行动组织(JAG-VAW)正式被发起,该组织由 5 个非政府组织和一些个人组成,这 5 个非政府组织是:马来西亚工会大会(MTUC)妇女部、妇女救助组织(WAO)、女律师协会(AWL)、大学妇女协会(UWA)和雪兰莪联合地域消费者协会(SFTCA)。除 SFTCA 以外的四个组织都是 NCWO 的附属组织,但它们在 JAG-VAW 的框架内独立于 NCWO、政府和政党。1985 年 3 月,为庆祝国际妇女节,由这 5 个非政府组织组成的 JAG-VAW 发起了一个为期两天的、题为"对妇女的暴行"的研讨会和展览,内容涉及五个方面:家庭暴力、强奸、性骚扰、妓女以及媒体中的妇女形象。[2] 这次活动激发了公众关注"对妇女施暴问题",大约

---

[1] Lai Suat Yan, The women's movement in peninsular Malaysia, 1900—1999: A historical analysis, in Meredith L. Weiss and Saliha Hassan (eds), *Social Movements in Malaysia: from moral communities to NGOs*. London and New York: Routledge Curzon, 2003. p. 56.

[2] Tan Boon Kean and Bishan Singh. Uneasy Relations: The State and NGOs in Malaysia. Kuala Lumpur: Gender and Development Programme, Asian and Pacific Development Centre. 1994. pp. 27~28.

1200个各族人士参加了研讨会,除此之外,报纸的报道和随后(1985—1986年)在沙捞越、槟榔、怡保和沙巴举行的类似研讨会和展览进一步扩大了影响。更为重要的是,一些新的妇女非政府组织在这个运动的前后形成,如全体妇女行动协会(AWAM,1985年成立)、妇女救助中心(WCC,成立于1982年)、沙捞越妇女自助协会(SW-WS,成立于1985年)、沙巴妇女组织(SAWO,成立于1987年)。这些组织开展的活动很多,如MTUC对性骚扰问题尤其重视,该组织在1987年进行了一次调查,结果显示11%～90%的妇女面对工作场所的性骚扰。[①]MUTC妇女部针对该问题组织了讨论会和论坛。因为没有针对性骚扰的具体法律,最有效的保护就是通过工会了,如在劳资合同中加上反性骚扰一款,这个办法在槟榔纺织服装工人协会中实行。1987年,由于在5个月内发生了5起强奸谋杀案,一个由妇女非政府组织、环保非政府组织和儿童非政府组织组成的反强奸市民联盟和其他非政府组织和政府组织开展了一系列的工作,在媒体和妇女非政府组织的努力下,有关强奸的法条在1989年得到修订。随后,妇女非政府组织把工作重点转向制订和通过《家庭暴力法案》(Domestic Violence Act,简称DVA),参与这项工作的JAG成员组织有全体妇女行动协会(AWAM)、妇女救助组织(WAO)、女律师协会(AWL)、雪兰莪中华大会堂妇女部(SCAH)以及全国妇女组织理事会(NCWO)。1989年5月,由全体妇女行动协会(AWAM)、女律师协会(AWL)和妇女救助组织(WAO)起草的旨在保护妇女和儿童的家庭暴力法案正式提交。

从80年代初最初的动议到1984年JAG-VAW的成立,再到1990年政府通过《国家妇女政策》(National Policy on Women),这期间是马来西亚妇女非政府组织的活动取得实质性进展的6年,其成果是一个包括妇女发展问题要点、长达36页的备忘录被列入马来西亚第六个5年发展计划(1991—1996)中,妇女的地位和贡献开始

[①] *New Straits Times*, 4 April 1996.

得到承认。①

妇女非政府组织在90年代的活动是80年代活动的继续,由全体妇女行动协会、女律师协会、妇女救助组织、全国妇女组织理事会、马来西亚妇女事务局、律师公会、社会福利部、卫生部、伊斯兰中心、马来西亚王室警察(the Royal Malaysian Police)组成了一个联合委员会来审查DVA。1992年,该委员会将1985年DVA法案进行修改并提交给国家团结和社会发展部。同时,妇女非政府组织开展了一系列的活动来寻求公众支持。如全体妇女行动协会、雪兰莪中华大会堂妇女部和《星洲日报》就组织了一次华人社会家庭暴力研讨会和展览;AWAM和《星报》(The Star,一家英文报纸)组织了一次有关家庭暴力问题的调查;槟城的妇女救助中心和沙捞越的沙捞越妇女自助协会也都开展了活动。在各方面持续不断的努力下,DVA终于在1994年颁布,1996年开始实施。但这是一个折衷法案,有很多不尽如人意的地方,妇女非政府组织还要继续奋斗。在争取制订和通过DVA的过程中,各族群妇女就共同关注的议题不分种族和宗教背景地联合起来。

20世纪末和21世纪初,马来西亚妇女和妇女组织的斗争发生了一个质的变化,那就是从最初的福利自助组织发展到推出代表妇女权利的候选人来参加选举。代表妇女组织这一质的变化的有两大发展:一个是1999年5月推出的妇女发展变化议程(WAC),另一个是1999年9月发起的妇女参选动议(WCI)活动。②

---

① 在马来西亚第三个5年计划中(1976—1980),提到有关妇女发展问题的只有一段文字;第四个5年计划中根本没有提到;第五个5年计划中(1986—1990)也只有一段文字。其实这些文字并不表明政府真正关注妇女问题,而是应对联合国开展的"妇女10年"活动和其他马来西亚参与的国际会议。

② Patricia A. Martinez. Complex configurations: The Women's Agenda for Change and the Women's Candidacy Initiative. In Meredith L. Weiss and Saliha Hassan(eds.), *Social movements in Malaysia: from moral communities to NGOs*. London and New York: Routledge Curzon, 2003. pp.75～96.

第四章　马来西亚非政府组织个案研究　　　153

　　在1999年马来西亚第十次大选的头一年,一批妇女就着手在全国层面推出一个女候选人,专门为解决妇女问题搭建一个平台。这就是著名的妇女参选动议(WCI)活动。这项活动的组织者主要来自各种族的、城市的(八打灵区和吉隆坡)中产阶级妇女(大多20－30多岁)。这次活动不仅把妇女问题放在优先考虑的位置,而且还涉及一些和公正以及民主治理有关的问题。这次活动标志马来西亚妇女在国家政治系统内部争取妇女权利斗争发展的一个新阶段,它鼓励妇女独立自主地、不受其他政党和阵线限制地参与政治。①

　　游说文件《妇女发展变化议程》代表了马来西亚妇女活动另外一个重大成就。WAC是34个妇女组织和其他非政府组织所建立的工作室在1999年早期推出一项重大成果。文件列举了11项有关妇女问题的主要议题,这些议题所涉及的范围超出了妇女组织为1999年大选所准备的《妇女宣言》中所提出的议题。这项活动起初只是对《妇女宣言》(the Women's Manifesto)一个修正,并且为妇女候选人的参选搭建一个平台,后来因为所投入的热情和努力,这个文件的内容超出了一个选举平台的范围。除了和妇女问题直接有联系的议题外,还涉及了公正、可持续发展、民主化、透明度、信赖度和人权等议题。WAC文件直接指向三大目标:政府和相关机构,它们和推动妇女权利相关的政策措施和行为有关;政治家,他们可以把妇女问题纳入到他们的参选纲领中去;普通大众,他们需要增强对妇女问题的意识。WCI的平台的基础就是WAC。

三、马来西亚的主要妇女非政府组织

　　在马来西亚众多的非政府组织中,有250多个非政府组织是专

---

　　① Lai Suat Yan, The women's movement in peninsular Malaysia, 1900－1999: A historical analysis, in Meredith L. Weiss and Saliha Hassan (eds), *Social Movements in Malaysia: from moral communities to NGOs*. London and New York: Routledge Curzon, 2003. pp. 68~69.

门为妇女问题而设立,在这 250 个非政府组织中,有大约 150 个这样的非政府组织表现非常积极和活跃。① 其中较著名的妇女非政府组织有:妇女救助组织(WAO,1982 年成立)、妇女救助中心(WCC,成立于 1982 年)、沙捞越妇女自助协会(SWWS,成立于 1985 年)、全体妇女行动协会(AWAM,1985 年成立)、沙巴妇女行动资源组(SAWO,成立于 1987 年)、妇女发展联合会(WDC,成立于 1989 年)、伊斯兰姐妹(SIS,成立于 1992 年)。还有其他积极致力于解决妇女问题的非政府组织,如妇女力量(Tenaganita)和妇女之友(Sahabat Wanita),前者关注工厂工人和其他劳动阶层的妇女问题,后者则关注橡胶场的女工问题。这两个非政府组织在主要问题上和妇女救助组织、全体妇女行动协会、伊斯兰姐妹以及妇女发展联合会等妇女组织一起合作,近些年来,一些社团的妇女部也和妇女非政府组织开展合作,如马来西亚工会大会(MTUC)妇女部,雪兰莪中华大会堂妇女部等。妇女发展变化(WAC)委员会的成立就是这种专项合作的一个成果。

1. 马来西亚妇女非政府组织的三大联合组织

(1)全国妇女组织理事会(NCWO)

妇女非政府组织之间的合作开始于 1963 年的全国妇女组织理事会(NCWO)的成立,当时的妇女组织多关注一些福利、宗教和服务问题。该联合组织成立的原因主要有两个:第一,部分妇女非政府组织领导人认识到,各个妇女组织只有联合起来才能在为妇女争取同等报酬的运动中取得一定的成效(前文已述);第二,除了争取同等报酬这个议题外,促使 NCWO 成立的外部因素是 60 年代为女性工人争取权利的全球趋势。像基督教女青年会(YWCA)这样的国际组织对 NCWO 的成立作出了贡献,因为正是在 YWCA 的提议下,

---

① Ronana Ariffin. Feminism in Malaysia: A Historical and Present Perspective of Women's Struggles in Malaysia. *Women's Studies International Forum*(1999)22(4):47~72.

一个妇女组织大会得以在 1960 年举行,随后 NCWO 于 1963 年宣告成立。①

现在的 NCWO 已经形成了一个拥有 80 多个妇女组织的伞状组织结构。直到最近,它的主席一直是国家团结和社会发展部部长。2000 年以前,政府妇女组织妇女事务局(HAWA)一直隶属于国家团结和社会发展部,1997—2001 年直接隶属于首相署(the Prime Minister's Department)。正因为如此,NCWO 一直被认为是能和马来西亚政府当局谈判和沟通的组织,但实际情况并非完全如此,因为妇女非政府组织和政府是从不同的角度和不同的目标来审视和看待问题的。毫无疑问,NCWO 是马来西亚妇女非政府组织联合时间最长、最有影响力的和最大的一个联合组织。

NCWO 下设 11 个委员会:卫生委员会、教育委员会、传播媒介委员会、经济和就业发展委员会、民族团结委员会、政治和领导艺术委员会、宗教委员会、法律委员会、反对对妇女暴力委员会、环境委员会和科技委员会。在全国有女律师协会、青年俱乐部、妇女协会等多个成员组织。该理事会主要代表受过教育的中产阶级和上层阶级的妇女,它和政府的紧密关系使得它能够享受政府的资源,如基金,以及在这个特定的政治框架内可以获得一定的信息资源和扩大自己的影响力。当然,和政府的这种关系也必然会影响该理事会组织的自主性和活动范围。NCWO 的主要目标有:把所有的妇女组织团结起来;提高妇女的生活水平并致力于妇女儿童的发展和福祉;作为全国妇女组织的一个顾问和咨询机构。这种宗旨使得 NCWO 必须和全国的政党妇女组织以及非政党妇女组织保持一种合作的关系。

当 NCWO 在 1965 年 8 月 25 日召开第一次大会时,它已经有

---

① Maznah Mohamad. At the Centre and the Periphery: The Contributions of Women's Movements to Democratization, in Francis Loh Kok Wah and Khoo Boo Teik (eds.), *Democracy in Malaysia: Discourses and Practices*. Curzon, 2002. p. 225.

12个成员组织,包括巫统妇女组(the KI UMNO),马华公会妇女部,印度国大党妇女部,马来西亚社会人民党妇女部,泛马回教党妇女协会,全国妇女机构协会(the National Association of Women's Institute),女教师协会(the Women Teachers' Union),圣约翰救护车大队(the St John's Ambulance Brigade),大学妇女协会(the University Women's Association),雪兰莪印度人协会妇女部(the Selangor Indian Association's Women's Section),泛太平洋东南亚妇女协会(the Pan-Pacific Sout-East Asian Women's Association),基督教女青年协会(YWCA),雪兰莪华人妇女励志会(the Li Chee Women's Association)以及妇女国际俱乐部(the Women's International Club)。① 随着岁月的流逝,全国妇女理事会的成员组织已经从12个增长到90年代初的52个(见表4-1),到现在为止已经有80多个成员组织。

表4-1 马来西亚全国妇女组织理事会部分组织成员一览表

序号	中文名称	英文名称
1	基督教青年妇女协会	Young Women's Christian Association
2	西马全国妇女机构协会	National Association of Women's Institute Peninsular Malaysia
3	印度国大党妇女部	Women's Section, Malaysian Indian Congress
4	雪兰莪华人妇女励志会	Selangor Chinese Women Li. Chee Association
5	大学妇女协会	University Women's Association
6	穆斯林妇女行动组织	Muslim Women's Action Society
7	马来西亚女童军协会	Girl Guides Association Malaysia

---

① Virginia H. Dancz. *Women and Party Politics*. Peninsular Malaysia. Singapore: Oxford University Press. 1987. p.151.

续表

序号	中文名称	英文名称
8	马来西亚妇女帮助妇女组织	Women for Women Association Malaysia
9	西马护士教师协会	Association of Nurse Tutors, Peninsular Malaysia
10	民主行动党妇女部	Women's Wing, Demacratic Action Party
11	槟榔妇女危机中心	Women's Crisis Centre, Penang
12	槟榔妇女福利协会	Women's Welfare Council, Penang
13	吉隆坡内车轮俱乐部	Inner Wheel Club of Kuala Lumpur
14	联邦土地发展局妇女协会	FELDA, Women's Association
15	西马教师联合会	National Union of the Teaching Profession, Peninsular Malaysia
16	全国石油化工工人联合会妇女部	Women's Section, National Union of Petroleum and Chemical Industry Workers
17	雪兰莪中华大会堂妇女部	Women's Section, Selangor Chinese Assembly Hall
18	马来西亚联邦计划生育协会	Federation of Family Planning Associations Malaysia
19	雪兰莪联邦国土商业和职业马来妇女组织	Association of Bumiputra Women in Business and Professions, Selangor and Federal Territory
20	牧羊好姐妹	Good Shepherd Sisters
21	沙捞越妇女自助协会	Sarawak Women for Women Society
22	马来西亚印度人发展协会妇女部	Women's Section, Association for the Advancement of Indians in Malaysia
23	沙巴妇女组织协会	Association of Sabah Women's Organizations

续表

序号	中文名称	英文名称
24	女律师协会	Association of Women's Lawyers
25	医护人员妇女协会	Women's Association, Medical Faculty
26	马来西亚市民志愿者福利和体育协会	Association of Welfare and Sports, Malaysian Citizens Volunteers Corps
27	妇女救助组织	Women's Aid Organization
28	Bahai妇女委员会	Bahai Women's Committee
29	印度青年组织妇女部	Women's Wing, Hindu Youth Organization
30	电信运动福利协会	Telecom Athletic and Welfare Association
31	吉隆坡国际职业妇女俱乐部	Soroptimist International Club of Kuala Lumpur
32	马来西亚武装力量雇员协会	Malaysian Armed Forces Public Employees Union
33	马来西亚女毕业生协会	Women's Graduates Society Malaysia
34	马来西亚佛教布道会妇女部	Buddhist Missionary Society, Women's Section
35	公共服务部门雇员联合大会	Congress of Unions of Employees in the Public and Civil Service
36	马来西亚印度桑甘圣地组织	Malaysian Hindu Sangam
37	马来西亚人民运动党妇女部	Women's Section, Malaysian People's Movement Party
38	马来西亚女企业家协会	Association of Bumiputra Women Entrepreneurs Malaysia
39	马来西亚全国大学妇女协会	National University of Malaysia Women's Association
40	马来西亚联邦国土和吉隆坡铁路女工组织	Malayan Railway Women's Group, Federal Territory and Kuala Lumpur

续表

序号	中文名称	英文名称
41	马来西亚全国合作社联合会	National Union of Cooperative Malaysia
42	马来西亚 4B 青年运动妇女部	Women's Section, 4B Youth Movement Malaysia
43	全国电业董事会妇女协会	National Electricity Board Women's Association
44	马来西亚青年俱乐部协会妇女部	Women's Section, Malaysian Association of Youth Clubs
45	基督教妇女服务协会	Women's Service Christian Society
46	马来西亚外事部妇女协会	The Malaysian Ministry of Foreign Affairs Women's Association
47	马来西亚锡兰人大会全国妇女委员会	National Women's Council, Malaysian Ceylanese Congress
48	妇女国际俱乐部	Women International Club
49	马来西亚工会大会妇女部	Women's Section, Malaysian Trade Union Congress
50	马来西亚秘书协会	Secretaries Society Malaysia
51	马来西亚女记者协会	Women Journalists' Association Malaysia
52	吉隆坡演讲人俱乐部	Kuala Lumpur Speakers' Club

资料来源：Meredith L. Weiss and Saliha Hassan(eds). *Social movements in Malaysia：from moral communities to NGOs*, London and New York：Routledge Curzon, 2003. pp. 73~74.

从 NCWO 的成员名单我们可以看出，该联合组织涵盖了所有族群的妇女组织和各个领域的妇女组织，具有一定的代表性。它主要由福利、宗教和服务型妇女组织组成，主要代表中产阶级和上层阶级妇女。

1983 年巫统妇女部和马华公会妇女部撤出该理事会，不再是该理事会的成员组织。但他们和 NCWO 的合作关系仍然保持着，因为 NCWO 的领导人和巫统妇女部的领导人经常重叠。比如,NCWO 总裁扎拉哈·伊兹梅尔(Zaleha Ismail)在 1999 年大选前就担任国家团结和社会发展部(the National Unity and Community Development)部长。凡迪梅·哈希姆(Fatimah Hashim)在 1956 年到 1972 年担任巫统妇女部的主席,在 1965 年到 1989 年担任 NCWO 的总裁。在 90 年代早期,民主行动党妇女部加入 NCWO,但始终处于边缘位置,没有能够影响 NCWO 的走向。

从成立到现在,NCWO 的重大活动及其成果有:组织庆祝一年一度的妇女节日;和妇女事务局一起组织论坛和会议商讨妇女问题;在 60 年代末,游说政府制订不歧视妇女的法律、确保在公共部门服务的妇女的工作保障、确保妇女有产假;1972 年和 1991 年曾两度要求对妇女实行不同的收税标准,因为现行的各人所得税法仍然对妇女有所歧视,它不允许妇女扣除婚配和抚养孩子的费用;1976 年要求宣布非穆斯林的一夫多妻为非法;把结婚年龄提高到 18 周岁,并建议将公民婚姻家庭法适用于所有非穆斯林家庭。1983 年,在伊斯兰化的高潮阶段,全国妇女理事会又参与制订穆斯林婚姻家庭法,要求该法在每一个州正式实行。在全国实行统一的法律的好处在于可以杜绝跨州逃避处罚,如一个穆斯林男子可以不征得他的第一个妻子的允许在一个州结婚是合法的,而在另一个州则是不合法的,这样他就可以跨越州境进行婚姻投机行为。全国妇女理事会还设法在全国委员会(包括国家回教事务委员会 the National Council on Islamic Affairs)以及州伊斯兰会议中为妇女争取审查员的位置。最后,全国妇女理事会向政府提交了国家妇女政策意见书(the National Policy on Women),该意见书于 1989 年获得通过。该政策被列入马来西亚的第六个发展计划中(the Sixth Malaysian Plan of 1991—1995)。

(2)马来西亚妇女组织的第二大联合组织

1985 年反对对妇女施暴联合行动组织(JAG-VAW)成立,这次活动的高潮是 1994 年家庭暴力法案(the Domestic Violence Act of

1994)的通过。参与这次联合行动组织的妇女非政府组织在2000年再一次联合在一起进行争取制订反对性骚扰的立法活动。

(3)马来西亚妇女组织的第三大联合组织

在90年代早期,全体妇女行动协会(AWAM)发起了一次会议来讨论自治的和相对激进的妇女组织共同面对的议题,它们认识到:除了反对对妇女施暴这个议题外,还有许多其他妇女面对的问题需要解决,如妇女获得土地和住房的权利,以及涉及公正和民主之类更加广泛的问题。随之,来自17个非政府组织的代表组成全国妇女联盟(NWC)。NWC的建立可以被视为对NCWO的一个挑战,也可以被视为NCWO努力消除性别不平等工作的一个补充。NWC分四个委员会:土地、劳动、文化与宗教、反对对妇女施暴。由于NWC没有在全国范围内充分组织起来,它的注册申请没能够得到批准。因为缺少人力资源和资金支持以维持其运转,NWC只好于1995年解散并停止活动。NWC的地位并不显赫、活动没有得到充分的召开,但它却基本代表了草根层次的自治妇女组织和妇女部的部分意愿。

需要指出的是,虽然马来西亚的妇女非政府组织能够就一些共同的议题联合起来共同行动,并显示它们团结的程度和迅速有效地联合起来的能力,但这些并不能掩饰它们之间在意识形态、所选择的议题、所追求的目标以及组织结构等方面的差异。

2. 其他妇女非政府组织及其活动

(1)巫统妇女部

很多马来西亚妇女非政府组织隶属于政党组织,在这种情况下,她们通过她们所在的政党组织为妇女争得了一定的权利。1946年,马来民族统一机构(UMNO,简称巫统)成立,该组织代表右翼传统,强烈反对英国殖民政府推出的马来亚联邦计划。一年后,巫统妇女部(KI, Women's Association, 1971年更名为 Wanita UMNO)成立。巫统妇女部组织游行示威和公共集会,在反对殖民政府的马来亚联邦计划运动中发挥了显著的作用。其实,巫统妇女部成立的初衷就是协助巫统反对马来亚联邦计划,然后促成国家独立。其他的任务则是放在第二位,如通过婚姻制度的改革、提高马来妇女受教育的程度以及让马来妇女参与政治来为马来妇女争得一定的权利。尽管如此,在妇女部成员的努力下,在巫统领导人的帮助下,巫统妇女部为妇女赢得了在马来亚联合邦协约宪法草案中投票的权力。1952年,在当时巫统领导人的帮助下,巫统妇女部成功地阻止了一个伊斯兰组织伊斯兰宗教教师(Islamic Religious Teachers)不让妇女参加政治活动的做法。该组织认为妇女参加组织活动会引起性别混乱,这和伊斯兰教教规相冲突。1962年4月,巫统妇女部发起庆祝第一个妇女节(1962年8月25日),号召所有的妇女组织参加并组织此次庆祝活动。妇女和妇女组织有了自己的节日表明马来西亚妇女在建设自己国家历史过程中所起到的重要作用。①

1951年,巫统妇女部拥有1万名成员,大约占巫统会员的1/10。到1982年,巫统妇女部控制的会员达到43万,约占巫统总会员的54%。② 尽管巫统妇女部拥有这么多的会员,但它仍然担当着辅助的角色。在大选中主要充当游说者和投票人,而不是作为领导者或候选人来参与其中。这种状况至今仍然没有多大改观。巫统妇女部在保持对政党的忠诚和坚决支持巫统的同时,也在努力为妇女争取更多的权利:在妇女大会上通过决议呼吁给予妇女更多的机会来管理自己的事务(1962年);给首相呈递备忘录(1976年);派妇女部代表谒见副首相要求在政府中给妇女分配更多的席位,同时要求妇女作为候选人的权利(1981年)等等。偶尔也有妇女领导人想打破这种从属的局面,如巫统妇女部第三届主席(1954—1956)卡迪嘉·斯德克(Khadijah Sidek)就因为柔佛州的妇女被排斥在选举名单之外而责备巫统大会,她带着其他代表离开会场以示抗议。为争取妇女部的自治地位和妇女在党内更多的发言权和代表性而努力奋斗。她

---

① Report of the NCWO First Biennial Conference. 25 August 1965.
② *New Straits Times*, 22 March 1982.

于1956年因为违反党纪被开除出党。许多妇女部的成员威胁说要举行集会抗议,但最后还是听从巫统的指示没有那么做。开除卡迪嘉·斯德克,给那些想步她后尘的妇女部领导人以警示作用。①

从上面的例子中,我们可以看出巫统妇女部的这种附属性质,这使得它在为妇女争取权利的过程中只能采取被动的方式,如通过决议案、呈递备忘录以及妇女部领导人游说巫统主席等等。它的努力能否成功,还取决于非政府组织和妇女组织的持续不断的游说和压力。如在争取公共部门妇女和男性同工同酬的运动中,正是各个非政府组织和妇女组织的共同努力才使得此项改革于1969年实行。当时的政治环境也起了一定的作用,政府之所以同意在公共部门男女同工同酬,部分原因是因为巫统要抵消反对党的影响以便争取更多的妇女选民,因为像民主行动党和马来西亚人民行动党(the Gerakan Rakyat Malaysia)等反对党也许诺实行该项改革。

在马来西亚,巫统是力量最大的执政党。巫统妇女部组织良好,且具有广大的群众基础,其会员众多,这使得它具备潜在的实力。但它的这种潜力没有得到应有的发挥,因为其成员一般都接受她们在党内的这种从属和支持的地位,这正是妇女在社会中传统角色的一个反映。另外,她们所从属的政党是执政党,她们的言行需要和官方保持一致。

在马来西亚,像巫统妇女部这样的附属于政党的妇女部还有很多,这也是马来西亚妇女组织的一个特色之一。但其他政党的妇女部都没有能够像巫统妇女部那样很好地组织起来,也没能够拥有那么多会员。和巫统妇女部的领导人一样,这些政党妇女部的领导人也只能从属和维持她们的政党阵线而不能获得自治的地位。即使如

---

① Lai Suat Yan, The women's movement in peninsular Malaysia,1900—1999: A historical analysis, in Meredith L. Weiss and Saliha Hassan (eds), *Social Movements in Malaysia: from moral communities to NGOs*, London and New York: Routledge Curzon, 2003. p.52.

此,这些妇女组织也能够不时地就和妇女有关的议题提出她们的政策建议,否则,这些问题很容易被忽视。如马华公会妇女组和民主行动党妇女部,也能够就和妇女有关的问题向国会提出议案,如要求解决工作场所的性骚扰问题,通过法律承认妇女在各个领域的平等地位等等。①

(2) 妇女力量(Tenaganita)

妇女力量以公司身份注册并于1990年在吉隆坡成立。但该组织积极参与公共事务是在1991年。它的目标是推动妇女赋权,促进和保护妇女的权益,鼓励妇女在社会中尽量发挥她们的潜能。妇女力量的活动领域包括社区发展、人权、环保、妇女的地位问题、消费以及和健康有关的问题。

在国内,妇女力量所组织的主要活动有:为唤醒公众意识所组织的各种各样的论坛和专题研讨会,进行人员培训,举行社会组织和社会动员技能培训,开办法定读写能力培训,向移民工人提供服务,讨论妇女受虐待问题,开展反对使用杀虫剂运动,和当地非政府组织加强合作,参与防治艾滋病非政府组织委员会。

在地区和国际层面,妇女力量是以下地区和国际组织的成员:亚太妇女、法律和发展论坛、亚洲妇女委员会(一个地区性的女性工业工人网络组织)、杀虫剂亚洲网络、亚洲移民中心、亚洲发展文化论坛、亚太妇女资源研究中心、亚太成人教育组织。

妇女力量的出版物有:《杀虫剂——无言的受害者》,一份泰米尔文时事通讯《Jothee》。总体来说,该组织的努力主要集中在行动计划的安排上,而不是在出版刊物上。

这个相对年轻的非政府组织在它所组织的一系列活动中总是显得活力无穷,它的成员积极参与到地区和国际组织中,在推动地区合作方面,妇女力量正扮演着重要的角色。该组织在推动地区网络建设方面具有一定的潜力,但它也存在一定的问题,其中之一就是它参

---

① *Star*, 4 April 2000.

与的范围太广、太分散,从而使得它的力量分散。

(3) 妇女救助组织(WAO)

妇女救助组织(以下简称 WAO)是 1982 年在马来西亚开办的第一个为救助家庭暴力受害者的避难所。成立该组织的目的是为在精神和身体遭受虐待的妇女提供全方位的服务。

WAO 的目标是:一经要求,即向在精神和身体遭受虐待的妇女儿童提供临时庇护所;向要求保护的妇女提供精神和社会支持;对离开避难所的妇女提供帮助和善后关照。对其中儿童所需的教育和精神帮助给予尽量满足。为了实现其目标,WAO 鼓励对虐待妇女问题以及如何防止此类问题进行研究,保存相关数据和记录以便促进今后的研究。WAO 还致力于向公众、媒体、警察、法院、社会服务机构以及当局就妇女受虐问题进行宣传教育;谋取职业工人的支持来帮助这些妇女;探寻改进保护妇女儿童的法律措施。WAO 所提供的服务有:经办"避难所中心"——一个为受虐妇女儿童开办的庇护所,它也是 WAO 开展所有和家庭、妇女以及暴力有关活动的场所。它还经办儿童照看中心,对那些决定独立生活的儿童提供一个家、给予情感照顾和送他们到当地学校上学。WAO 设有 24 小时帮助热线电话,确保任何时间都可以提供电话咨询,从紧急情况到一般的法律咨询,WAO 都认真对待和处理。职业社会工作人员还为妇女和她们的丈夫们提供面对面的咨询谈话。

(4) 雪兰莪华人妇女励志会

二战后,马来西亚华侨社会开始向华人社会转变,华人妇女组织也逐步当地化。雪兰莪华人妇女励志会(原名为雪兰莪华侨妇女励志会)成立于 1947 年。该会的宗旨是"提倡妇女教育、提升妇女地位、推进儿童教育、敬老慈幼、服务社群"。该会的活动涉及多个流域,包括争取华人妇女权益、参与推动申请公民权运动、儿童教育、华文教育、社会福利等。1963 年,雪兰莪华人妇女励志会和其他族群妇女组织合作共同成立全国妇女组织理事会(NCWO),开创了各族群妇女组织相互合作的先例。1986 年,参与和帮助雪兰莪中华大会堂创建妇女部,该会代表钟敏璋还出任雪华堂妇女部的副主席。1984—1990年间和其他妇女组织一起呼吁政府修订强奸罪立法。1995年,雪兰莪华人妇女励志会参加了在北京召开的第四届世界妇女大会。① 华人妇女组织多隶属于其他华人社团组织,像雪兰莪华人妇女励志会这样的独立华人妇女组织不多,作为全马来西亚华人妇女组织的最高领导机构就是隶属于马来西亚中华总商会的"华总妇女部";华人社团中设立妇女组织多在80年代以后,石沧金在其著作《马来西亚华人社团研究》中专门列了一个"马来西亚华团妇女组织成立简表",表中所列的90个隶属于华团的妇女组织中,有15个成立于1980年以前,占总数的18%;其他75个成立于80年代以后,占总数的82%。这75个中有27个成立于1980—1989年间,有42个成立于90年代,2000—2004年间成立的有6个。这些妇女组织的增长速度似乎和其他非政府组织的发展速度一致(参见表3-1)。

(5)妇女之友(Sahabat Wanita)

在马来西亚有一些专门为解决女性工人问题而建立的妇女非政府组织,妇女之友就是其中著名的一个。成立妇女之友的动议源于70年代末一批妇女对女性工人处境问题的讨论。1985年妇女之友注册成立。目前,该组织从事的活动项目主要有两个:女性工人计划和儿童少女计划。前者包括教育和培训,涉及的内容有法律、性骚扰、土地问题、妇女和政治等;后者的活动主要在幼儿园和日托中心开展,以及定期和青年妇女接触以便让她们了解和她们有关的问题,如教育、对女孩的歧视、环境和工作等。妇女之友还在社区层次开展工作;为了完成一些工作,它还和其他组织联合开展工作。

3. 马来西亚的政府妇女组织:马来西亚妇女事务局

马来西亚有政府妇女组织和非政府妇女组织,在介绍了主要的

---

① 马来西亚华团简史编委会:《雪兰莪华人妇女励志会》,载《马来西亚华团简史》,吉隆坡:马来西亚中华大会堂总会,1999年,第234~235页。

妇女非政府组织之后,有必要对马来西亚政府妇女组织-马来西亚妇女事务局(以下简称 HAWA)作简要的介绍。和众多妇女非政府组织不同的是,HAWA 在政府框架内自上而下开展工作,在协调解决妇女问题和促进妇女参与发展方面发挥了一定作用,为了更好地开展工作,它和部分妇女非政府组织不得不保持一定的联系。

HAWA 于 1983 年根据联合国妇女十年宣言而建立,最初附属于马总理府,1990 年转属国家团结和社会发展部,由正部长主管,妇女事务局在国家团结和社会发展部副秘书长的领导下开展工作。HAWA 在联邦、州和区设有专门机构和专职人员,政府各部门,地方各个州设兼职联络员联络政府官员,通过他们同各级政府部门协调工作,以保证在制订计划、开展工作过程中充分考虑妇女的地位,发挥妇女的作用。1993 年各州成立妇女事务协调理事会,通过其反映妇女情况和问题,共同关心并协调做好妇女工作。1997 年该事务局升级,直接隶属于首相署(the Prime Minister's Department);2001 年,该政府组织直接升格为妇女和家庭发展部(the Ministry of Women and Family Development)。

HAWA 的宗旨是提高妇女地位,发挥妇女潜力,促进妇女充分参与国家发展;通过提供平等机会、资源和物力,确保将妇女的参与纳入国家发展规划之中。

HAWA 的任务主要是提高妇女意识,消除对妇女的歧视,发动妇女参加经济建设,监督政府妇女政策和项目的执行,评估妇女在发展中的成绩和问题,并为部分妇女非政府组织提供资金援助等。

HAWA 开展的活动主要有调查研究,收集、分析、传递妇女信息;为妇女组织提供咨询服务,监督其活动;开展国际友好交流,代表政府参加联合国、东南亚国家联盟和伊斯兰教国家组织召开的妇女会议。

经过几十年的发展,马来西亚妇女组织已经发生了质的变化。这个过程大概由四个阶段组成:独立前的妇女组织关注的主要议题是妇女的福利和教育；60－70年代的主要议题是争取同工同酬等基本权利；80－90年代的主要议题是争取立法和修改有关法律以保护自身权益；90年代末以来的主要议题是妇女组织推出代表妇女权利的候选人来参加选举。妇女非政府组织由第一阶段的只关注妇女的福利发展到后来的关注妇女的参政权。马来亚妇女非政府组织的这一发展历程也符合非政府组织的发展规律——由关注福利等发展到关注政治问题。其结果是妇女非政府组织活动的空间范围越来越大，妇女非政府组织的运作策略和措施也不断完善。

和马来西亚其他非政府组织相比，各族群妇女非政府组织之间的合作较早，且比较成功。但体现在妇女非政府组织上的民族群性和宗教性也是明显的。如伊斯兰姐妹（SIS）至少有四种属性：从性别上来讲，它属于妇女非政府组织；如果考虑宗教因素，它属于伊斯兰非政府组织；如果考虑族群性，它属于马来妇女非政府组织；如果考虑它的政治性，它无疑属于倡导型非政府组织。多年来，许多妇女非政府组织正努力打破族群的疆界，如有些妇女非政府组织专门邀请各族群有影响的人加盟以昭示其多族群形象。翟屯·卡希姆（zaitun Kasim）推断全体妇女行动协会（AWAM）的多种族形象以及因此而赢得的支持是和她的加盟有关系，因为在她（穆斯林）加入这个组织之前，该组织通常被认为是一个非穆斯林组织。全体妇女行动协会（AWAM）能就一些和伊斯兰妇女相关的具体问题发表言论，这在非伊斯兰组织中是不多见的，因为其他的组织通常害怕就这样的话题发表自己的观点。①

在国家层面，由于多年来的努力，妇女非政府组织形成了比较完善的网络，形成了政府妇女组织－政府非政府组织－独立非政府组

---

① 该信息由 Meredith L Weiss1997 年 8 月 1 日采访 Zaitun Kasim 所得，见 Meredith L. Weiss and Saliha Hassan. *Social movements in Malaysia：from moral communities to NGOs*, London and New York：Routledge Curzon, 2003. p. 201.

织－草根组织这样一个上下贯通的网络。监督政府在制定政策及项目计划时,充分考虑妇女参与发展,及时发现不利妇女参与发展的因素,分析原因,向政府反馈,促进政府制定相应的政策。妇女非政府组织和政府的合作关系良好,它们更容易获得政府的支持和资助。在国际层面,妇女非政府组织还积极开展国际间妇女的交往,参加联合国妇女地位委员会和国际妇女论坛,参加东南亚国家妇女联盟,每年召开一次会议确定妇女问题的重点和合作的领域。

总体上,独立的妇女非政府组织所发挥的作用较大。在提高人们关注妇女问题(包括性骚扰问题)的意识,积极参与教育和动员民众的过程以及呼吁修改有关法律方面,这些独立的妇女非政府组织发挥了主要的作用。那些由中产阶级和上层阶级主导的主流或传统的妇女组织很少了解基层妇女的情况,它们在政府框架内运作,对有关妇女问题的反应要慢得多。马来西亚妇女非政府组织多隶属于政党和其他社团组织,这从某种程度上损害了它们的独立性,增加了它们的依附性,从而限制了它们更好地发挥作用。

第二节 马来西亚的华文教育非政府组织

一、早期的华文教育及华文教育组织

在引进新式教育之前,新马主要以私塾教育为主,它从18世纪的初叶,一直跨越到19世纪初期,前后至少有一百年以上。[①] 在这一百多年中,华侨学校以方言私塾为主;华侨教育组织是以家庭和随后的方言组织(各类会馆)为单位。到19世纪下半叶,虽然缺乏政府的资助,学习科目有待改进,规模小且重复,但各类型的私塾学堂依

---

① 郑良树:《马来西亚华文教育发展史(第一分册)》,吉隆坡:马来西亚华校教师会总会,1998年,第1页。

然是马来亚华族教育的主流;华族私塾学堂存在于马来亚的各个角落,形成了学塾群。

新马华文教育和中国政府建立联系是在晚清时期。庄国土教授认为:"清朝很迟才重视海外华人教育,与国内新式教育几乎同时起步。如从1904年张振勋到南洋兼督学务算起,到清末也只七年左右,与清朝对华侨经济力量的认识及采取各种措施吸引华商相比,清朝促进华侨教育的活动起步较迟,但在华侨与祖国的关系上却影响深远,远非清朝政策制定者所料及。"[①]清政府所采取的种种兴学措施,以及康、梁和革命党人在海外对教育的促进,都无疑促进了海外华人教育,把国内的新式教育扩展到海外,奠定兴学传统产生的基础,使方言私塾教育开始向华文教育转变,并奠定了随后整个东南亚地区兴学热潮的基础。

如果说清政府所激起的兴学热情只是个"序幕"的话,那么辛亥革命后,马来亚则进入一个空前的全民办学热潮。除了华族民族意识的普遍提高外,其中一个重要原因是华族人口的猛增,特别是女性人口的迅速增加。

表4-2的统计清楚地告诉我们,土生华族在急速增长,占华族人口的比例也越来越大。到1947年,土生华人在所有的州均超过半数以上,其中槟城和吉兰丹两个州超过70%。适龄学童数量的急速增加,是当时马来亚的大势所趋。表4-3显示,1931年马来亚15岁以下适龄学童在43万多;1947年达到100万。土生适龄学童的迅猛增加是促使学校增加的一个重要原因。

除了土生华族人口的迅速增加外,此时办学热潮的动因还在于民族意识的提高、时代精神的感召、对新一代的责任感以及半官方教育组织的推动。

---

① 庄国土:《中国封建政府的华侨政策》,厦门:厦门大学出版社,1989年,第320页。

表 4-2 马来亚华族土生人口统计表

州 名	1921		1931		1947	
	土生人口总数	占华族总人口百分比	土生人口总数	占华族总人口百分比	土生人口总数	占华族总人口百分比
槟城	52041	38	76854	46	173261	70
马六甲	13130	29	22494	35	63028	66
霹雳	44735	20	99865	31	291148	65
雪兰莪	28082	16	76753	32	235522	65
森美兰	6020	9	18345	20	65643	57
彭亨	3139	9	10267	20	52172	54
柔佛	11416	12	39971	19	206934	58
吉打	11224	19	25076	32	75406	65
吉兰丹	6173	48	8727	50	16368	71
丁加奴	1632	23	2637	20	8920	56
玻璃市	911	25	2183	34	7373	63
新加坡	79686	25.10	150033	35.60	437243	59.90
总 计	258189	22	535205	31.20	163332	62.50

资料来源:《南洋年鉴》,癸 70。

表 4-3 马来亚土生华族人口统计表(15 岁以下)

年份	男性	女性	总计
1931	228532	204884	433416
1947	536973	483713	1020686

资料来源:《南洋年鉴》,癸 72。

清末以及民国时期,南洋的教育组织主要是各地组建的华侨学务总会。它的主要功能是沟通南洋侨教、负责专业性的督导以及提供学术上和专业上帮助和支援。学务总会的成立是南洋华教的一个里程碑,它除了谋求改进华教之外,也是教育管理本地化的开端,有人称其为有自治倾向的"海外教育部"。① 据郑良树考证,在马来亚,类似的教育组织有:英属华侨学务总会(1913年成立)、槟榔屿华侨教育会(1913年成立)、霹雳华侨教育会(成立年失考)、雪兰莪华侨教育会(大约成立于民国初年)和马六甲华侨教育会(详情失考)。

除了一些个人和团体之外,各类型的会馆也是当年华社办学热潮的主要和基本组织。无论是官方的或半官方的教育组织的活动,一般都要通过这种"原极性"的会馆组织而发挥作用。在20世纪30年代前,会馆在学校的创办和资助方面作出了很大的贡献,是所有"馆内活动"最卓越的一项。

在组织结构上,华校一般为创始者(华人领袖、商人或帮会头子)和出资者组成董事会以便经营和管理。学校的创立和管理组织还是以董事会为主。董事的权限很大,董事会"掌握学校的经济命脉,权大位重……还负责保管校产,编制预算及沟通社会的工作,至于校长的选聘以及教职员任免的审查,一般来说也都归董事部管辖"。②

华校的董事部由赞助人所组成。通常能取得赞助人大会通过或透过运作而取得多数票当选董事者都是有一定社会地位者,包括从政的政客或成功的商人等。虽然这种由赞助人组成的董事部和以前的学塾创办者和管理组织也存在着一些共同问题,③华校董事会在推动了华文教育发展方面还是做出了很大贡献。这种贡献突出表

---

① 郑良树:《马来西亚华文教育发展史(第一分册)》,吉隆坡:马来西亚华校教师会总会,1998年,第168页。

② 郑良树:《马来西亚新加坡华人文化史论丛(卷二)》,新加坡:南洋学会,1986年,第132页。

③ 其中一个最为突出的问题就是董、教之间的矛盾和不和谐。董事会的组成人员大多是地位显赫的华商,他们未必理解教育理念,有些甚至是教育门外汉,让他们来管理内行人,自然会造成许多混乱,致使学校行政和董事职责混淆不清,矛盾和摩擦不断,校长无法久留,教员无法安职。

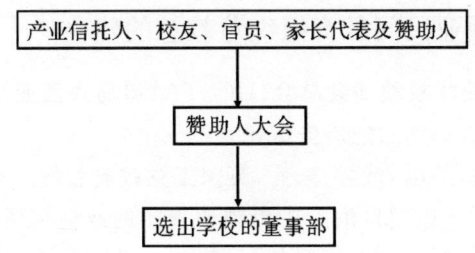

图 4-1 早期华校董事部组织结构图

资料来源:林开忠著:《建构中的"华人文化":族群属性、国家与华教运动》,吉隆坡:华社研究中心,1999年,第60页。

现在华文教育在面对外在压力的情况下,华校董事会作为华文学校"保姆"功能的充分发挥。

英国殖民政府的教育政策在不同的时期对不同的民族所强调的取向不一样:1867年以前,他们对殖民地的教育不感兴趣,因而采取放任自由的教育政策。从1867年起,它开始关注教育。为了将华校控制在自己的手中以便维护自身的经济利益,殖民政府于1920年出台了学校注册法令,以"1920教育条例"的方式通过(后经修改,其中有1932年的教育法令和1935年的教育政策白皮书),开始正式干预华文教育。为了应对殖民政府的压制,华人组建了一些如华侨学校联合会和"英属华侨学务维持处"这样的华文教育机构。

从1920年至1950年间,英殖民政府对待华文教育的态度由放任转变为干涉,并努力推进英文教育;马来亚的教育政策早在殖民地时代就已经成为争执的焦点,在40—60年代之间最为激烈;对教育政策的争执引发了华人社会的华教运动,华教运动催生了华教组织的产生和发展,正是在此基础上,马来西亚最大和最有影响力的民间教育组织"董教总"[①]应运而生。

---

① 马来西亚华校教师会总会简称"教总";马来西亚华校董事联合会总会简称"董总",人们习惯将两者合称为"董教总"。

二、马来西亚民间教育组织董教总的建立

1. 马来西亚华校教师会总会(UCSTA)和马来西亚华校董事联合会总会(UCSCA)创立的历史背景

二战结束后,英国重返马来亚,英国工党政府意使马来亚在大英女皇的统辖下逐渐达到自治。在宪制调查团的威逼利诱下,各州的马来苏丹签署了成立"马来亚联邦"(Malayan Union)的协议书。英殖民政府意欲废除马来人所享有的特权,准备给所有居住在马来亚的人民开放申请公民权的自由。协议书一方面欲建立一个庞大的中央政府,另一方面则试图保留英国在本地的最大利益,这也是它的最终目的。但在马来亚联邦遭到马来人的强烈反对后,为了维护自身利益,英殖民政府决定收回1946年的计划书,并与马来政党巫统妥协,协商制订1948年的"马来亚联合邦协议书"(Federation of Malaya Agreement)。此协议维持了马来人战前的特权地位,规定马来语为联合邦国语;公民权有条件开放等等。在这样的政治气候下,1935年的教育政策白皮书(以普及英文教育和推广殖民者的语言文化价值为目的)已经显然不适应了。1949年英国殖民政府成立了一个"中央教育咨询委员会",专门负责检讨当时的教育问题,以便向政府提供有关教育政策和执行的原则。1950年由教育提学司Holgate提出第一份教育报告书,该报告书继续强调英文教育普及化的有利因素。"殖民政府努力维持和发展英文教育,以为马来亚各族的共同语言教育的方向推进,他们意图制造一批在肤色上与英国人不同但却具有英国文化举止的统治精英,如此,英国在此地区的利益就得到保障了。"[①]无疑,这份只对英文教育的发展有绝对帮助而忽视"方言教育"(此处指相对于英文教育的其他教育)的报告书引起各族的强

---

① 林开忠:《构建中的"华人文化":族群属性、国家与华教运动》,吉隆坡:华社研究中心,1999年,第65页。

烈反对,并最终搁浅。① 这再度迫使英国殖民政府组织调查委员会检讨马来教育问题。最后牛津大学社会训练主任巴恩氏(Barnes)为主的五个欧洲人和九个马来人组成这个委员会,所拟成的报告称为《巴恩氏报告书》(Barnes Report),于1951年6月10日正式公布。委员会的权限是检讨马来教育,但它却超越了这个权限,涉及到其他方言教育的存亡问题,华人社会认为这份报告书有"消灭华人文化"的意图,并给予强烈的反对,全马所有华文报纸统统发表社论攻击该报告书,各地华人社团和学校也组织起来,表示强烈抗议。② 教总和董总就是在华教面临极大危机,华人社会民情鼎沸的时刻,应运产生的。

2. 教总的创立

(1)教总成立的基础——各地教师组织的建立

二战后,马来西亚各种社会组织的发展有一个反弹的趋势。在日本法西斯统治东南亚时期,华人各种社会组织遭到破坏;战争结束后,原有的各种社会组织和政治组织在新形势下进行分化组合,因而

---

① 陈绿漪:《大马半岛华文教育的发展》,载林水檺、骆静山等《马来西亚华人史》,吉隆坡:留台联总,1984年,第283~325页。

② 率先举大旗发难的是霹雳中华大会堂及中华总商会,他们于1951年7月8号联合召开全霹雳华团及学校代表大会,讨论报告书,并即席产生"霹雳中华华侨代表大会反对巴恩氏教育报告书小组委员会"以负责草拟意见书,呈交当局(见《南洋商报》1951年7月9日)。7月19日,雪兰莪中华大会堂召开全州华团及学校代表大会(见《南洋商报》1951年7月20日)。7月27日,新加坡华校联合会召开全体理事会议,商讨草拟意见书(见《南洋商报》1951年8月11日)。8月9日,柔佛中华总商会及中华公会召开全州华团及华校校长联席会议(见《南洋商报》1951年8月10日)。8月13日,槟城召开华校董教代表大会(见《南洋商报》1951年8月13日)。9月14日槟城又召开学校华团代表大会,与会者有71个单位(见《星洲日报》1951年9月15日)。8月22日,亚罗士打召开吉打北区华人社团及学校代表大会(见《南洋商报》1951年8月23日)。在报告书公布的2个月内,华社至少组织了六个州际性的州代表大会,申诉华社的忧虑,并强烈表示抗议。

许多组织得以重建,新的社会环境、政治和经济环境也催生了许多新的组织。1946年马来民族成功组织"巫统",并且成功迫使英国放弃马来亚联邦(Malayan Union)计划;1947年英国政府公布新宪制建议书,并于1948年2月推行。这一系列的事件无不显示独立之前的马来西亚的政治局势朝着有利于马来人的方向发展。1948年马共宣布武装斗争,同年英国政府实施紧急法令,把华族驱赶到设备简陋的新村居住。这些事件使得华社的处境雪上加霜,处在深深的危机之中,也迫使华社不得不采取应对措施。1949年2月,马华公会正式成立,并逐步转型为政治团体,标志着华族在政治上开始由一盘散沙汇聚成一股力量,一部分华人团结在这个政党之下,为华人社会争取权益。

就教师组织来说,在中国驻当地领袖的促动下战前新马也曾出现过一些教师组织,如前面提到的各地华侨学务总会,它们在20世纪20年代非常活跃,后遭英殖民政府解散;1937年"七七"卢沟桥事变后,大批中国教育界人士南渡新马,给新马华文教育界注入活力。1938年,他们组成六六社,联系了新马教师和中国教育的关系。①

有了一定的学校和教师规模和以上的组织基础不足以说明各地教师组织产生的必然性。马来亚各地教师组织的产生还有一些内在因素。也就是说,存在于华文教育甚至于华人社会内部的因素也为教师组织的产生起了一定的作用。

前面提到董、教之间的矛盾(主要表现为作为外行的董事会来领导学校内行的现象),这个矛盾一直是华校内部纷争的主要根源。华文教师一方面没有政府的津贴,另一方面又要受董事会的欺压。这种双重压迫常常使华文教员陷入生活困境。所以在教总成立之前,马来亚各地大部分教师公会创立的宗旨主要是为了其本身的福利。

---

① 叶钟铃:《战前新加坡六六社活动史实》,载《亚洲文化》1987年第9期,第42~53页。

下面以华教领袖林连玉①组织吉隆坡教师公会为例来说明。林连玉在其回忆录中这样记载：

> 马来亚的华校教师，在第二次世界大战以前，有如一盘散沙，各自为政，老死不相往来。第二次世界大战以后，情形完全不同了，全马十一州都有教师会的组织。这种团结，乃是由于教师本身的自觉，并不是响应谁的号召。
>
> 1946年是第二次世界大战结束的第二年，我所以要组织华校教师公会，是基于一个信念。这个信念，就是以教师的力量创造教师的福利。原来，华校教师的待遇是非常菲薄的……若是子女众多，就会永远困穷，甚至病了没钱买药，死了没钱买棺材，真可以说是惨绝人寰。②

他还列举了三件教师被董事会压榨的事实来说明华校董事商人刻薄寡恩的面貌。他认为"当时华校董事贱视教师，刻薄寡恩，是普遍现象。要希望他改善教师的生活，是不可能的"。③ 殖民政府向来讨厌华校，正在千方百计加以限制，更不可能帮助改善华校教师的待

---

① 林连玉(1901—1985)，前马来西亚华校教总主席、伟大的教育家和社会活动家。原籍中国福建永春，厦门，集美师范毕业，1927年到南洋。第二次世界大战后，他以教育工作者的身份投身社会实践活动。1945年主持战后马来亚尊孔中学的复校工作；1949年推动吉隆坡华校教师会成立；1951年推动教总成立；1954年正式出任教总主席，领导教总8年。在任期间，他扮演着马来亚华文教育以至华人公民权益的实际代言人的角色。他主张国家独立、民族平等；非马来人要效忠马来亚，马来人要持共存共荣的思想，共同建设新国家。1961年，林连玉因反对《达立报告书》(强迫华文中学改制)而被剥夺公民权，教师注册证也被吊销。1985年，林连玉在吉隆坡因病去世。董教总等华人社团设立"林连玉基金"以纪念他对民族、国家的贡献。

② 林连玉：《风雨十八年(下集)》，吉隆坡：林连玉基金委员会，1990年，第174～179页。

③ 林连玉：《风雨十八年(下集)》，吉隆坡：林连玉基金委员会，1990年，第175～176页。

表 4-4　马来西亚华校教师会总会成立之前的华校教师组织名表

各教师会名称	创办时间
巴登马冷华校教师公会	1937
麻坡华校教师公会	1939
槟城华校教师公会	1940
马六甲华校教师公会	1940
曼绒华校教师公会	1945
北霹雳华校教师公会	1946
森美兰华校教师公会	1946
怡保华校教师公会	1946
华怡乡区华校教师公会	1946
吉北华校教师公会*	1946
霹雳州华校教师会联合会	1947
下霹雳华校教师公会	1947
昔加末华校教师公会	1948
吉隆坡华校教师公会	1949
金保华校教师公会	1949
吉中华校教师公会	1950
吉南华校教师公会	1950
劳勿华校教师公会	1950
玻璃市华校教师公会	1951

　　* 据《教总33年》(属会简介)的资料,该会成立于1949年。但据郑良树考证,该会应成立于1946年,郑氏引用《南洋商报》1947年3月1日载亚罗士打新闻曰:"北吉打华侨教师公会,自去秋成立以来……"可见该会成立于1946年。故本书采用郑氏说。见郑良树著:马来西亚华文教育发展史(第二分册),马来西亚吉隆坡:马来西亚华校教师会总会,1998年,第95页。

　　资料来源:根据《教总33年》(马来西亚华校教师会总会,1987年)提供的资料整理而成。

遇。林连玉想起了自救的办法,他联络教师同仁和记者,虽然经历了两次波折,终于于1949年成立吉隆坡教师公会。他因为会务很有起色、会员福利得到根本改善而获得会员普遍信任,从1951年到1960年,他连续担任主席达十年之久。他那"以教师团结的力量,谋教师自身福利的理想"最终得以实现。

实际上,华教工作者组织起来以维护自身利益在战前已有先例。表4-4显示:在战前的马来半岛已经成立了4个教师公会,它们是霹雳巴登马冷华校教师公会(1937年)、麻坡华校教师公会(1939年)、槟城华校教师公会(1940年)和马六甲华校教师公会(1940年)。战后初期,英殖民统治处在恢复和调整时期,社会经济复苏缓慢,物价上涨,教员待遇菲薄,生活艰难;为了争取福利和合理待遇,各地教师们纷纷组织公会。二战期间没有教师组织的建立,这是因为当时整个东南亚地区饱受日本军国主义的欺凌,华校被关闭,教员被驱散或迫害,不可能有华教组织的建立。从战后初期到教总的成立(1945—1951),马来亚各地已经有15个教师组织的建立,加上战前的4个,共有19个教师组织存在了,其中,1947年霹雳还成立了全州华校教师会联合会,以便协调州内的几所教师公会。这些都为教总的创立准备了良好的组织基础。

这些散居各地的教师组织除了维护自身的利益外,还就华教和华社的权益,向有关当局申诉和争取,但因为意见零散,轻重并列,且各区意见存在分歧,所以他们的努力往往收效不大,甚至无任何回应。鉴于此,马六甲华校教师公会在沈慕羽的领导下,1950年12月5日通函所有教师公会,呼吁组织全国性的教师总会,他在"马六甲华校教师公会建议召开全马代表大会组织总会函"中这样写道:

> 敬启者:窃思我教育界同仁旅居马来亚者为数甚伙,为促进侨教之发展及谋同仁等之福利起见,各地均有华校教师公会之组织。惟是幅员辽阔,公会林立,或因地处边陲,或因环境特异,各行其是,殊少联络;对内行政既未能划一,对外争取尤难奏效。即以最近当局对华校校历之措施,及同仁要求增加华校津贴金、

提高教师生活费之呼吁,各地对谷克斯教育顾问之意见书,①所议仁智不一,而个别进行,事功微、所费大,可资明证。苟欲求增强侨教之效率,提高教师之地位,非有从速召开各地代表大会,组织马华教师总会不可。②

然而总会的筹组并没有成功。一直到1951年6月《巴恩氏报告书》公布后,华文教育处于生死存亡的关键时刻,华教工作者感到受到很大威胁、人人自危时,一个呼之欲出的教师总会才告成立。

(2)教总的成立

如果说各地的教师组织可以在内部团结起来以保障教师自身福利、那么在华文教育处于生死存亡的关键时刻,为了有效地争取华校的权益,就必须组合成全国性的组织。因为《巴恩氏报告书》是要消灭全国的华文教育,受到威胁的是全国的华文教师;华校的存亡关涉到教师的职业以及"中华文化"的存亡问题。

华文教育和华校教师厄运当头,森美兰华校教师公会致函请吉隆坡华校教师公会负责召开全马华校教师公会代表大会,研究《巴恩氏报告书》及《芬吴报告书》并寻求对策。1951年8月24日及25日,由吉隆坡华校教师公会主办的全马华校教师公会代表大会在吉隆坡福建会馆大礼堂召开了。来自柔佛、槟城、森美兰、彭亨、霹雳、吉打、丁加奴、马六甲和吉隆坡的教师公会代表共32人出席了此次大会。③ 经过两天的讨论,大会达成多项决议案;其中重要的有两项,第一项是提案:坚决反对《巴恩氏报告书》中废除方言学校的建议案。大会一致决定通过决议案,并决定向钦差大臣提呈备忘录、致函

---

① 1949年9月,英殖民政府成立中央教育咨询委员会,政府除了通过这个委员会委托M. R. Holgate草拟教育报告书之外,在殖民部中央秘书处之下,又从英国邀请教育专家Sir Christopher Cox担任教育顾问到新马考察教育,并作出建议。新加坡、柔佛、吉隆坡等地的教育组织曾向Cox呈递意见书。

② 马来西亚华校教师会总会编:《教总33年》,1987年,第291页。

③ 马来西亚华校教师会总会编:《教总33年》,1987年,第7页。

马华公会向政府提出反对、致函立法会华人立法议员在立法会议中力争、将提呈政府的备忘录副本送交相关部门和人员参考。① 第二项是筹组全马华校教师会总会,并推选筹备委员,分别进行起草章程等各项筹备工作。就这样,一个全国性的华校教师会总会,在《巴恩氏报告书》的强烈冲激下,开始整合为一股强大的力量,成为捍卫华教的中坚,这是当局所始料未及的。

教总成立时虽然只有12个单位,但它所确定的三大宗旨却反映了数千名华文教师和20余万名学生以及整个华人社会的心声,这三大宗旨是:发扬中华文化,维护华人教育;愿与政府合力共谋华文教育的改进;保障华校教师在联合邦的平等地位,改善华校教师待遇。教总成立之后的整个50年代,在马来半岛的许多地方又相继成立了8个教师组织(见表4-5),加上1945年至教总成立之前成立的15个华教组织,共有23个华教组织成立于这12年间(1945—1957),占马来半岛华校组织总数(目前西马共计有35个附属组织)的60%以上。这个全国性的华教组织的地位不断得到巩固和加强。

《教总33年》出版于1987年,其中只讲到西马的教师公会,"目前教总总共有32个属会,其中3个是州级教师联合会。这些属会全部都在西马(遍及各州),东马之砂沙迄今尚无华校教师公会之设"。② 2001年教总出版的《董教总简介》称:"教总的会员为全国各地(除了沙巴州)的教师会及州教师联合会,目前共有40个属会。各属会的成员主要来自华文小学和华文独中的教师。"③ 这40个属会中应该包括表4-6中的前五个教师组织。其中,诗巫华人教师会和泗里街华人教师会均成立于日军攻占东南亚前的1940年;马拉端县华小教师会成立于二战结束的1945年。从创办的时间来看,沙捞越

---

① 《南洋商报》,1951年8月25日。
② 马来西亚华校教师会总会编:《教总33年》,1987年,第685页。
③ 马来西亚华校董事联合会总会编:《董教总简介》,2001年10月,第5页。

表 4-5　马来西亚华校教师总会成立后各地成立的教师组织名表

教师组织名称	创办时间
柔南华校教师公会	1952
居銮华校教师公会彭	1952
东彭华校教师公会	1953
巴生滨海华校教师公会	1953
谈马鲁华校教师公会	1955
丁加奴华校教师公会	1955
柔中区华校教师会	1956
立卑华校教师公会	1957
笨珍华校教师公会	1961
吉兰丹华校教师公会	1968
柔佛州华校教师会联合会	1969
文冬华校教师公会	1974
★彭亨州华校教师会联合会	1979
金马仑华校教师公会	1980
而连突华校教师公会	1984
江沙县华校教师公会	1995

资料来源：根据《教总 33 年》(马来西亚华校教师会总会,1987 年)和教总网站 http://www.djz.edu.my/ucstam/所提供的资料综合整理而成。打★的为州级教师联合会。

州的教师组织基本与西马的教师组织同步发展,只是两者之间以前缺少联系,两者之间的联络似乎是最近十多年的事情。2002 年,沙捞越华小教师会联合会成立,从而教总的属会增至 41 个;至此教总成为真正全国性的华教组织。

表 4-6 教总属会之东马教师组织名表

州名	教师组织名称	创办时间
沙捞越州	诗巫华人教师会	1940
	泗里街华人教师会	1940
	马拉端县华小教师会	1945
	晋汉省华小教师会	1997
	美里省华校教师公会	2001
	沙捞越华小教师会联合会	2002
沙巴	暂缺	

资料来源：根据教总网站 http://www.djz.edu.my/ucstam/ 所提供的信息资料整理而成。

教总的成立得到全马文教界的热烈赞许和支持，《南洋商报》称教总的成立在马来西亚华人教育史上"具有划时代性的意义"，是"对拜恩巫文教育报告书，包含消灭华文、摧残华校，作强烈抗议"。对于组织马华教师总会，《南洋商报》称其"为马来亚华文教育界历史上空前的壮举"。并说马华教师总会的成立"对于马华教育，将有重大的贡献。马华教师总会将拥有二万教育界会员……形成马来亚华文教育界大本营，且为有系统之知识组织"。[①] 其他各报社论，也都发表类似的评论，盛赞教师总会的成立。

教总的成立标志着马来西亚华族教育工作者的大团结，也标志着不同于华人社会传统组织（地缘、业缘、血缘组织以及政治组织）的现代性、本地化倾向的民间社会组织的诞生。

（3）教总的性质及其组织结构

华校教师公会是民间团体，是公共利益组织，教总及其属会的成立均需社团注册官的批准，并在社团法令之下注册。一般一个教师组织成立的步骤是：为着某个目的（大多为联络同道之感情，互相照应，谋取共同之福利，进而提高教育水准等），一些人发起组织；推举

---

① 《马华教师代表大会》，载《南洋商报》1951 年 8 月 27 日社论。

筹备委员会主席和成员进行筹备工作;通过章程;正式向社团注册官提呈申请成立教师组织;获得注册官批准后即宣告该组织成立;开展相应的活动。马来西亚各地教师公会活跃程度各异,除了联谊外,一般都举办学生学术性活动,部分也积极推动教师培训工作,以提升教师的专业水平。

到21世纪初,教总已经成为组织结构比较完整的民间教育组织。[①] 经过半个多世纪的风风雨雨,教总也逐步确定了自己的基本信念和处事方针。教总的基本信念是:人皆生而平等,而作为马来西亚三大民族之一的华裔公民是建国功臣之一,其权利和义务必须与本国其他民族同等;唯有平等共存才能团结共荣。争取将华文教育列入国家教育主流,各民族的母语教育一律平等是教总的基本奋斗目标。教总的三个处事方针是:合理的要求——要求本身应享有的权利,绝不侵犯别人;合法的步骤——遵循法律,反对破坏;坚决的态度——不达目标,绝不罢休。

3. 董总的创立

(1)董总建立的基础——各地华校董事联合会/董教联合会的成立

早期的华校主要由赞助人出资兴办,这些赞助人组成董事会管理学校。出资者都是有一定社会地位者,包括从政的政客或成功的商人等。这是华侨社会在当时特定的环境下自然形成的一种学校创办和管理模式。各地华校董事会在各个岗位上为维护和发展华文教育而进行着自力更生、艰苦卓绝的工作。在遇到关系华教前途的重大问题时,各校董事会开始联合起来组成一些地方性和州一级的联合组织,选出代表与殖民政府进行交涉谈判。但由于组织松散,认识不统一,争取的效果往往不佳。

从表4-7可以看出,各地董事联合会大多成立于20世纪50年代初期,说明在当时外在压力冲击下,董事会不得不联合起来以便协

---

① 其组织系统参见教总网站:http://www.djz.edu.my/ucstam/

调各地的华校董事会组织,这样可以统一行动,增强力量,并作出有效反应。

表 4-7 董总成立之前各地董事会联合会组织名表

董事会组织名称	成立年代
柔佛州华校董事会联合会	1949
吉打暨玻璃市华校董事联合会	1952
霹雳董事会联合会	1952
森美兰华校董事会联合会	1952
槟威华校董事联合会	1952
雪隆华校董事会联合会	1953
马六甲华人教育协会	1953
吉兰丹华校董事联合会	1954
沙捞越古晋中华第一、三、四中校董会	1946

资料来源:整理自《董总 30 年》(上册),马来西亚华校董事联合会总会,1987 年,第 4~199 页。

(2)董总的成立

1953 年 4 月 19 日和 20 日,联合邦华校董、教代表及马华公会代表假雪兰莪中华大会堂举行两天的第二次联席会议,会议议决筹组马来亚联合邦华校董事联合会总会。1954 年 8 月 22 日,马来西亚华校董事联合会总会(简称董总)的成立大会在雪兰莪中华大会堂成功召开。1955 年 10 月,注册官发出董总(原名为马来亚联合邦华校董事联合会总会,1979 年 4 月注册官批准董总将其名称改为马来西亚华校董事联合会总会)的注册证。[①] 目前的会员包括柔佛、马六甲、森美兰、雪兰莪暨吉隆坡、霹雳、槟城、吉打、玻璃市、丁加奴、吉兰

---

① 马来西亚华校董事联合会总会编:《董总 30 年》(下册),1987 年,第 570 页。

丹、彭亨、沙捞越及沙巴。

由于殖民政府以及后来的马来西亚政府不顾华人社会的反对，不正视马来西亚多元民族的社会现实，通过各种手段推行"一种语文、一个源流教育制度与一种文化"的政策，华教不断受到压制，而且面临着随时被消灭的危机，因此，捍卫和发展华文教育就成为董事会、董联会和董总的时代使命。

从董总的组织结构和功能来看，董总的组成单位是各州董联会或董教联合会，州董联会以华文独中董事会及华文小学董事会为主要的成员，有些州也包括了国中（前身为华文中学者）的董事会；董教联合会除董事会外还包括华校教师公会会员。各州华校董联会及全国华校董总是注册社团，而各校董事会则是教育法令下的一个组织。董事会的成员一般包括校长，产业受托人，校友会，家长及地方上关心民族教育的各阶层、各行业人士（从赞助人中选出）。全国各地华人社区，通过组织学校董事会创办及管理学校。各社区的华校董事会是董总的基层组织，也是当地华教的保姆。长期以来，所有华校的创立，校产的购置，校舍的兴建，经费的筹划等等，均是在华人社会各阶层、各行业人民的大力支持下通过董事部来完成的。华校董事会通过办学为民族、国家栽培人才，为政府分担教育责任。为抗拒单元化国家教育政策，董总更是不遗余力捍卫和发展民族母语教育。① 各校董事会是董总的基层组织，只有基层组织壮大，董总才能更有力量。因此，扩大组织，不断注入新鲜血液；加强与校友会、社会各阶层、各行业的联系；提高领导素质等都成为董事会的首要任务。董联会通过各种定期活动联系州内各校董、教、家长和校友会；对一切不利华教生存和发展的言论和做法都要及时配合董总给予坚决的反对。董总在其章程中有关宗旨部分列举了七项具体任务：②

---

① 董教总网站 http://www.djz.edu.my
② 马来西亚华校董事联合会总会编：《董总 30 年》（上册），1987 年，第 6 页。

1. 联络全马华校董事以促进全马各华校之发展;
2. 共同研讨及举办马来西亚/州华校兴革事宜,包括课程、考试、师资、教育基金及其他有关事项;
3. 推进及巩固全马华校董事间之联系;
4. 团结马来西亚华人社会之力量,共谋改善及促进华文教育事宜。
5. 代表全马华校董事会与政府商讨有关华校一切事宜;
6. 筹谋全马华校董教间之合作;
7. 促进各民族之亲善与团结。

从董总的组织结构来看,董总具有广大的社会基础,它深深的扎根于华人社会,有近200年的发展历史,是维护和发展民族教育一个重要的华人社团。

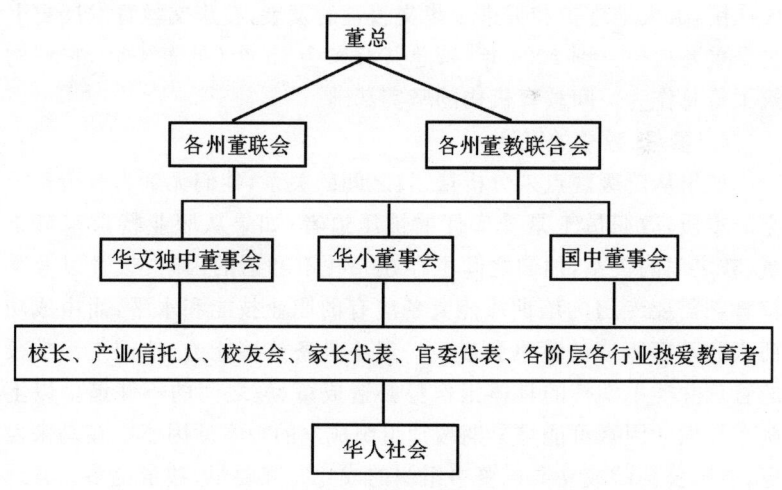

图 4-2　董总组织结构图

在战前,华校董事会有很大的权力,但随着政治局势的演变,华校董事会的地位和权力不断遭到侵蚀和剥夺。1956年拉萨报告书及1957年教育法令对董事会的职权有明文规定,其中包括对学校有行政权,并有选择和辞退校长的权力。1961年教育法令第27条,进一步肯定学校董事会制度的正面作用。1968年阿兹士报告书建议取消董事部而以发展部代之。在董总及华人社团的一致反对和据理力争下,阿兹士报告书不得不再行修正。1972年教育法令对校长的委任作出了修正,并规定了教育部长的最后决定权。1977年9月间政府继续建议解散董事部;不许第二学校(分校)设立完整的董事部,更进一步剥夺董事长签署支票的权力。这种情况直到1999年才有所改善。①

迄今,董总已经走过半个世纪的历程,它与教总密切配合,一直是马来西亚维护与发展华文教育的全国领导机构。无论在华文教育发展初期还是在后来面对外在压力的情况下,它都发挥了应有的积极作用,极大地维护和促进了华文教育的发展,在华文教育发展史上占据重要地位。到2004年,董总共有属会14个(见表4-8),它们构筑了董总作为民间教育机构的坚实基础。

4. 董总、教总的联合

如果从阶级观点来分析董、教之间的关系,他们无疑具有劳资对立的本质,教职员工是受雇佣的被压迫者;如果从职业特点来分析董、教之间的关系,他们之间也存在一些不和谐的因素:教育以及学校管理需要专门的培训才能具备应有的职业技能和水平,而由成功商人和政客组成的董事会成员一般不具备这些能力,他们主宰学校的管理并插手学校的具体工作势必造成董、教之间的不和谐。以上两个方面的因素可能是早期教师组织成立的根本原因了。在马来西亚,教师公会的成立要比董事组织的成立时间要早,数量也多。各地华校董事会与教师公会组织成立年代的比较,参见表4-9。

---

① 冯镇安:《教育部发正式公函,准校董签支票》,载《南洋商报》1999年7月1日。

表 4-8 马来西亚华校董事联合会总会属会名表

董事会组织名称	成立年代
柔佛州华校董教联合会	1949
马六甲州华校董事会联合会	1953
森美兰华校董事会联合会	1952
雪隆华校董事会联合会	1953
霹雳董事会联合会	1952
槟威华校董事联合会	1952
吉打华校董事会	不详
吉兰丹华校董事教师联合会	1954
玻璃市华校董事会联合会	不详
丁加奴华校董事会联合会	2001
彭亨华校董事会联合会	1986
沙捞越华文独立中学董事会联合总会	1987
沙捞越津贴华文小学董事联合会总会	1989
沙巴华文独立中学董事会联合总会	1979

资料来源：根据《董总 50 年》（马来西亚华校董事联合会总会，2004 年）所提供的资料整理而成。

表 4-9 马来西亚华校董事会及教师公会成立年代比较表

年　　代	教师公会	董事组织
1930—1939	2	0
1940—1949	16	2
1950—1959	12	6
1960—1969	3	0
1970—1979	2	2

资料来源：整理自董教总网站 http://www.djz.edu.my、《教总 33 年》和《董总三十年》。

从表4-9可以看出,教师公会多成立于20世纪40—50年代(共计28个),而董事组织到50年代后才陆续出现,且数量少(从1940—1979年共计才10个)。这表明华校教师作为被压迫者的意识在早期就表露出来了,其实际行动就是以组织的力量来维护教师的共同福利。至于董事会则非争取共同福利的组织,当时的华校董事大多是在商业界执一牛耳,与英国殖民政府有良好关系的企业家,华校董事会有时候成为某个董事长展现势力的地方。以上种种因素可以说明为什么当《巴恩氏报告书》发表后,华校教师公会比董事会的组织行动来得迅速,且反应强烈。但华校董事会在马来西亚的发展有一百多年的历史,它植根于华人社会,一直是促进华文教育和华校发展的一支重要力量;在当时的环境下,没有华校董事会的力量,华文教育和华校恐怕很难发展起来。教总在成立之初似乎没有忽视这一点,在1951年8月24日全马华校教师会代表大会正式会议议程的第六项就有这样的记载:"关于组织全马教师总会,职工会或董教联合会案。议决:先行组织小组进行研究,于第二次正式会议时提交讨论。其人选为林连玉……"在第二天的第二次正式会议里得出了这样的结论:

(乙)研究的问题:(1)……(2)所包括的份子问题;研究的结果:为谋求教师的福利及进行教育的研究,只有教师本身团结起来,关系才会密切,才会更有效地去做,故眼前以组织教师公会为宜。至于组织华校董教联合总会问题,待各地华校教师会组织健全时,另行推动组织之。①

可见,教总已经考虑到与董事会联合的问题,但必须是等到教师会组织相当健全时才行。就当时教师会所处的困局来讲,这样的决定是合情合理的。一方面因为华校董事会的力量和地位,在政府教育政策的强大压力致使华校的存在、教师职业的依靠以及中华文化的生存受到严重威胁的时候,教师会不可能排除与董事会团结合作

---

① 马来西亚华校教师会总会编:《教总33年》,1987年,第297~299页。

的可能。另一方面,教师会又必须在内部先团结起来以便在华校教师不受政府法律保障的情况下能确保自己独立自主的地位,最终保障教师的福利免遭董事会的无理剥削。

从董事会这方面讲,它的职能就是维护与发展华文教育。它根植于华人社会,应华人社会的需要而产生,并逐步演变为相对独立的华校管理组织。虽然董、教之间存在一些不和谐因素,但这毕竟是华教内部事情。华文教育的发展是董、教所共同追求的事业,也是他们赖以存在的共同基础。外在压力使华文教育处在存亡的关键时刻,这样的处境促使董、教超越对抗的劳资关系而形成一个整体。从华教史来看,华人整体意识的形塑是即将独立之前的马来西亚各族在政治、经济、教育上争夺优势地位过程中互动的结果。

在董总成立之前的1952年11月,由雪兰莪州华校董事联合会发起召开有教总、各州董教代表与马华公会代表参加的"联合邦华校董教代表及马华公会代表联席会议",商讨两大课题:华文小学参加新薪金制问题;反对1952年教育法令问题。[①] 教总、华校董事代表和马华公会联合组成"马华中央教育咨询委员会",这次大会是在外在压力下马来西亚华人社会有组织的教育力量的第一次大汇聚,正如当时大会临时主席雪州董联会主席洪启读在开幕词中所说的那样:

> 这个会议,在马来亚历史上,应该算是空前的,我们的华人教育,现在是面临了一种空前的危机,所以我们也非应用空前的大团结来应付不足为功,回溯华校历史,我们可以明白过去各校都是各自为政,互不相关,其后华校继续增加和发展,为了互相研究及解决共同的问题,一地一地的华校就渐有联络和团结,循至现在,环境已使我们感觉到非全马性的联络和团结不

---

① 马来西亚华校教师会总会编:《教总33年》,1987年,第6页。

可……①

正是这种力量的汇聚才促成董、教的结合,1954年董总成立之后,董总、教总更是加强分工合作,紧密配合,并肩奋斗,成为马来西亚华教运动的领导机构,一般人合称为"董教总"。50年来,董教总共同致力于捍卫和发展马来西亚的华文教育事业,先后成立了董教总华文独中发展工作委员会、董教总发展华小工作委员会、董教总教育中心非营利有限公司,为完善马来西亚华文教育的完整母语教育体系而奋斗。

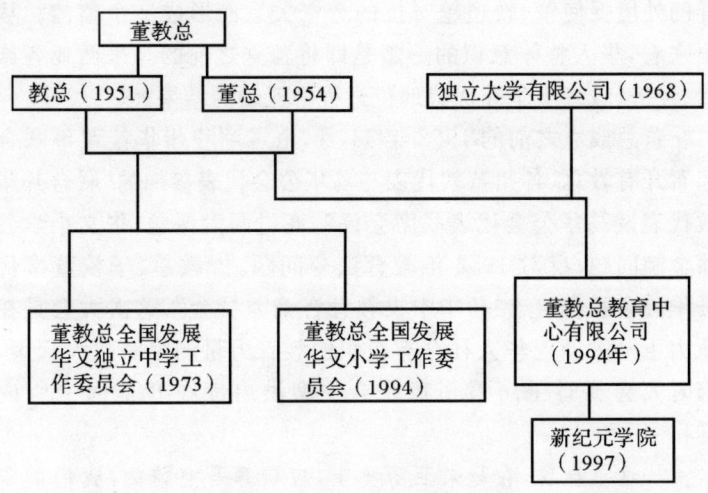

图 4-3　董教总组织系统图

资料来源:《董教总简介》,马来西亚华校董事联合会总会,2001年,第2页。

5. 董教总与华人政党马华公会的关系

在马来西亚独立前后,各族群处在语言、文化、公民权等身份地

---

① 马来西亚华校董事联合会总会编:《董总30年》(下册),1987年,第573页。

位和优势地位的竞争中,华教组织不可避免地被卷入其中。华文教育是其中最为敏感和左右政治决策的重要议题之一,它涉及语言地位问题,语言地位也反映了使用该语言族群在这个新生国家的地位问题。无论是执政党或反对党在关键时刻都会对华文教育采取某种"适当"的姿态,这在独立前后的马来西亚表现得最突出。20世纪50年代,华文教育以及相应的华文官方语言地位问题是整个华人社会最为关注的问题,作为代表华人利益的政党组织马华公会不可避免的与华文教育组织有着密切的合作关系。

有许多因素促成了华教组织与马华公会的结盟。从华教组织这方面来讲,他们可以藉马华公会的支持来弥补其政治分量和与政府谈判的技巧;马华公会是联合政府的一员,它可以作为华教组织和政府的桥梁,华教组织寄希望于马华公会在政府中为华文教育乃至争取华文官方语言地位等方面做出努力。从华教组织和马华公会的联系来看,当时华校大部分董事代表都是由会馆或商会组织所组成,这些组织的领导人大多是马华公会或其地方分会的负责人。从马华公会这方面来讲,当时马华公会会长陈祯禄对华文教育的处境非常同情,他本人持自由派的立场,一方面要保有华人的文化认同,另一方面华人必需在政治上效忠马来亚。马华公会的成立是由一批受英文教育的华人推动的,其基层组织非常薄弱,大部分基层组织成员是受华文教育的各地会馆或商会团体会员,他们是华文教育的坚定支持者。争取华文教育一方面可以获得华文教育组织的支持,另一方面又可以扩大马华公会的群众基础。如果华人地方势力能聚集在它的麾下,它的力量就可以增大,它与巫统谈判的筹码也会加大。华人的经济力量和社会力量均可以构成刚成立的马华公会的政治资本。华人政治组织和社会组织的相互依存和借重表明华族在成为马来西亚国族一部分的过程中在本土范围内的一次整合。[1]

---

[1] Tan Liok Ee. Tan Cheng Lock and the Chinese Education Issu in Malaya. *Journal of Southeast Asian Studies*. Vol. XIX, No. 1. March 1988.

董教总与马华公会的合作在1952年就已经开始,目的是为了有力地反对1952年教育法令,可以说1952年教育法令就是董、教的合作,乃至后来董总、教总和马华公会合作的催生剂。1953年4月,联合邦华校董教代表及马华公会代表第二次联席会议召开,除了继续反对1952年教育法令外,这次大会还由联合邦各州华校董事联合会、华校教师联合会总会、马华公会联合组成了华文教育统一机构——马华公会华文教育中央委员会(MCACECC),通称"三大机构"。委员会确立其章程,规定运作方式,共同向政府争取华文教育公平合理的权益和地位。1954年,在董总成立大会上即议决董总加入马华公会华文教育中央委员会,正式成为三大机构之一,共谋华文教育之发展。

董教总及其属下组织都是经过社团注册官注册的社团组织,是属于非政府组织。教总1980年12月16日修订的《马来西亚华校教师会总会现行章程》第32条也规定"本会不作政治活动"。但从华教组织的发展史看,华文教育组织从其产生之日起就带有政治性,这种政治性表现为华教组织所抗拒的教育政策是和马来人所追求的单元文化紧密相关。董教总被整合在马华公会这个政党组织的旗帜下也使其政治性凸显。

虽然董教总和马华公会的合作有其广泛的政治和社会基础,并在合作的初期取得过一定的成效,但毕竟马华公会是执政的政党组织之一,而华文教育组织属于民间教育组织,两者之间存在一定的分歧。在政治上,马华公会是联盟的一员,其总的倾向是维护联盟政府的统治秩序,而华文教育组织则要求华文教育和华人文化应该得到公平的待遇,这和当时在政治上居于优势地位的马来人的"一种语言、一个文化源流"立国理念相矛盾;在教育政策问题上,教总曾不断强烈要求"列华文为官方语文之一",马华公会在这方面则自然表现出妥协性。1961年马华公会更换领导人,三大机构的同盟关系遭到破坏,实际处于名存实亡的境地。1966年,在董教总及民间团体争取华文为官方语文运动的高潮期间,马华领导人却先后表态不支持华文为官方语文,与董教总及华团进一步分裂。1969年,董教总推动创办独立大学计划,马华公会不予支持。1972年教育修正案通过,三大机构曾经重新合作,争取董事会职权。但这样的合作只是昙花一现。1975年,董教总与马华公会分道扬镳,三大机构正式分家。80年代以后,董教总逐步确立了"超越政党但不超越政治"的策略,并倾向于支持华基反对党。①

三、董教总领导华教运动的主要活动

一部马来西亚华文教育史就是一部马来西亚华教奋斗史,其中事件众多,涉及的华团众多,不可能在这里全部列出,现将董教总的主要活动简述列如表4-10。

表4-10 董教总主要活动概述表

年代	主要议题	主 要 活 动
50年代	1952年教育法令使华文教育处在生死存亡的重要关头。	教总、董总成立。 全马华校董教代表及马华公会代表合组"马华公会华文教育中央委员会",通称"三大机构",董教开始与政党组织马华公会合作,共同争取华文教育的发展。"三大机构"反对《1954年教育政策白皮书》并获得成功。 董总、教总、马华公会和巫统四大机构代表举行"马六甲会谈",董教总和联盟双方就教育政策暂时达成协议。 教总等几个华团领导召集全马华人注册社团代表大会,并发表争取公民权宣言。 董教总致力解决超龄生问题。 1959年,《教师杂志》创刊。

---

① 如在1990年8月12日,董教总就发布声明,重申它超越政党但不超越政治的立场:董教总作为非政府组织,不能也不会派代表参政;但同时又认为,在一个民主国家,促成民主国家的"两线制/两党制"的出现是应该受鼓励的,因此,董教总鼓励更多华人社团人士参加政党政治。见《中国报》(1994年8月14日)和《星洲日报》(1990年8月13日)。

续表

年代	主要议题	主要活动
60年代	《1961年教育法令》制定；华文小学受到威胁，华文中学遭受打击。	华教组织应对政府以"特别津贴金"为诱饵，对华文中学采取"各个击破，全面消灭"的策略，而采取相应的措施。 反对政府限制出国留学。 董教总为完善华文教育体系，酝酿筹划创办民间大学，并成立独立大学有限公司。
70年代	《1961年教育法令》、"固打制度"、大学与大专院校法令、1972年教育修正法令	董教总及华社呼吁教育部保留华校董事会的原有权力；霹雳董联会发起华文独中复兴运动；成立董教总全国发展华文独中工作委员会并发动筹募全国独中发展基金及提出《独中建议书》作为独中今后发展的方向指导；董教总成立华小工委会；举办统考统一课程；独大有限公司向最高元首提出上诉，要求恩准创办独大。
80年代	独立大学上诉案、三M制度、"综合学校"计划、华小高职事件	独大有限公司就申请开办大学被政府拒绝上诉高等法院；董教总、华团及反对党强烈抗议3M制；董教总建议增建华文小学以应需求；教总设立教育研究中心；董教总及雪隆华小三机构抗议吉隆坡直辖区教育局发出的华小集会必须使用国语的训令；吉兰丹中华独中成功复办；抗议"综合学校"计划；董教总及其他华团、马华公会、反对党抗议政府对华小高职事件的解决方式；马哈蒂尔政府实施"茅草行动"，多名华教人士被捕。
90年代	"两线制"*/两党制"、成立董教总教育中心、1996年教育法令、反对华小合并等。	董教总决定不派代表参政，但鼓励华团人士参政，明显倾向反对党民主行动党，声称要制造一个"两党制"的政治局面；董教总受邀加入国家教育协商理事会；政府批准设南方学院；董教总教育中心注册为非营利公司；召开"华教工作研讨会"等一系列类似会议；新纪元学院获批准成立并招生；董教总发表母语教育宣言。

* 所谓两线制,即巫统内的反对派与在野反对阵线联合,形成在野与反对两个阵线,对巫统威胁很大。

资料来源:柯嘉逊著《马来西亚华教奋斗史》,马来西亚华校教师会总会1987年出版的《教总33年》及马来西亚华校董事联合会总会出版的《董总30年》(1987年版)、《董总50年》(2004年版)。

很多学者对马来西亚的华文教育进行了研究,[①]但专门研究华文教育组织的成果不多,也很少有人从非政府组织研究的角度专门对华文教育组织进行研究。

董教总及其属下组织都是在国家和地方级别上组织起来的非营利性的、非政府的、合法的、独立的、维护华文教育的自愿公民组织。作为非政府组织,它们还具有公益性、非政党性和专业性的特征。和马来西亚新近成立的非政府组织相比,董教总的成立和发展则代表了华人社团组织向政治性非政府组织自然演变的一个典型案例。它一方面代表了华人社会要求维护华文教育的意愿,并领导华人社会反对政府出台的不利华文教育发展的政策和法令;另一方面,它作为非营利性的志愿性组织要代替政府为华人社会提供华文教育这份公共物品。因为国家的教育政策涉及国家的意识形态、族群关系政策以及政党政治,所以董教总的诉求及其从事的活动和马来西亚政治、特别是族群政党政治有关联。这进一步证明了非政府组织虽然是非政府的组织,但并不意味着非政治性。

在英国殖民统治时期,为了应对殖民政府对华文教育的弹压,华文教育组织就已经建立,它们和殖民政府的这种对立关系一直延续到战后。华文教育组织最初成立是为了承担教育组织、管理和推广的工作,因为华人移民社会对教育一直很重视。到1951年教总的成立则标志着华文教育组织成为全国范围内的非官方教育组织。当时,华人社会对殖民政府所执行的涉及华文教育前途的政策忧心忡忡,他们觉得有必要团结起来维护华人社会在教育和文化方面的公民权利。1954年董总成立,董总和教总联合,统称"董教总"。自此,董教总和其他同样关切华文教育的华人社团密切合作,其中一个组

[①] 这方面的著作很多:如周聿娥所著的《马来西亚的华文教育》(广州暨南大学出版社,1995年)、郑良树所著的《马来西亚华文教育发展史》第1—3分册(马来西亚华校教师会总会,吉隆坡,2001年)以及古鸿廷的《教育与认同:马来西亚华文中学教育之研究(1945—2000)》(厦门大学出版社,2003年)等。

织就是雪兰莪中华大会堂（the Selangor Chinese Assembly Hall）的人权委员会（the Civil Rights Committee）。在既定的马来人特权地位得到强化和政府的语言和文化政策都以马来语言和马来文化为基础的情况下，国家的教育政策规定以马来语为唯一的教学媒介语，而董教总认为马来西亚是一个多元民族的国家，其语言和文化政策也应该是多元的。在马来文化和马来语为主体民族的文化和语言的大背景下，董教总特行独立地推行华文教育，必然受到主体民族当政的政府的打压。政府认为董教总对政府的政策构成了威胁，因此董教总一直受到政府的严密监视。政府和董教总的关系几经波折，有合作，有妥协，有危机。当华人社会申办独大（a Chinese-medium Merdeka University）而被政府拒绝时，董教总一度将政府告上法庭。在这次事件中，法庭驳回了董教总的上诉，认为政府的决定是合乎宪法规定的。1987年代号为"茅草行动"的大逮捕中，许多重要的董教总领导人被拘留。在这次对持不同政见者大逮捕之前，董教总，特别是人权委员会（CRC）已经开始和其他非政府组织就人权和发展议题进行更加深入的合作。和董教总在80年代所开展的活动相比，90年代的董教总似乎保持着低姿态，当然它仍然和华人政治家和华基政党保持者密切的联系。

董教总作为华教非政府组织的总机构是在已有华教组织（董总、教总组织）网络的基础上面对外部政治压力的情况下产生的，董教总的产生使得华教运动的开展有了组织的保障，显得更有力量。在董总、教总这两大民间教育组织的合作努力下，马来西亚华文教育成效卓著，迄今在世界上，除中国大陆和台湾地区外，只有马来西亚拥有最完整的华文教育体系。只要马来西亚的文化和语文政策保持不变，中华文化在华人社会中有其存在的价值，董教总这种民间教育组织就仍然有其存在的价值。

第三节 马来西亚的伊斯兰非政府组织

马来西亚是一个拥有多元民族和多元宗教的国家。其宗教主要有伊斯兰教、佛教、印度教、基督教、道教等。伊斯兰教传入马来半岛已有700多年的历史,它不仅是马来人信仰的传统宗教,而且也是马来文化的核心要素;占全国人口50%以上的马来人从出生之日起就自然承传成为穆斯林。伊斯兰教的一整套教义和宗教制度深深植根于马来穆斯林社会中。最能代表马来穆斯林社会走向的是伊斯兰取向的非政府组织(Islamic-oriented NGOs,以下简称 IONGOs),它对马来西亚的政治、社会、外交、族群关系等方面产生了深刻影响。

一、早期伊斯兰组织和政府主导的 IONGOs

19世纪末,由宗教人物领导的马来人反对殖民统治运动引起了殖民统治者的注意。和其他运动相比,宗教领袖所领导的运动更能够获得草根阶层的支持,因为和其他社会精英和封建官僚相比,这些宗教领袖更贴近群众,在动员草根阶层开展政治活动方面更有影响力。不过,到国家独立之前,除了20年代的改革运动和50年代的支持泛马回教党运动外,伊斯兰组织多是一些社会福利组织,所开展的活动多和社会福利以及宗教教育有关。但随着独立和自治的意识增长,这些组织逐渐政治化,并活动在民族运动的第一线。由于伊斯兰教的政教合一性,大部分伊斯兰组织都具有政治诉求。有的伊斯兰组织就演变为政党组织,如泛马伊斯兰联盟(PMIP)就演变为伊斯兰教党。在独立后的60年代,主导马来社会的政治力量主要是巫统

(UMNO)和泛马回教党(PAS)①。巫统获得更多草根阶层马来人和受英文教育的马来人的支持,它致力于三大民族的合作,为社会经济发展创造一个良好的环境。巫统主导的世俗政府时刻警惕伊斯兰组织和运动可能带来的挑战,政府对伊斯兰组织政策的走向更是倍加关注。这种关注给IONGOs在马来西亚公民社会的活动空间划定了一个界限。

为了对抗独立的草根伊斯兰非政府组织,为了和伊斯兰反对党争夺马来选民,政府本身赞助成立了许多伊斯兰非政府组织。其中一个政府早期建立的并赢得广泛支持的伊斯兰非政府组织是由马来西亚第一任首相东姑·阿布都·拉赫曼(Tunku Abdul Rahman,以下简称东姑)于1960年创办的马来西亚伊斯兰福利组织(PERKIM),亦称帕克姆组织,该组织一直由东姑领导,直至1990年他去世。帕克姆组织是非政党组织,一般不卷入政治活动。这与其创始人东姑·拉赫曼的政治理念有关。拉赫曼曾说:"帕克姆组织不关心政治,仅关心宗教和完成它对安拉的责任;政治掌握在政治家手中,宗教掌握在人民手中。"②东姑在国内外的威望增加了帕克姆组

---

① 伊斯兰教党的前身是泛马伊斯兰公会(Persatuan Islam SeMalaya),该组织成立之初是一个纯宗教及伊斯兰福利组织,原本希望通过参与巫统的活动来加强其组织。后来,由于认为巫统在诸如公民权等问题上向非马来人做出了太多的让步,泛马伊斯兰公会决定组成政党,正式改名为泛马回教党(Parti Islam Semalaya,简称PAS,俗称回教党),于1955年选举提名日前获准正式注册。见文运企业社会研究小组编(马来西亚):《认识伊斯兰教党》,马来西亚文运企业1999年版,第4页。"5·13事件"之后,新上台的拉扎克总理倡议扩大联盟,筹组国民阵线,并表示愿意同任何性质的反对党结盟。回教党对这一倡议积极响应,并于1972年正式加入国阵。泛马回教党加盟国阵换取了一部分政治权力和利益。1977年12月,国阵最高理事会宣布把泛马回教党逐出国阵。在接下来的1978年大选中,回教党遭到惨败。

② Hussin Mutalib. *Islam and Ethnicity in Malay Politics*. Oxford University Press,1990. p.98.

织的可信度,并赢得了国际伊斯兰世界的认可。由于帕克姆组织采取温和的传教方式,因此也深得非穆斯林的信任。其宗旨是宣传伊斯兰教,从事教育和福利活动。在教育上,主张设立伊斯兰教学校和伊斯兰教育宣传机构;在福利上,为新皈依者(如华人、印度人等)提供诸如宗教、医疗和法律的帮助。该组织还用三种语言出版通讯物,宣传伊斯兰教思想。帕克姆组织是马来西亚为数极少的纯宗教性组织,从成立一直到现在,都一直与政府保持着良好的联系,政府对它一直持支持和友好态度。可以说,这类纯宗教性组织是政府眼中理想的伊斯兰非政府组织。

政府也支持一些伊斯兰非政府组织,如一些强调穆斯林妇女权利、地位和角色的非政府组织。穆斯林妇女福利会(LKPI)就是其中的一个榜样。LKPI是由当时的苏丹王后为救助那些家庭暴力受害者(穆斯林妇女)于1960年创办的。该组织一直致力于在法律框架内保护伊斯兰妇女的权利。其成员和领导人多来自马来上层社会:权贵的妻子、政府部门的代表、社会各阶层穆斯林妇女领导人、巫统妇女部的政要。LKPI一直受政府的保护和赞助。

1981年,LKPI专门为年轻妇女发起建立了女生指南运动组织(the Girl Guide movement,PPI)。PPI的目的是将年青女性造就成有知识、有进取心并能适应社会的优秀穆斯林妇女。起初,PPI将工厂和政府部门的年青女职工作为自己的目标群体,但到目前为止,PPI的活动还局限在中学。

除PPI外,还有其他一些由马来穆斯林青年组成,并同样享受政府资助和支持的青年组织,其中有GPMS(一个马来学生组织)、Belia 4B(一个主要由乡村马来青年组成的青年组织)。

在伊斯兰复兴运动勃兴的70年代,政府于1974年建立了一个信托基金:马来西亚宣教基金会(Malaysian Dakwah Foundation,YADIM),其目的是使宣教活动更具效率,同时抵制和克服有些宣教组织的异端邪说。[①]

和其他伊斯兰非政府组织相比,政府协助创办的、或独立创办但和政府保持良好关系的伊斯兰非政府组织,更容易接近政府决策机构,也更容易获得政府的资金支持和其他诸多便利。这种政府和非政府组织的良性互动关系能促进非政府组织顺利开展自己的活动,实现自己的目标;但同时也将自己限定在政府的政治框架内,更确切地说,就是要服务于主要的执政党巫统的政治理念。所以,这类伊斯兰非政府组织很少公开对政府所提出或制订的涉及伊斯兰和伊斯兰社会的政策作出评价或提出批评。对于政府来说,作为公民社会组成成分的非政府组织的民主活动并不重要,重要的是要维护马来西亚的伊斯兰形象和巫统作为官方宗教守护神的形象。政府对伊斯兰非政府组织的创立、收编和利用,一方面可以有效控制伊斯兰社会,另一方面可以赢得马来选民的支持以抗衡巫统的主要政治反对党——泛马回教党(PAS)。

政府对伊斯兰公民社会的干预并没有能够使伊斯兰组织完全按照政府的意愿发展。在内外因素完备的情况下,一场复兴运动正蓄势待发。在运动中产生的新的 IONGOs 和政府主导的 IONGOs 有着本质的区别,它们不是迎合政府的愿望,而是自然、突出地反映了伊斯兰公民社会的种种诉求,这些都需要政府以不同的政策和措施来应对。

二、伊斯兰复兴运动中的 IONGOs

1. 伊斯兰复兴运动的历史背景

伊斯兰教在马来亚的传播,在 14 世纪末马六甲帝国的兴起而得

[①] Saliha Hassan. Islamic non-governmental organizations, in Meredith L. Weiss and Saliha Hassan. (eds.), *Social Movements in Malaysia: From moral communities to NGOs*. RoutledgeCurzon, Taylor & Francis Group, London and New York. 2003. p. 99.

以迅速展开,并很快成为在马来亚占主导地位的宗教。但伊斯兰教势力在西方殖民统治时期以及马来西亚独立以来的相当长时期内,一直处在政治权力的边缘,政府只给伊斯兰教名义上的地位;甚至在社会生活领域,伊斯兰教也日益失去它的地位。上述种种现象应该归因于西方文明的冲击和殖民统治的遗产。

在长达一个多世纪的殖民统治过程中,英国殖民者对马来西亚社会产生的影响广泛而深远。西方先进的科学技术和先进的政府管理经验、西方的生活方式还是极大地吸引了马来穆斯林,西方的物质文明逐渐融入了马来人的社会生活当中。英国殖民者实行"非伊斯兰教化",培养出大批崇尚西方世俗政治模式的马来民族精英。二战后,这些马来人精英成了民族独立运动的领导人,他们和当地华人、印度人组成联盟,以争取民族独立。在这一时期,在社会上占主导的意识形态是民族主义和实现国家的现代化。其间,伊斯兰教更多的是被视为民族文化遗产或精神象征。此外,马来西亚从英国殖民当局手中继承了英国的议会民主制度,马来人的政党巫统牢牢控制着国家政权,在相对稳定的建国进程中也无须太多借助宗教力量。

从世界范围内看,二战后,亚非拉殖民地国家掀起一股争取民族独立运动的浪潮,民族主义者成了这场运动的中坚力量,这些国家建国后,在政治权力的分配上自然而然地成为这些国家的领导者,而宗教势力大多被排斥在权力圈的外围。马来西亚的情况也大致如此,40—60年代这段时期,马来人在巫统的领导下,把注意力集中在了国家的现代化上,民族主义成为当时的主流意识形态,西方化的生活方式成为人们追逐的目标。马来西亚的伊斯兰教势力处于边缘化的地位。

然而,在独立之初,伊斯兰教势力并不是无所作为。第一,他们于1951年成立了泛马伊斯兰联盟(PMIP,伊斯兰教党的前身)并提出了一些有别于世俗原则的理念,伊斯兰教的意识形态在 PMIP 内部、宗教学者以及部分农村占有主导地位。第二,伊斯兰教被定为国教。这两者为日后伊斯兰的复兴和伊斯兰非政府组织的出现打下了基础。

伊斯兰非政府组织的产生和伊斯兰复兴运动密不可分，而伊斯兰复兴运动是一系列内外因素共同作用的结果。

从内部因素来看：首先，广大的穆斯林人口所构成的穆斯林社会为伊斯兰复兴提供了肥沃的土壤，伊斯兰教是马来人信仰的传统宗教，占全国人口50%以上的马来人从出生之日起就自然承传成为穆斯林。伊斯兰教的一整套教义和宗教制度深深植根于每个教徒的意识之中，并成为穆斯林必须遵循的行为规范。

其次，马来西亚的社会分化是伊斯兰复兴的重要原因。马来西亚自60年代以来，实行以外向型为主的经济，搭上了经济高速增长的列车。在这个大变革的过程中，马来社会受到了来自西方化、世俗化的前所未有的冲击。在经济高速增长的同时，社会财富的分配不公，财富的两极分化，官员的贪污腐化等社会弊端突出地显现出来，而大部分分布在农村中的马来人并未得到多少由经济发展所带来的实惠。这些现象与伊斯兰教所主张的社会公平、公正、平等的思想形成了强烈的对比。少数富有者有能力享受西方的物质文化生活，并沉溺其中，开始抛弃伊斯兰教的清规戒律；而大部分生活贫困者却依然保持着严峻的穆斯林习俗，于是冲突就成为不可避免的了，生活贫困的下层马来人以憎恨、嫉妒的心态，要求净化社会风气，恢复传统的宗教礼仪和生活，恢复对真主的尊重。

第三，伊斯兰文化本身具有一定的复古机制。从历史的大视野来看，伊斯兰复兴是一个持续的过程，在穆斯林历史的各个阶段，这就像一条不断的线一样时隐时现。当社会的发展未能危及原有的价值准则和道德伦理体系时，伊斯兰主义就处于"隐"的状态，即不表现为社会群众运动；而当社会变革的外来文化的冲击侵蚀穆斯林固有的价值系统，致使道德颓废和社会失范时，伊斯兰教便会展现其威力,重整社会秩序,重建道德伦理,处于"现"的状态。①

第四,经过独立后10多年的发展,马来社会中一批新的中产阶级开始崛起,这群人希望保持其独特身份,而不是以典型的城市和西方化的形象被认定。他们自然支持伊斯兰复兴运动,并成为运动的领导力量。

从外部因素来看:首先,种族压力是马来西亚伊斯兰复兴的驱动力。马来西亚是一个多元种族、多元宗教的国家。在人口数量上,当时的马来人并未取得绝对优势;在私营经济上,华人取得了一定优势。因此,无论是马来民众还是执政的巫统,对马来民族的落后状况都深表忧虑。由于经济上的挫败感,马来民众需要取得一种强烈的种族认同感和种族荣誉感来对抗华人的经济优势。无疑,伊斯兰教在大马成功地塑造了这种感情。在马来西亚,马来人就是穆斯林,这是不言自明的事实,在这样的文化氛围下,更加强调马来人的伊斯兰教信仰、伊斯兰的价值观、伊斯兰教情感,必然会促进马来民族的认同感和民族荣誉感。

其次,全球伊斯兰复兴运动是马来西亚伊斯兰复兴的催化剂。20世纪60年代末、70年代初以来,泛伊斯兰复兴运动席卷全球,作为一个伊斯兰国家,马来西亚不可避免地受到冲击。穆斯林世界所经历的危机与挫败、力量与成功,都成了伊斯兰教在马来西亚得到复兴的催化剂。随着马来西亚政府加入伊斯兰会议组织及其他各种伊斯兰组织,马来西亚政府与民间都不同程度地加强了与伊斯兰国家的交流与联系,受到国际泛伊斯兰复兴运动的影响。为了获得穆斯林国家的支持和提高在穆斯林信众中的威信,马哈蒂尔首相不失时机地在世人面前展示他是一个虔诚的穆斯林信徒;而留学海外的马来青年学生则容易受到其他国家伊斯兰主义学者的影响,并从中受到鼓舞,这些学生回国后,往往成为伊斯兰复兴运动的主力军。

---

① 何靖华、东方晓:《现代政治与伊斯兰教》,北京,社会科学文献出版社,2000年,第274～275页。

"5·13"种族冲突事件成为伊斯兰复兴运动的导火线,马来青年学生成为伊斯兰复兴运动的推动力,而各种各样的伊斯兰组织的成立为运动持续有力开展提供了保障。

2."宣教运动"(Dakwah movements)

人们把马来西亚 70 年代和 80 年代的伊斯兰复兴运动称为"宣教运动"(Dakwah movements)。在那个时代,马来西亚经历的伊斯兰复兴运动深入到马来社会的各个阶层,甚至影响到政府层面。① 和这个国家较早期的伊斯兰复兴运动相比,70 年代以后的马来西亚伊斯兰复兴运动在运动背景、领导力量、运动目标以及倡议的内容等方面都存在差异。历史上传统的伊斯兰复兴运动多发生在乡村,其领导力量和成员多为宗教领袖、教师和伊斯兰学校的毕业生;其提出的倡议也多从社会道德的角度鼓励建立一个合乎正道的伊斯兰社会。70 年代后的伊斯兰复兴运动活动家和领导力量多来自城市马来中产阶级,他们多从事一些现代职业;他们的倡导活动主要集中在政治领域。他们也许没有全部参与政党政治,但他们的宣教活动始终强调伊斯兰在国家政治社会中的弃恶扬善的职责。

伊斯兰复兴运动的内容体现在三个方面:一是伊斯兰生活方式的复兴,如要求穆斯林遵奉礼拜、斋戒,用伊斯兰传统服装取代西方服饰;禁止跳舞、夜总会、西方音乐、毒品、酒和其他西方的、腐朽的、色情的活动。二是伊斯兰价值观的复兴,要求建立真正的"真主之法度"(伊斯兰教法)基础上伊斯兰国家、伊斯兰社会和伊斯兰秩序,从而回归伊斯兰教以抵制西方文化或价值观的倾向。三是一批独立的现代"达克瓦"的组织在此期间发展壮大,如马来西亚伊斯兰青年运

---

① 政府在官方场合也遵守具体的伊斯兰宗教仪式和规则。如做祷告、禁止饮酒、遵守饮食禁忌,所有穆斯林在周五都应该参加礼拜活动,为此,政府延长周五午饭时间以方便马来公务员参加周五礼拜活动。

动(ABIM)、塔布利格(Tabligh)①和澳尔根组织(Al Arqam)。它们的活动得到马来人社会草根阶层的广泛支持和响应。ABIM和Al Arqam是70—80年代伊斯兰复兴运动中最有影响力的两个组织。它们认为马来政治领导层的政策和实践背离了伊斯兰教原则,它们要依照此原则在民主参与、公民权利和社会发展等方面领导草根阶层开展活动。

在一般情况下,马来西亚的IONGOs都倾向于维持一个非政治身份,并面向所有族群。它们大部分满足于发挥服务和福利组织的功能。大部分IONGOs活动家受过西方教育并了解西方的自由民主。他们具有大致相同的意识形态特征。有些IONGOs则多涉及政治议题,它们的倡导活动涉及较广泛的领域:法律和人权、劳工问题、妇女的权利和地位问题,它们还对政府的政策和政治程序进行监督。这些组织还谋求控制和平衡当局的权力,同时也强化了公众对民主参与本质的理解。主要的政治性IONGOs有马来西亚伊斯兰青年运动(ABIM)、澳尔根组织(Al Arqam)和伊斯兰姐妹(SIS)。这三个组织基本代表了三类不同的IONGOs。马来西亚伊斯兰青年运动(ABIM)影响较大,广泛受到马来年青一代的拥护和尊重。澳尔根组织(Al Arqam)的主要理念就是建立伊斯兰教国,要达到此目标必先建立伊斯兰社会,因为他们的异端邪说,该组织于1994年遭到政府查禁。伊斯兰姐妹(SIS)在主流的马来社会中是一个极具争议性的IONGO,它就妇女的权利和地位问题对伊斯兰教义进行了新的解释,具有激进和女权主义特征。经过90年代末的经济和政治危机后,和其他许多非政府组织一样,很多以前不涉足政治议题的IONGOs也越来越政治化了。这样的组织包括马来西亚社会改革运动(Jemaah Islam Malaysia,简称JIM),一个主要关注当前社会和宗教问题(尤其是马来社会中的这类问题)的穆斯林组织;马来西亚

---

① 该组织起源于印度,从20世纪50年代以来活动于马来西亚。该组织结构松散,成员大多为男性。

全国回教学生协会(PKPIM),一个全国性的穆斯林学生组织;还有一些穆斯林职业组织,如马来西亚穆斯林律师协会和马来西亚伊斯兰宗教学者组织。

3. 主要 IONGOs 介绍

(1)马来西亚伊斯兰青年运动(ABIM)

在伊斯兰复兴的过程中,在学生中兴起了一类称为"达克瓦"的组织。马来西亚伊斯兰青年运动(ABIM)是其中最有影响力的一个组织。

ABIM 成立于 1971 年 8 月 6 日。它是从马来西亚全国回教学生协会(PKPIM)衍生出来的一个组织。① ABIM 起初的目的是为积极参与"达克瓦"活动的大学生提供一个在毕业后继续奋斗的平台,以便把伊斯兰运动引向马来西亚伊斯兰复兴的道路。②

ABIM 的成立给伊斯兰复兴主义者提供了一个合法身份,赢得了有文化的马来青年和职业人员的拥护,它对马来西亚伊斯兰的复兴具有关键性的作用。该组织多数成员是年轻人,他们受过世俗的或西方的教育且多出生于中产阶级家庭;他们都认为伊斯兰教是有别于西方化或世俗主义的一种当代宗教文化,它提供了一个天然可靠的认同体系和生活方式。这是他们与更加西化的知识精英不同的地方。其成员一度超过 35000 人,在全国建立了 86 个分支机构。1974—1977 年间,当泛马回教党(PAS)加入执政的国阵后,其成员为寻找一个更加纯洁的伊斯兰组织而大量加入 ABIM。1974 年至

---

① 早在学生运动刚开始展开的时候,安华和其他的伊斯兰复兴同伴就已经意识到要成立组织,以便学生们毕业之后有一个毕业后继续斗争的平台。在 1969 年 8 月全国伊斯兰教大学生联合会(PKPIM)的会议上,学生们达成了成立马来西亚穆斯林青年运动(ABIM)组织的意愿。1971 年,ABIM 组织正式成立。

② N. J. Funston. The Politics of Islamic Reassertion:Malaysia. In Ahmad Ibrahim, et al. (eds), *Readings on Islam in Southeast Asia*. Singapore:ISEAS. 1985. pp.171~179.

1982年,安华·易卜拉欣一直担任该组织主席。

在70年代和80年代初,在所有IONGOs中,ABIM是最重要、最富有活力与成效的伊斯兰组织。该组织所强调的理念及其相关实践活动几乎涉及社会、经济、政治和宗教等有关私人和公共生活的各个层面。在有关伊斯兰国家的特征、伊斯兰教育、伊斯兰生活方式以及马来西亚作为全球穆斯林兄弟国家的一员对国际政治的参与等主要议题进行了讨论和解释,并对政府提出了挑战。在70年代和80年代初,ABIM在安华超凡能力的领导下大声谴责政府的伊斯兰化政策"不充分"、"肤浅"和"以物质条件作为衡量标准"等等;批评政府所制订的国家发展道路违背了真正的伊斯兰价值观,并呼吁进行彻底的改革。

该组织的任务和目标是通过宣教和教育活动,在马来西亚传播伊斯兰教和恢复伊斯兰活力,倡导国家伊斯兰化,要求实施伊斯兰教法和贯彻伊斯兰价值观。该组织的政纲可归纳为三个方面:(1)反对世俗主义政府的种种做法和失误,如引进外国资本搞工业化,对清除腐败不力等。(2)反对种族主义。1976年安华在ABIM大会上说,伊斯兰教把种族歧视看作是犯罪,因为它违背了伊斯兰教关于团结不同人群和鼓励全人类宽容的号召。(3)在对外关系方面,ABIM加强与境外各种伊斯兰组织的横向联系。[①]

ABIM开展的主要活动有:(1)在各大学和社会各阶层青年中建立"达克瓦"(DAKWAH)组织。达克瓦组织的活动是学习《古兰经》,使穆斯林的行为更严格地遵循伊斯兰教的要求。在大学校园内,达克瓦的基层组织称为"乌斯拉"(USRAH)。"乌斯拉"经常聚会学习伊斯兰教义,讨论有关"达克瓦"活动的策略。1972年,马来亚大学当局根据"达克瓦"组织的要求,全部禁止学生举行恶作剧晚会、狂欢舞会和万圣节活动。(2)出版刊物,扩大影响。ABIM创办了《每月评述》(马来文)和《展望月刊》(英文)等出版物。这些刊物一

[①] 庄礼伟:《亚洲的高度》,广州:广东旅游出版社,1999年,第68页。

方面宣传穆斯林青年运动的活动,另一方面报道其他国家穆斯林的斗争。(3)发展伊斯兰教育。ABIM 还兴办了一所伊斯兰中学,安华成为该校的首任校长,所有教师都是该组织的成员。该校除了全日制学生外,还有夜校学生,男女同学同时上课,但要分坐在教室的两边,女生都必须穿单色的长服装,除了面孔和手以外,要将全身上下遮盖得严严实实。①

尽管起初 ABIM 采取与政府对抗的姿态,但后来越来越靠近政府所定位的伊斯兰化发展方向,即:进步、温和和友善。ABIM 在倡导实施伊斯兰教法的同时谴责种族主义,坚持在一个多元化和民主化的社会里要保留非穆斯林的权利。该组织还认为将马来西亚建成为一个真正的伊斯兰国家,要加强而不妨碍民主的发展。范斯腾(Funston)认为:"马来毕业生所获得的充分就业机会有利于减轻他们的宗教热情","像 ABIM 这样的组织从本质上肯定不会反对经济发展"。② 现在,许多 ABIM 老成员已经成为富有的企业界人士,有很多则在巫统和政府任职。

1982 年,安华接受马哈蒂尔的拉拢,正式辞去 ABIM 主席而加入巫统,随之,真正开始了 ABIM 成员向巫统的加盟。到 1998 年 9 月安华被巫统开除并被剥夺副首相公职时,ABIM 的元老们已经在国家的政治结构中建立起富有影响的网络,对国家政策的制订有举足轻重的影响力。也许是因为安华和他的 ABIM 同伙的加入,巫统很快从一个世俗的马来民族主义政党的形象转变成为一个进步的、现代的、伊斯兰化的马来民族运动组织。

随着安华的离去,ABIM 内部引起了一片混乱,处于群龙无首的

---

① 张锡镇:《东亚:变幻中的政治风云》,北京,中国国际广播出版社,2002年,第 223~224 页。

② N. J. Funston. The Politics of Islamic Reassertion:Malaysia. In Ahmad Ibrahim, et al. (eds), *Readings on Islam in Southeast Asia*. Singapore:ISEAS. 1985. pp.171~179.

状态，一批精英分子开始转入伊斯兰教党并逐渐掌握了该党的领导权。从此，ABIM逐渐从伊斯兰复兴的前台退出，慢慢地消失在人们的视线内，社会重新归于平静，似乎伊斯兰复兴运动已接近尾声。但事实是，马来西亚伊斯兰复兴发展到一个更高的层次。一方面，是巫统的逐渐伊斯兰化；另一方面是伊斯兰教党扛起了伊斯兰复兴的旗帜。此后，伊斯兰复兴从民间转向了政府；复兴的方式从街头游行转向了政党斗争。马来西亚政治发展的主线是：伊斯兰教党和巫统竞争谁更伊斯兰化。[①]

综观ABIM的历史，它所关注的议题超出了伊斯兰议题和"达克瓦"组织的活动范围。它除了和政府有特殊的联系外，还和其他非政府组织就某些议题保持一定的关系。它除了要求国家的伊斯兰化外，还积极参与追求公民权的斗争，包括言论自由权、自由结社权和司法独立权。和其他几个活跃于80年代的非政府组织（如Aliran和SGS）联合起来，强烈要求取消内安法令（ISA），并反对1981年社团法修改案，该法案严重限制了非政党组织的活动，而强化了注册官的权力。ABIM主要从伊斯兰教的角度谴责这些法令，指出内安法令（ISA）损害了伊斯兰教所保障的个人自由权、接受公正和公共审问的权利，伊斯兰教保护人们免受随意监禁之苦，而内安法令却允许不经审问扣留嫌疑人。ABIM指控《社团法令》阻碍了"达克瓦"组织完成伊斯兰教所赋予他们的宣教使命，这个限制政策被认为是挑战真主的法律，因为宣教是每一个穆斯林的责任，而多人结成团队做好事是真主鼓励的善举。总之，ABIM在马来西亚伊斯兰框架范围内对民主和公民社会议题加以讨论无疑给马来西亚的公民社会注入了新的活力，也反映了伊斯兰青年运动是现代主义改革运动的实质。

ABIM虽然和马来西亚的政治发展紧密相关，但它不是政治组织，理论上讲，它的主张及活动倾向也是非政治性的。该组织的目标

---

① 戴小峰：《伊斯兰复兴及其对马来西亚的政治影响》，暨南大学硕士学位论文，2004年，第17~18页。

是通过宣教和教育活动，在马来西亚传播伊斯兰教和恢复伊斯兰的活力。它倡导国家伊斯兰化，要求实施伊斯兰教法和贯彻伊斯兰价值观，以此修正世俗化或西方化的发展道路。它谴责腐败、贫穷、财富分配不均以及西方腐朽文化等社会弊端对马来西亚社会和文化的不良影响，它要求穆斯林能够享有更多的政治权力、新闻自由，要求政府尊重人权。

(2) 澳尔根组织(Al Arqam)

澳尔根是一个人的名字，他是先知穆罕默德的好友。澳尔根的发起人是阿萨阿里(Ashaari Muhammad)，他领导12个穆斯林，于1968年创立了奥尔根组织(Al-Arqam or Darul Arqam)。他和他的追随者来到吉隆坡郊外的甘榜克拉末(Sungai Pencala)，他们在这里清理出8英亩土地，建了许多房子、一个清真寺和一个学校。[①] 起初，这个组织只是一个祈祷的组织，或者说是一个伊斯兰教祈祷研究会。该组织热衷于苏非主义(神秘主义)而非政治，它竭力要建造一个穆斯林共同体而不是从事政治活动。它强调学习、认识和笃信涵盖各方面的伊斯兰教教义及其清规戒律。

在马来西亚的伊斯兰复兴运动中，澳尔根组织以和ABIM不同的面孔出现在人们的面前。ABIM和政府与巫统保持联系，并以政府所提倡的进步、温和和友善的姿态展现在人们的面前；澳尔根组织是作为伊斯兰极端组织兴起的，体现了伊斯兰原教旨主义色彩。和ABIM相反，澳尔根组织完全是自主的，它远离巫统和政府。

澳尔根有严密的组织结构，其最高领袖是阿萨阿里，下设有执行理事会，理事会。成员由阿萨阿里亲自指定与委任。执行理事会设有12分部领导，各领导12分部，各州设有州领袖，州领袖也是执行

---

① Saliha Hassan. Islamic non-governmental organizations, in Meredith L. Weiss and Saliha Hassan. (eds.), *Social Movements in Malaysia: From moral communities to NGOs*. RoutledgeCurzon, Taylor & Francis Group, London and New York. 2003. p. 107.

理事会成员。州下又设有县领袖,县之下再设各区领袖,区是根据国会选区划分。澳尔很的支持者与成员来自社会的各个阶层。澳尔根成员可分为两类:一类是全职工作者,他们被委以专门任务。第二类是兼职工作人员,他们在业余时间为澳尔根服务。

澳尔根领袖阿萨阿里梦想建立一个根据伊斯兰教观点是真正公正的政权,不仅是一个国家政权,而且是一个世界政权。而建立一个伊斯兰教世界政权的基础是先建立真正意义的伊斯兰教社会。由此它采取了自下而上的策略,即从建立伊斯兰教个人和家庭开始,然后从许多有信仰的个人所组成的许多家庭,形成伊斯兰社会。它批评回教党(PAS)和 ABIM 在方法上的浮夸和不切实际,缺乏确定的和符合实际的议程。它还指责把一个穆斯林领导的政府当做世俗的政府并指控政府实行犹太教和基督教的做法。它不同意政党的组织方式,反对西方式政治选举,反对暴力革命。因此,澳尔根致力于提供一个真正伊斯兰式的可供选择的样板以便替代现行的西方式的政治、经济体系。到 70 年代后期,澳尔根似乎退出舞台而专注于内部事务。

然而,到 80 年代后期,澳尔根经过 20 多年的活动与发展,它已由马来西亚走向国际,在马来西亚国内,它被形容为伊斯兰教的"教中教",尤其令人震惊的是它的组织已迈向"国中国"的结构,澳尔根的问题与事件,已不单是宗教问题,而成为影响国家和社会的问题,引起了马来西亚全社会的关注。到 1986 年,阿萨阿里的教义以及澳尔根的狂热行为被指控为异端邪说。1987 年 9 月,首相马哈蒂尔声明反对宗教极端主义,指责有些集团私自设立村社,把伊斯兰教徒隔绝起来,这明显指的是澳尔根的村社计划。1988 年,阿萨阿里的两本著作被宣布为禁书,阿萨阿里被迫流亡国外。好几个州的宗教管理部门宣布阿萨阿里的说教为异端并且查禁了澳尔根的出版物——Aurat Muhammadiah,多种澳尔根报刊的出版准证被收回。1994 年,马来西亚全国伊斯兰教裁决理事会宣布澳尔根背离了真正的伊斯兰教义,澳尔根组织随之遭到全面查禁。印尼、新加坡、汶莱伊斯兰教理事会根据马来西亚全国伊斯兰教裁决理事会的决定,宣布禁止澳尔根活动。

澳尔根是一种具有复古倾向的原教旨主义组织,它的基本主张是:要在大马建立伊斯兰教国家,必先建立真正的伊斯兰社会。它的活动也以实现此目标而展开。澳尔根的活动是多元的,它几乎涉及社会生活的各方面。多年来,澳尔根在传教、教育、经济活动、医疗卫生、文化宣传等方面开展的活动都卓有成效。(1)传教。澳尔根组织强调学习、认识和坚信伊斯兰教教义,并积极向外传教,1968－1993年,澳尔根通过口头、文字、行为举止向全马每一角落进行了传教工作。澳尔根组织在国内传教的总开支达到4680万马元,用于举办伊斯兰教讲座、伊斯兰教课程和访问计划上。(2)兴办教育。澳尔根组织有自己的教育体系,在马来西亚有251所学校,国外有11所,学生总数达9541人。[①](3)经济活动是澳尔根的重要活动。到1993年为止,澳尔根的资产(不动产)总值为2亿马币。(4)出版报纸和杂志;(5)其他活动,包括开展妇女工作、举行伊斯兰文化艺术农演节,开展医疗卫生服务等。

从1968年成立到1994年8月5日马来西亚全国伊斯兰教裁决理事会(the National Fatwa Council)宣布澳尔根为非法并全面禁止澳尔根活动为止,澳尔根在马来西亚仅存在了26年的时间。澳尔根的政治重要性在于它以伊斯兰的眼光质疑这个国家的政治体系和马来西亚的社会经济实践,在理论和实践层面对国家的世俗价值观和政策提出挑战。它的潜能在于它那严密的组织结构、经济独立性以及在日常经济和社会活动中和草根组织的直接联系。另外,澳尔根的言论和说教鼓励马来穆斯林以伊斯兰的眼光审视马来领导层,尤其是巫统的世俗性。正因为这些因素,政府视澳尔根组织为一个政治威胁,认为它有可能破坏马来西亚脆弱的族际和宗教平衡。

---

① 施雪琴:《马来西亚澳尔根组织及其活动》,载《东南亚研究》1995年第5期。

像 ABIM 和 ALArqam 这样的非政府组织是唯一强调国家政治生活中伊斯兰因素的政治性非政府组织,非伊斯兰非政府组织往往回避这个问题,这在非穆斯林马来西亚人当中也是很普遍的。只要在某些问题的看法上有一致性,非伊斯兰非政府组织和伊斯兰政治性非政府组织之间的合作就成为可能,在人权问题上尤其如此,但它们在直接涉及穆斯林社会问题方面则保持一定的距离。到现在为止,非伊斯兰非政府组织没有置疑伊斯兰的政治和宪法地位,对不断地把伊斯兰和伊斯兰价值作为这个国家的道德基础也没有提出异议,这主要是因为马来西亚是一个多种族的社会,各族群之间的平衡关系很脆弱,在这种情况下,人们不愿意去惹麻烦,而是更趋向于顺从主流的政治情感。[①]

(3) 伊斯兰姐妹(SIS)

作为一个伊斯兰非政府组织,伊斯兰姐妹(SIS)和马来西亚伊斯兰青年运动(ABIM)以及澳尔根组织(Al Arqam)有着明显的不同。伊斯兰姐妹成立于 1985 年,其创立者是一批马来穆斯林职业女性,她们在法律、新闻和学术等职业领域有各自的影响范围。该组织因为突出讨论和穆斯林妇女权利和地位相关的问题而在国内和国际上引起人们的注意。当然,SIS 也关注整个马来西亚和穆斯林社会的问题。SIS 还加强同国内外其他非政府组织的合作以致力于马来西亚妇女问题的解决。

更为重要的是,SIS 显著地位的取得在于它激发人们热烈讨论伊斯兰世界共同面对的一个主要问题,即"穆斯林社会女性的困境"。作为一个伊斯兰女性,要面对诸多内外势力的影响:伊斯兰教、承继的传统、外部世界(尤其是西方生活方式的侵蚀)等。在这种情况下,她们经常会处于一种混杂无助的状态。

总体来讲,政府对伊斯兰姐妹采取仁慈和容忍的态度。这也许

---

① Chandra Muzaffar. *Freedom in Fetters*: *An Analysis of the State of Democracy in Malaysia*. Penang: Aliran Kesedaran Negara. 1986. p.35.

是因为政府相信 SIS 不会演变为一个激进的女权运动,而是继续在原来的范围内活动。政府也意识到,SIS 的存在也会有助于政府在国际上树立一个进步的、现代的和温和的马来西亚穆斯林国家形象。

三、伊斯兰非政府组织和政府的关系

伊斯兰教是马来人信仰的传统宗教,独立后,马来西亚尊伊斯兰教为国教。政府领导人很明确地指出伊斯兰是这个国家道德和精神生活的基石。但在国家性质上仍然要维持一个世俗的政体。马哈蒂尔要求宗教领袖们在不损害伊斯兰价值和身份的前提下来重构伊斯兰社会教义以便使马来西亚的穆斯林充分参与马来西亚的发展。马哈蒂尔还倡议不要盲目接受传统宗教领袖的教义,因为这些教义虽然有助于穆斯林的团结,但有可能阻碍经济发展。马哈蒂尔教导吸收进步的伊斯兰价值不仅仅指涉巫统成员,而是全体马来西亚的穆斯林。他的这些观点也体现在政府所制订的相关政策上。政府给予伊斯兰教一定的地位,但国家的世俗政体和政府所追求的经济发展不容受到威胁。在这个基本精神的主导下,政府希望伊斯兰非政府组织进步、温和、友善、不问政治、不威胁政府和经济发展。

政府对待政治反对派和政治取向的非政府组织的态度是:既不宽容地和它们和解,又不使它们边缘化或经常采取镇压行动以彻底消灭它们,而是对它们的言行进行监控。对于那些能给政府政策的执行带来益处,并有助于政府在国内外事务中增加政治筹码和树立良好形象的非政府组织,政府往往采取宽容的态度,甚至给予一定的便利条件。政府的这种宽容政策也使用到 IONGOs 上,甚至那些与其他非政府组织结盟对政府进行批评的 IONGOs。

国家一直争取将伊斯兰事务的管理操控在自己手中。早在 1968 年 10 月,马来统治者协会就建立了一个国家伊斯兰事务委员会(MKI)。1974 年,MKI 升格为首相府(JPM)的一个部门;1985 年,MKI 搬进了自己的办公楼。现在这个部门以马来西亚伊斯兰中心(Malaysian Islamic Centre)而著名。该部门的重要任务是在全国范围内加强伊斯兰事务的协调和合作。1971年,在伊斯兰复兴运动开始兴起之时,政府为了掌握主动权,曾建立了一个伊斯兰宣教和培训机构(INDAH)和一个伊斯兰研究中心(PPI)。政府充分成功地利用了这些研究设施,和其他一些研究条件,来制订伊斯兰政策和以伊斯兰规则解释政府的发展计划。除了建立一些研究机构外,政府还建立了一些伊斯兰组织,我们可以称这些组织为政府主导的伊斯兰非政府组织(Government Organized Islamic Oriented NGOs),如前文所讲到的伊斯兰宣教基金会、帕克姆组织等。

1981—2003年的马哈蒂尔时代,是巫统和当代马来伊斯兰复兴运动相结合的时代。占据优势地位的中产阶级支持马哈蒂尔,这群人希望保持其独特身份,而不是以典型的城市和西方化的形象被认定。西方化和伊斯兰化之间需要通过调整以维持平衡,这种平衡是通过注重实际的、温和的和渐进的方式复兴伊斯兰价值和文化而实现。马哈蒂尔最为关切的是创造一个稳定的社会和政治环境以追求经济发展。为达到这一目标,政府在1986年决定对宪法进行修改,确定逊尼教派为马来西亚穆斯林的官方教派。政府解释说这样做是为了避免马来西亚穆斯林社会的分裂,同时也阻止什叶派教义在马来西亚的传播。除了使马来西亚的伊斯兰远离革命的伊斯兰形象外,确定一个唯一的官方教派可以使国内伊斯兰化更加和国家对伊斯兰的定位相适应。

以上那种平衡的维持也表现在对待非政府组织(包括IONGOs)的政策上。一般情况下,政府对非政府组织(包括IONGOs)所提出的意见和批评不会置若罔闻。反之,政府很有效地利用它所建立的伊斯兰机构来应对和处置非政府组织所提出的问题和批评。这其中最重要的一个机构就是由首相府的副部长领导的伊斯兰事务部(Islamic Affairs Unit),政府要让人们知道它是很严肃认真地对待它的伊斯兰化政策,这本身就可能淡化IONGOs对政府的批评。政府对IONGOs所提出的许多议题很重视也使IONGOs感到自己在实现既定目标上有成就感。

在很多情况下,政府对待 IONGOs 的态度要比其他类型的非政府组织更加宽容。IONGOs 对巫统争取马来选民起到一定作用,毕竟它们在伊斯兰公民社会所扮演的角色、所占据的空间以及所具有的影响力都是巫统需要借重的。同时,巫统给予它们特别的关切也表现在要防范它们的活动空间和影响力超越或突破国家的世俗结构和基本定位。国家在巫统的领导下,既强调马来人和其他土著群体的特殊权力,又要强调各族群权力共享、多元宗教共存,最终强调的是经济发展。只要 IONGOs 和其他非政府组织不从根本上挑战国家的安全和颠覆政府,政府对它们一般持宽容态度,甚至有时会成全它们的要求和满足它们的愿望。

通过回应 IONGOs 所提出的要求,政府可以从某种程度上化解 IONGOs 对政治权力的挑战。近些年来,政府在这方面采取了一些措施,如政府领导人不断邀请和鼓励一些 IONGOs 参与有关政策的制订和实施。IONGOs 被邀请作为发展伙伴来协助政府处理一些社会问题,如帮助犯人改过自新、反对吸毒和酗酒、推动健康的生活方式、组织青年活动以培养马来西亚人(尤其是马来穆斯林)良好的道德情操和公民美德。事实证明,一些福利性 IONGOs,即使带有一定政治色彩,也能够很好地承担以上的角色。非政府组织参与政府的发展项目可以进一步确保政府和公民社会在处理公共事务上的一致性。①

马来西亚政府在不同时期,针对不同的对象,采取不同的对策。为了对付 ABIM,政府在伊斯兰复兴运动前期采取限制政策,逐渐过渡到后来的疏导政策。1974 年,马来亚大学学生在"达克瓦"组织的鼓动下举行游行示威,向政府提出包括 12 项内容的备忘录,要求政

---

① Saliha Hassan. Islamic non-governmental organizations, in Meredith L. Weiss and Saliha Hassan. (eds.), *Social Movements in Malaysia: From moral communities to NGOs*. RoutledgeCurzon, Taylor & Francis Group, London and New York. 2003. pp. 112~113.

府立即采取行动,消除人民的贫困,惩治腐败官员。政府采取强硬手段,逮捕了1169名学生,这当中包括安华。为了限制达克瓦在青年学生中的影响,政府采取了各种措施,包括制定新的《大专法令》,严令禁止学生参加政治活动,如组织讲座或邀请校外人士在校园内发表演说,都必须事先向学校当局提出书面申请,5人以上的集会或出版刊物也须经校方批准。

马哈蒂尔上台后,对伊斯兰复兴逐渐采取疏导和瓦解的政策。政府对一些激进的"达克瓦"运动领袖进行招安。这一政策对于那些有着强烈政治抱负的学生领袖来说有很大的吸引力。马哈蒂尔对ABIM领导人安华的拉拢就是最为成功的一例。当时的安华早有从政的意愿,自然会接受马哈蒂尔的拉拢。安华在1982年全国大选前,辞去了ABIM主席一职,正式加盟巫统,并以巫统的名义竞选州议员,并顺利赢得了选举。从此他的仕途一帆风顺,先后担任巫青团总团长、巫统署理主席、政府副首相。安华的离去使得ABIM处于涣散状态,很多成员加入泛马回教党(PAS),并逐渐控制了该党的领导权;也有许多ABIM成员步安华的后尘,纷纷加入巫统,到1998年安华被革职时,ABIM成员已经在巫统内部建立起自己的网络,并能影响国家政策的制订。

马来西亚政府对极端伊斯兰教势力一直进行严厉打击。在20世纪60—90年代,曾先后取缔了6个极端伊斯兰教组织。伊斯兰极端组织又称为伊斯兰原教旨主义,它是当代伊斯兰复兴运动中的一股"极端"势力。它主张通过暴力手段来达到实行"沙里亚法",建立伊斯兰教国家这一目的。与中东阿拉伯国家相比,马来西亚的原教旨主义思潮并不强烈,极端组织也不多。澳尔根组织在它发展的后期,逐渐向极端组织过渡,最终在1994年初被政府取缔。

政府对IONGOs的策略可以归纳为以下五个方面:(1)政府在其各个部门下建立相应的组织,这类组织属于GONGOs,这类组织和独立自发成立的IONGOs不同,它们享受政府的资助和支持,比其同类独立自发成立的IONGOs更成功;政府建立此类组织的目的是要抵消独立自发的 IONGOs 的影响,对伊斯兰社会进行控制。(2)政府鼓励和资助这类 IONGOs:它们是独立自发成立的,但又是温和的(不属于极端伊斯兰组织),它们支持国家经济发展相关的政策和理念,并有利于各族群和谐相处。(3)在各个层次吸收伊斯兰宗教领袖加入其中。这个策略能更好地树立国家的伊斯兰形象,并赢得宗教支持。(4)政府公开尽数 IONGOs 的负面影响,说它们是破坏政治稳定、族际和宗教间和谐的危险因素。因为它们试图歪曲或挑战政府的政策,以及政府对一些问题的阐释。(5)诉诸严厉的手段和措施,如动用内安法令不经审讯扣留那些活动分子,在需要时候使用社团法对非政府组织进行监控、规范和整顿。

伊斯兰作为一种宗教,它和上帝(真主安拉)联系起来;作为一种生活方式,它和社会联系紧密。整个伊斯兰历史上,公民社会组织的活动主要是帮助那些不幸的人,以减少他们的痛苦。这些组织在国家体制外运作,它们的兴盛不仅得益于宗教的鼓动,而且还因为一个较大的伊斯兰社会能够作为这些伊斯兰非政府组织成长的强大的支持系统。

在马来西亚,70 年代后的伊斯兰复兴运动无疑是促使公民社会扩大的一种自发力量。这种力量将一大批中产阶级职业人员卷入其中,包括大学教师、医生、律师、企业主管和工程师等。这些人笃信伊斯兰教并具有政治影响力。在伊斯兰社会要求在更大程度上反映伊斯兰价值、标准和身份认同的情况下,作为对这种要求和呼声的回应,这批城市马来中产阶级加入并领导多个伊斯兰取向的非政府组织,他们挑战国家政体的世俗性,同时也让大众注意到国家行为体中宗教和精神价值的缺失。

对于公民社会,IONGOs 及它们所领导和参与的伊斯兰复兴运动赋予其丰富的内容。首先,在伊斯兰复兴运动中产生的以中产阶级为中心的社会和宗教组织为马来公民在政党政治外开辟了一个参与和行动的空间。这个空间应该是公民社会应该享有的。穆斯林公民参与其中不是去获取政治领导权而是促使深深扎根于传统伊斯兰的宗教文化制度化,使传统的马来穆斯林德操服务于现代社会的需要。其次,IONGOs为赋权马来公民开辟了自由之路。他们可以通过各种方式取得一定的地位和权力。他们可以组织或参加各种各样的学习班,组织或参加社区的各种社会福利活动,对于社区成员来说,这种赋权感觉使得他们更加乐于帮助解决一些社会问题,如青少年犯罪问题、家庭暴力问题、社会道德沦丧问题等。第三,伊斯兰非政府组织,特别是那些政治取向的伊斯兰非政府组织,激发和鼓励人们讨论和关心一些诸如社会公正、腐败、任用亲信、裙带关系等政治议题。通过一些制度化的宗教活动,公民社会要求国家和政府在制订公共政策问题上要有透明度和可信度,并对国家的某些行为的合法性提出质疑。

1998年安华事件使得公民社会对国家政治生活的监督角色得到彰显,这次事件后,许多IONGOs加入政党政治,很多伊斯兰活动家也选择一个政治平台作为候选人参与马来西亚1999年的大选。这些组织所做的努力继续影响世俗的国阵政府,因为它为了赢得占人口大多数的马来人的选票,会继续权衡伊斯兰因素在马来西亚现有政治和统治条件下的利害关系。IONGOs进一步加强了政府反对派的力量,这无疑会加深公民社会对马来西亚政治的影响度。

第四节 马来西亚的人权非政府组织

一、马来西亚人权非政府组织的发展

独立后的马来西亚逐步演变为半民主、半威权主义政体,国家加强对社会的控制,虽然政府允许非政府组织的存在,但从整体上看,政府对非政府组织不持欢迎态度,其中人权非政府组织和关注人权问题的非政府组织是最不受政府欢迎。政府对来自人权非政府组织

的批评尤为敏感,对那些和国外非政府组织有联系的非政府组织持怀疑态度。① 著名的国际人权非政府组织大赦国际想在马来西亚建立官方机构,但很长时间得不到政府的批准。政府诟病律师公会,因为律师公会谴责政府破坏司法独立,这触及到政府的硬伤。人权非政府组织的注册尤为困难,要么被拒绝,要么被拖延,大马人权协会(HAKAM)的注册就被拖延了两年多;人权组织大马人民之声(SUARAM)干脆以公司名义注册。

非政府组织从各个视角倡导普遍的人权和自由,然而政府对人权问题则有自己的标准,它经常以亚洲价值(Asian values)来批评西方式的人权定义,并把倡导型的非政府组织、学生组织、劳工组织以及政治反对党,等组织列入"另类"加以防范以便维持社会的和平、团结和安全。在这种情况下,任何其他的思想都会被认为是反叛和邪说。以前,非政府组织和持不同政见组织都被冠以"共产党";现在他们被认定是西方的产物而遭到批判。1986年12月联邦国土部长阿布·哈桑·奥马尔(Abu Hassan Omar)宣布7个组织,两个政党组织和5个非政府组织是要摧毁这个国家的政治和社会架构。②

马来西亚政府,尤其是长期任职的首相马哈蒂尔,坚持认为无论是西方的人权定义还是伊斯兰原教旨主义的人权定义都不适合马来西亚这样一个东方多民族和欠发达国家的国情。亚洲价值及其相关人权话语强调整个社会和集体的利益高于个人自由,强调对权威的尊崇,并接受相对严格的政府控制;在国家关系上,强调一个国家的内部事务不应该受到其他国家的干涉。政府优先考虑发展经济,而不是公民和政治权利,并以此为借口制订和实施一些压制性的法律

---

① R. S. Milne and Diane K. *Mauzy. Malaysian Politics under Mahathir*. London and New York: Routledge, 1999. p. 119.

② Tan Boon Kean and Bishan Singh. *Uneasy Relations: The State and NGOs in Malaysia*. Kuala Lumpur: Gender and Development Programme, Asian and Pacific Development Centre. 1994. p. 25.

以确保政府能对付挑战和维持国家的稳定。国阵政府声称,这样一种根植于自己土壤的民主体制,将会使马来西亚在不损害经济发展活力的情况下维持种族和谐、政治和社会稳定,维护国家安全。

作为联合国成员国,马来西亚往往对联合国的条约投票赞成,但对是否签署这部分条约或协议仍然持保留态度。马来西亚只是部分国际人权条约的签署者。表 4-11 反映了马来西亚对部分国际条约的认可程度。

这些公约或条约对于人权组织是非常重要的,因为一旦认可这些公约或条约,政府必须致力于满足这些条约所确立的标准。比如认可《公民权利和政治权利国际公约》就意味着政府承认那些权利并需要研究和修正国内的那些和公约或条约条款相抵触法律和法令。非政府组织一直致力于将国内的人权和全球人权标准联系起来,使政府的亚洲例外论是和全球人权标准背道而驰;这些条约的签署会给非政府组织更多的信心和力量来开展人权保护活动。

20 世纪 70—80 年代,当人们批评东盟国家政府侵犯人权时,东盟国家政府总是攻击人权为西方的发明,并把倡导人权的非政府组织当作颠覆破坏分子来看待。90 年代后,情况有所改变,因为东盟国家政府也把人权问题列入议事日程加以考虑,只不过是以他们各自不同的方式罢了。本地区的非政府组织一直致力于促使东盟人权活动制度化。1992 年 7 月,东盟战略与国际研究所(ASEAN Institute of Strategic and International Studies, ASEAN-ISIS)向马尼拉东盟部长会议提交一份人权备忘录,建议东盟应该审查建立东盟人权委员会的可行性。1993 年,东盟国会间组织(AIPO)正式通过一个东盟人权宪章(ASEAN Charter on Human Rights),商讨是否建立一个地区人权机制。① 1993 年,亚洲的第一个地区人权会议在曼谷召开,为联合国在维也纳召开全球人权大会做准备。170 多个非

---

① Chin Kin Wah. ASEAN Institution Building, in Stephen Leong,(ed.), *ASEAN Towards* 2020. Kuala Lumpur: ISIS, 1998. p.165.

表 4-11 马来西亚对部分国际人权条约的认可程度列表

签署和认可的国际人权条约	认可程度
《世界人权宣言》(Universal Declaration of Human Rights)	√√
《消除对妇女一切形式歧视公约》(Convention on the Elimination of All Forms of Discrimination Against Women -CEDAW)	√
《儿童权利公约》(Convention on the Rights of the Child)	√
《废除奴隶制公约》(Convention on the Abolition of Slavery)	√√√
《已婚妇女国籍公约》(Convention on the Nationality of Married Women)	√
《防止及惩治灭绝种族罪公约》(Convention on the Prevention of the Crime of Genocide)	√√√
《国际劳工组织和集体谈判权利的原则应用第 98 号公约》(ILO Convention 98 on principles of the Right to Organize and to Bargain Collectively)	√√√

说明:打两个√的表明马来西亚作为联合国会员必须接受的公约(非约束性文件,不需要认可);打一个√的表明接受但对其中的某个或某些条款有所保留。打三个√者表示全部认可并签署的条约。

没有签署或认可的国际人权条约

1.《经济、社会、文化权利国际公约》(International Covenant on Economic, Social and Cultural Rights)
2.《公民权利和政治权利国际公约》(International Covenant on Civil and Political Rights)
3.《禁止酷刑和其他残忍、不人道或有辱人格的待遇或处罚公约》(Convention against Torture and Other Cruel Inhuman or Degrading Treatment or Punishment)
4.《保护所有移民工人及其家庭成员权利公约》(Convention on the Protection of the Rights of All Migrant Workers and Members of Their Families)
5.《关于难民地位的公约》(Convention Relating to the Status of Refugees)
6.《消除一切形式种族歧视国际公约》(International Convention on the Elimination of All Forms of Racial Discrimination)
7.《国际劳工组织结社自由和保护组织权利第 87 号公约》(ILO Convention 87 on the Freedom of Association and Protection of the Right to Organize)

资料来源:SUARAM(1998), Malaysian Human Rights Report, Petaling Jaya: SUARAM Komunikasi. Malaysian NGOs(1994, amended 1999) Malaysian Chater on Human Rights, Petaling Jaya: SUARAM. Kua Kia Soong(1998), The Struggle for Human Rights in Malaysia. Meredith L. Weiss(2003), The Malaysian Human Rights Movement, in Weiss and Saliha(eds), Social Movements in Malaysia.

政府组织作为观察员身份参加了这次大会,他们批评由东盟政府发布的《曼谷宣言》,并发布了自己的宣言。① 同年7月,在维也纳世界人权大会闭幕后,东盟部长们宣布"东盟也应该考虑建立一个适当的地区人权机制……"东盟外交部长联合公报强调人权不应该被政治化,应该在特定的文化、社会、经济和政治条件下以适当的方式处理,在个人权利和社会权利之间寻找所需的平衡点。② 本地区的活动家们还成立了一个东盟地区人权机制工作组,工作组的领导人和东盟代表进行了会晤。③ 1997 年 7 月来自各个国家的工作组和东盟政府高级官员达成一致看法,因为只有菲律宾和印度尼西亚在此前建立了人权委员会,所以双方决定放弃此前坚持把各个国家建立的人权委员会作为地区机制建设先决条件的计划。④ 1998 年 5 月,200 多个非政府组织同意通过了《亚洲人权宪章》(Asian Human Rights Charter)的最后方案,并呼吁建立一个亚洲人权法庭和亚洲人权委员会。尽管各国政府继续抵制地区人权机制的建立,但由于全球化的进程和非政府组织力量的强大,建立地区人权机制似乎势在必行。

从以上东盟地区人权机制的建立过程可以看出,非政府组织在其中起到很大的推动作用,东盟地区人权机制的讨论和建立过程反过来推动东盟国家人权机制的建立,虽然非政府组织的介入对各个国家和地区人权问题影响的最后结果还不得而知,但这无疑扩大了地区和国内人权非政府组织活动的空间和内容。

国际人权非政府组织的发展和影响对马来西亚人权非政府组织

---

① Frank Ching. NGOs and Regional Security. *Far East Economic Review*, 30 June 1994. p.29.

② Leah Makabenta. South-East Asia: ASEAN's See-No-Evil Policy Under Fire. *Inter Press Service*, 15 July 1995.

③ Frank Ching. ASEAN's Unkept Promise. *Far East Economic Review*, 22 August 1996. p.31.

④ Anuraji Manibhandu. Human Rights: Cleaning up the record. *Bangkok Post*, 10 December 1997.

的发展应该具有一定的促进作用。为了维护人类的平等尊严，一些国际人权组织行动起来，作出了一定的努力，出发点虽然不同，但是绝大部分人权非政府组织的目的是积极的，善良的，他们的行动逐渐得到人们的理解。在众多国际人权非政府组织中，人权观察（Human Rights Watch）与大赦国际并称为两大最有影响力的人权组织。国际人权非政府组织通过各种活动途径来扩大自己的影响，如参与联合国人权会议，行使发言权；与政府间的人权委员会、人权事务高级专员办事处以及非政府组织等保持联络；向联合国特别报告员或各公约机构提交人权报告或影子报告。国际人权非政府组织这些活动和影响对每一个国家和地区人权非政府组织都是一种支持。大赦国际一直关注马来西亚国内的人权状况并和一些非政府组织保持联系，并就该国的一些和人权相关的事件发表评论。

虽然有很多限制因素，但国内外也存在一些促使人权组织发展的积极因素。近几十年来，随着马来西亚人民要求公正和民主的呼声逐渐高涨，马来西亚的人权运动也逐渐引人注目。从70年代初起，人们对改善人权状况的要求成为公民社会活动的中心点。在大的范围内，人权运动在多个阵线开展，世俗的非政府组织和宗教组织都被牵涉进来。这些非政府组织在广泛的领域开展活动，在运动中产生了新的人权非政府组织，非政府组织之间相互合作的能力得到锻炼和提高，同时在社会中也激发人们对人权问题的关注。

二、马来西亚主要人权非政府组织

我们可以把马来西亚的人权非政府组织划分为两类：第一类是专门从事人权活动或将人权作为自己主要目标的非政府组织，如大马人民之声（SUARAM）；第二类属于经常参与人权活动的其他类型非政府组织，如妇女组织、环保组织和消费者组织等等。为了有助于建立联盟和唤起民众的觉悟，吸引更多的支持者，筹集更多的资金，这类世俗非政府组织往往将某些特定的问题贴上"人权"的标签。把广泛的问题和人权挂钩可以掩盖有些细节，同时也使这些问题和每一个人的利益联系起来,而不是和某一特定的群体利益有关。在这个过程中,非政府组织不得不花费很多精力来支持人权运动,而这和它们所关注的领域差距很大。

第一类非政府组织有:

(1)大马人民之声(SUARAM)①

大马人民之声(以下简称 SUARAM) SUARAM 是一个致力于在政治、经济、社会和文化等领域改善马来西亚人权状况而奋斗的组织,也是马来西亚最有影响力的人权非政府组织之一,它于 1987 年的茅草行动后成立,以公司名义注册。SUARAM 起源于支持 ISA 拘留者组织(the Support Group for ISA Detainees),它是为了回应 1987 年政府大批拘留社会活动家而成立。当时成立的目的是为了救援被捕人员,尽管所有的拘留者最后都被释放,卷进这次事件的人感到在马来西亚促进和保护人权的运动任重而道远。后来这个组织逐步发展,成为马来西亚主要的人权非政府组织,其活动主要是监督马来西亚和本地区的人权状况和报告侵犯人权的案例。它还是多次非政府组织联盟的中心,如反巴昆大坝联盟、争取人民民主联盟等等。该组织坐落在八打灵区(Petaling Jaya),1999 年它还在柔佛巴鲁设立办事处,并计划进一步扩大。目前,马来西亚人民之声的执行主任是叶瑞生。

SUARAM 的宗旨是在马来西亚推动和保护人权,开展运动致力于取消所有压制性的立法,树立公众的人权意识,组织和建立资源中心以满足个体和群体的人权需求,建立人权网络以便进一步推动该事业。它的活动领域包括社区发展、环保、人权以及对土著人民的关心。

---

① Lim Teck Ghee. Nongovernmental Organizations in Malaysia and Regional Networking. In Tadashi Yamamoto(ed.), *Emerging Civil Society in the Asia Pacific Community*. Tokyo: Japan Center for International Exchange and Singapore: ISEAS. 1995. pp.178~179.

SUARAM 在国内组织的活动有：人权咨询（SUARAM 定期就人权咨询组织讨论会、起草马来西亚人权宪章）；引导人们关注沙捞越土著人民的困难；组织各种各样的论坛就国内的人权状况对公众进行教育。

在地区层面，SUARAM 是维也纳联合国人权会议在东南亚的合作成员。在国际层面，该组织积极主动地和大赦国际、亚洲人权会议、亚洲观察（Asia Watch）以及国际法学家委员会建立网络联系。

SUARAM 出版一些书刊杂志，撰写一些研究和培训报告，如《人权活动人员的继续教育》的报告，该报告是由负责 1993 年 5 月举行的人权活动人员培训的工作室为培训课程撰写的，它和亚洲人权和发展论坛的系列报告《白皮书》(the White Papers)联合发表。

从一开始，SUARAM 就成为马来西亚促进和保护人权的主要非政府组织之一。国内其他主要非政府组织对它都给予支持。经过 10 多年的努力，SUARAM 的组织机构不断得到完善。由于得到其他组织的大力支持和自身拥有大批热心从事人权工作的人员，它在促进地区合作方面具有很大的潜力。

（2）国民醒觉运动（National Consciousness Movement，Aliran）

自从 1977 年成立后就一直是槟城非政府组织中的核心组织，它宣称是马来西亚第一个无党派、多元种族改良运动。该组织主要通过发行其刊物 Aliran 月刊、出版书籍以及组织论坛来促进社会公正和政治改革，推动各宗教各族群之间进行对话。

（3）大马人权协会（HAKAM）[1]

大马人权协会（以下简称 HAKAM）是律师公会（the Bar Council）人权分会的一个分支机构，是马来西亚相对年轻的非政府组织。

---

[1] Lim Teck Ghee. Nongovernmental Organizations in Malaysia and Regional Networking. In Tadashi Yamamoto(ed.), *Emerging Civil Society in the Asia Pacific Community*. Tokyo: Japan Center for International Exchange and Singapore: ISEAS. 1995. p.179.

成立HAKAM的动议在80年代末期就已经提出来了,但直到1991年6月14日社团注册官才给予正式注册。该人权组织在吉隆坡,成员全部为志愿者,且大多是律师。该组织主要和其他非政府组织合作来促进人们的人权意识并开展倡导活动。

HAKAM的目标是:促进和保护人权;开展消除相互抵触法律的运动;推动颁布提高人权的立法;受理人权投诉;重新考量和马来西亚传统精神相关的价值和准则。为了实现其价值目标,该组织努力寻求国内、地区和国际领域的相关合作。

HAKAM关注的主要领域是在马来西亚及其邻国促进和保护人权。为此,HAKAM在吉隆坡、八打灵区以及哥达京那芭鲁(Kota Kinabalu,在沙巴州)组织人权讨论会。1993年HAKAM组织的活动有:在吉隆坡举行了一个土著居民权利论坛;在哥达京那芭鲁召开一个讨论《内安法令》的论坛;在八打灵区举行"Azmi Khalid教授:一个世界人权纪念日论坛"。由于资金的限制,HAKAM还没能够组织地区或国际等级的活动。和HAKAM合作的地区和国际组织有联合国人权中心。HAKAM至今还没有出版物。

如果按其现在的表现,该组织建立地区网络的潜力不会令人鼓舞,特别是该组织完全依靠志愿者,从而使其人力资源匮乏。然而,和当地其他非政府组织的广泛合作可以克服其人力资源的缺陷,从而建立地区网络联系。

(4)社会正义运动(Movement for Social Justice,Adil)

社会正义运动是1998年12月在前副首相安华被逮捕后成立的一个人权组织,它在当时吸引了众多的支持者,并成为"烈火莫熄"运动的领导力量。该组织号召进行广泛的社会、政治和经济改革。该组织的成立和安华的妻子Wan Azizah Wan Ismail有紧密的联系,当安华的妻子在1999年发起组织了国民公正党(Parti Keadilan National)时,社会正义运动也逐渐淡出历史舞台。

第二类人权非政府组织有:

(1) 妇女组织

全体妇女行动协会、妇女救助组织、妇女救助中心、妇女集体发展组织、妇女之友以及妇女力量(Tenaganita)都曾借用人权来为妇女争取经济和政治权利,游说政府加强立法以控制家庭暴力,修改强奸法和婚姻法,制定法律制止贩卖妇女行为等等。它们也不断支持有关其他议题的人权运动。

(2) 工会组织

现代工会组织很少在大的范围内组织活动来反映自己的要求,这主要是因为一些限制性的法律制约着它们的活动,也妨碍工人们组织起来。尽管如此,很多工会组织,如纺织工人工会联盟、哈里斯电晶体工人组织、全国房地产工人组织、运输工人组织、电子工业工人组织,还有全马工会联合会,都不断地加入和人权相关的非政府组织联盟;有些非政府组织,如妇女力量(Tennaganita)所开展的工作多和种植园工人、工厂工人以及移民工人有直接联系,它们也处理一些和人权有关的事务。

(3) 消费者组织

马来西亚消费者组织联盟及其属会,以及非附属于该联盟的消费者组织,如槟城消费者组织(CAP)、消费者教育研究会等组织,将消费者的权利和人权联系起来,并把人权问题作为它们关注的主要议题之一,同时,它们也支持和加入其他人权联盟组织,并开展相关活动。

(4) 环保组织

马来西亚环保协会(EPSM)、大马地球之友、槟榔有机农场俱乐部,以及其他环保组织一直积极参与马来半岛和东马沙巴和沙捞越的人权活动,突出环境人权的特色,认为每个人都权享有清洁的环境。环保组织经常和消费者组织以及原住民组织合作开展活动。

(5) 学生组织

马来西亚的大学生组织及其活动在 70 年代比较活跃,当时大批学生参加抗议活动以支持一个农民运动,政府加以镇压并出台了大专法令以加强对学生组织的控制。90年代末的"烈火莫熄"人权运动从某种程度上重新激发了学生活动,这得益于新老非政府组织的努力,如马来西亚全国回教学生协会(PKPIM)、马来西亚回教学生联合会(GAMIS)、全国大专联谊会(IVC)和马来西亚青年学生民主运动(DEMA)。

(6) 华人社团组织

雪兰莪中华大会堂,特别是该组织的民权委员会(Civil Rights Committee),董教总等华人社团组织是人权活动的积极参与者。它们的议题主要涉及华群的权利,尤其是发展本民族母语教育的权利。

(7) 职业组织

在马来西亚有很多职业组织,涉及医疗卫生工作者、律师、教师、大学教职员工等。它们积极支持各种各样的人权活动,所支持的议题有可能在它们的职业范围内,如医护人员可能支持公民健康倡导活动;也可能涉及更加宽泛的议题。在这些职业组织中,律师公会(the Bar Council)作为倡导型的非政府组织表现突出,由于它在公民和政治权利问题上所持的态度和立场和政府相对,因而引起政府的不满和愤怒。这些职业组织有自己的分会组织,其中有些是宗教性质的分会组织,如马来西亚伊斯兰医学协会。

(8) 控制艾滋病组织

在马来西亚艾滋病协会的领导下,很多非政府组织都工作在艾滋病防治领域;它们还制订了马来西亚艾滋宪章(Malaysian AIDS Charter)规定了艾滋病病毒感染者和艾滋病者的权利。这些非政府组织中,粉红三角(Pink Triangle)的活动引人注目,该组织不断呼吁要维护男女同性恋者(gay men and lesbians)、双性恋者(bisexuals)以及换性者(transsexuals)的权利,而其他非政府组织则很少给予这些边缘群体以支持。

(9) 其他倡导型组织

在马来西亚还有一些为原住民的权利而开展活动的非政府组织,如土著奥朗阿斯利(Orang Asli)关怀中心和原住民发展中心。

另外一些非政府组织的工作对象是城市中无住房者,它们把拥有住房的权利纳入人权范围内,如城市先锋支持办公室、城市资源体、平民之声和可持续交通网络等。

(10)宗教组织

许多宗教组织也重视人权问题,特别是伊斯兰教组织和基督教组织。参加人权活动的穆斯林非政府组织有:马来西亚伊斯兰青年运动、马来西亚社会改革运动(JIM)、马来西亚伊斯兰学者协会、马来西亚穆斯林毕业生协会。

三、人权非政府组织的主要活动

已有的文献资料显示,在马来西亚最早援用人权为自己争得权益的是华教组织。联合国宪章是1945年6月26日联合国国际组织会议结束时在旧金山签字的,于1945年10月24日生效。1948年,联合国通过了《世界人权宣言》。华教组织在创立之初就以联合国宪章所规定的人权内容为武器来捍卫华文教育的权利。1952年马来西亚联合邦华小董教及马华公会代表联席会议宣言中这样写道:"基于民族的权利:一个民族有权利学习自己的语文,并且有权利保存及发展自己的文化,这是联合国宪章所规定的,也是世界上所公认的,而该报告书(指《巴恩氏报告书》)及法令,虽未明文说明华人不能学习自己的语文,然对于国民学校给予免费,对于华校取消津贴,使华校逐渐趋于绝迹,即为损伤华人的权利。"[①]时至今日,华教组织仍不断拿起人权武器来维护和发展华文教育,因为除了1948年联合国世界人权宣言规定了最一般性接受母语教育权利外,后来的其他公约也规定了保证公民自决、发展和促进各自文化、语文与教育的权利。如《公民与政治权利国际公约》第27款就指出:"在一些拥有少数民族、宗教及语言的国家里,这些少数人民应享有他们应有的权利,和他们的族群生活在一起,享有本身的文化、信奉和实行各自的宗教或

---

① 马来西亚华校教师会总会编:《教总33年》,1987年,第318页。

使用自己的语文。"①

马来西亚人权非政府组织的活动集中体现了政府和非政府组织的对抗性质。这些活动主要有：

1. 倡导取消那些压制和破坏人权的法令

从内部因素来讲，虽然马来西亚宪法的第二部分保护人的基本权利，包括人身自由权，法律面前的平等权，言论、表达、集会、结社自由权以及宗教自由等等。但在实践中，非政府组织的发展更多地受制于一系列普通法。如前文提到的《社团法令》、《内安法令》、《机密法令》、《煽动法令》、《大专法令》、《出版法令》和《警察法》等。

除了以上的法令限制外，有些人的活动自由也经常受到限制。有些活动家的活动被限定在马来西亚范围内，或马来西亚某个地区的范围内。对东马的活动家尤其如此，他们被限定在马来西亚活动，或者被限定在沙巴或沙捞越范围内活动。1933年居住限制法令对犯罪嫌疑人的住处和时间进行了限定。它的影响延续至今。在内安法令下扣留的人被释放出来后不一定有完全自由的活动空间，也许会被限定在马来西亚的一个特定的地区内活动。

有这么多的法令存在并被经常使用，而且宪法150款被用过4次，每次使用后都没有被宣布撤回或取消。1981年修订的宪法禁止任何人挑战紧急状态法及其相关法令的合法性。② 马来西亚人民有理由感到始终处在紧急状态之下。

紧急状态之下的政治和社会环境损害了个人的人权，宣布紧急状态的随意性（并不都是在国家处在危机的情况下宣布）和国际人权标准相违背。这都激起非政府组织，特别是人权非政府组织的反对。

虽然大部分非政府组织的努力没有达到应有的效果。有时候，

---

① 柯嘉逊：《马来西亚华教奋斗史》，吉隆坡：华社资料研究中心，1991年，第203页。

② SUARAM. Malaysian Human Rights Report. Petaling Jaya: SUARAM Komunikasi, 1998. pp. 223~224.

在众多非政府组织的共同努力下也可以取得有限的成功。1981年社团法令修正案将非政府组织划分为政治性非政府组织和非政治性（友好的）非政府组织，并对政治性非政府组织的管理增加了更加严厉的新的限制性条款。这激起了非政府组织的强烈反对，有100多个非政府组织卷入这次活动。1983年的社团法令修正案废除了这部分条款，但却保留了其他对非政府组织不利的限制性条款。①

在80年代中期，非政府组织和新闻记者结成联盟反对官方机密法令修订案，并制订了《信息自由法案》相对抗。也许是受抗议活动的影响，修订的最后文本的限制性略为降低。这次活动虽然成效不大，但有一定的影响。许多重要人物都出来支持非政府组织；全国记者联合会向政府呈交的请愿书得到马来西亚36000人的签名。②

警察滥用权力是人权非政府组织关注的目标之一。不断有人投诉自己的身体和心理在被关押和扣留期间遭受过警察的虐待；不断有警察代表开发商的利益将城市无固定住房者或原住民赶出居留地；在处理一些犯罪案件中，不断有犯罪嫌疑人被警察枪杀，仅1998年就有23起此类事件发生；1980至1990年间有151个犯人死于还押期间。③ SUARAM出版的《2004年马来西亚人权报告》和《2005年马来西亚人权报告》中分别对警察滥权行为给予披露。④

反对大专法令的运动随着"烈火莫熄"运动的开展而取得进展，

---

① Meredith. L. Weiss. The Malaysian Human Rights Movement, in Meredith L. Weiss and Saliha Hassan(eds), *Social movements in Malaysia: from moral communities to NGOs*. London and New York: RoutledgeCurzon, 2003. p. 151.

② Tan Boon Kean and Bishan Singh. *Uneasy Relations: The State and NGOs in Malaysia*, Kuala Lumpur: Gender and Development Programme, Asian and Pacific Development Centre. 1994. pp. 24~25.

③ SUARAM. Malaysian Human Rights Report. Petaling Jaya: SUARAM Komunikasi,1998. pp. 244~252.

④ 2004年马来西亚人权报告概述. http//SUARAM.NET.

许多学生走上街头参加抗议示威活动,学生组织又重新建立或恢复起来。但政府不断地强调,学生应该好好学习,而不是游说和煽动,没有必要修改大专法令。有些学生也因为参加集会而遭到逮捕。

对类似法令的反对活动此起彼伏,但都和反对大专法令的活动一样,没有取得任何进展;政府却不断行使这些法令,从而使这些法令得到强化。1996年非政府组织组成惩治警察滥用职权法庭(NGO Tribunal on Police Abuses),政府以准备动用内安法令威胁这个法庭的组织者。1998年10月,警察驱散了人权组织大马人民之声组织的一个针对ISA的一个论坛。非政府组织活动家艾琳·费尔兰德丝(Irene Fernandez)被指控违犯出版法令(PPPA),因为她所领导的非政府组织推出了这样一个报告:"拘留营中移民工人所遭受的虐待、折磨和非人待遇"。多年后,她的案子仍悬而未决。①

在马来西亚,人权非政府组织所进行的最有影响的人权活动也许是致力于废除内安法令(ISA)以及其他相关法令。反内安法令活动已经持续多年,在马来西亚政府援用内安法令对付前副首相安华以及其他参与"烈火莫熄"运动的成员(其中至少包括18位安华的朋友及支持者)后,反内安法令活动又进入一个高潮。"废除内安法令联盟"(GERAKAN MANSUHKAN ISA)成立于2001年,其中82个成员来自民间组织、非政府组织及政党。此联盟的斗争理念是废除《内安法令》及释放所有《内安法令》扣留者,目前它正积极地在全国活动,再次带领群众,坚决要求政府废除《内安法令》,以还马来西亚一个更自由、民主的空间。

内安法令于1960年颁布,它的前身是1948年的紧急状态法。当紧急状态解除后,内安法令被制定并专门用于对付马共。当时的

---

① Meredith. L. Weiss. The Malaysian Human Rights Movement, in Meredith L. Weiss and Saliha Hassan(eds), *Social movements in Malaysia: from moral communities to NGOs*. London and New York: RoutledgeCurzon, 2003. p.152.

首相东姑(Tunku Abdul Rahman)向国会和国家保证内安法令所赋予政府的巨大权力将不会用来对付合法的反对党和合法的持不同政见者。[①] 虽然马共基本被消灭,其余部力量也在 80 年代初向政府投降,但内安法令却始终未被取消,反而在政治和社会事件中被广泛运用以对付政敌和一些违法行为者。该法令允许 60 天的单独监禁,其间被拘留者要遭到无休止的审问和精神折磨。在过去的案件中,好几个被拘留者声称他们还遭受到警察的肉体折磨,但这些警察从未遭到审讯。在 60 年代,内安法令被广泛用来对付敌对政客,特别是来自工党(the Labour Party)PRM 的政敌。在 70—80 年代该法令的使用主要用于族群敌对事件以便转移巫统(UMNO)内部的危机和矛盾,如 1987 的"茅草行动"[②]。到 90 年代,内安法令甚至用于巫统内部的政治斗争。当时,作为副首相的安华,完全是内安法令的实施者,也不幸成为内安法令的牺牲品。到 1993 年 7 月为止,援用内安法令所实施的逮捕和拘留事件有 9542 起,援用《1969 年紧急(公共秩序及预防犯罪)法令》的有 797 起,援用《1985 年危险药物(特别预防措施)法令》的有 3195 起。[③] 1997 年 11 月 31 日,有 223 人仍处在在押状态,他们都是援用内安法令被拘留的,其中有 171 人是因为从事诸如造假护照或身份证等违法活动而被援用内安法令逮捕的。

《1969 年紧急(公共秩序及预防犯罪)法令》是在 1969 年"5·13"种族冲突事件后制订并颁布实施的。该法令规定:为了维护公共秩序、镇压或预防暴乱,内务部长可以不经审讯拘留任何一个人达 2 年时间。自从颁布后,该法令不断用于对付有嫌疑的犯罪行为(1995

---

① The Abolish of ISA Movement. http://www.suaram.org/isa (22 November 2001).

② 柯嘉逊:《马来西亚华教奋斗史》,吉隆坡:华社资料研究中心,1991 年,第 163~170 页。

③ Kua Kia Soong. The Struggle for Human Rights in Malaysia. Paper Presented at the *Asia-Pacific People's Assembly Human Rights Forum*, Kuala Lumpur, 9 November.

年有447起,1996年56起)。1994年,有两名男子因在一起种植园劳动纠纷中支持了其中的工人而被援用该法令拘留。《1985年危险药物(特别预防措施)法令》在1985年通过。该法令允许警察在证据不充分,而在现行司法体制下无法定罪的情况下,拘留危险药品走私嫌疑人。到目前为止,已有许多人在此法令下被拘留过或正处在拘留状态中。仅1987年就有1081起此类事件发生。尽管有如此严厉的法令作为威慑,但效果并不理想,走私危险药品的活动在近年来仍然有上升趋势。[1]

多年来,以非政府组织为主力所组成的联盟对此类法令的反对活动基本是反应性的,往往是在内安法令得到强化实施时才有反对活动。在短期内,一些组织联合起来,提出强烈要求,向政府官员请愿,举行论坛或者研讨会等活动;很快,兴趣和动力开始减退,运动处于低潮或逐渐停止。由于参与的各个组织都有各自不同的目标和理念,要维持运动的势头和加强合作实属困难。政府并不会理睬这些组织要求废除内安法令的要求,因为它实在没有那个必要。只有当该法令的使用触及许多人、并使不同族群和阶层的人感到威胁的时候,才会引起广泛的愤怒和反对。该法令的使用似乎更能引起人们的恐惧而不是愤怒,许多人害怕该法令而对反对活动退避三舍,或避免卷入太深;只有当更多的人都加入并组织起来后,这些人才公开加入反对活动。1987年"茅草行动"后,参与人权活动的人数锐减,很显然,内安法令对持不同政见者的威慑作用还是很大的。到1998年9月,安华及其支持者被援用该法令拘留后,人权组织再次掀起反内安法令的高潮。非政府组织尽数反对内安法令的理由:该法令亵渎宗教的正义标准;它和一系列国际公约相抵触;它的使用往往替代了其他法律,而其他法律更能合理保护被指控人的应有权利。反对活动一般围绕内安法令而开展,只是附带涉及其他类似法令。在"烈火

---

[1] SUARAM. Malaysian Human Rights Report. Petaling Jaya: SUARAM Komunikasi,1998. pp.220~222.

莫熄"运动的影响下,两个巫统议员和国阵的成员党人民行动党曾提起内安法令需要检讨,但没有结果,至今该法令未受到任何影响。

2. 敦促并协助建立国内人权监控机制

多年来,非政府组织一直呼吁成立一个有效的机构来监督、调查和防止法律的滥用和不规则行为。这种为保护人权而改革法制的努力无疑是一项大工程。早在1999年,外交部就宣布它将提出一个议案成立一个国家人权委员会(NHRC),该议案于同年7月通过。在议案通过之前,非政府组织组成联盟(该联盟的名称为关注组建国家人权委员会人权非政府组织联盟)呼吁议定一个更好的法案,并使议案的全过程更加透明。该联盟抗议政府秘密出台此议案,因为在议案提交国会之前政府没有公布草案以供讨论。人权非政府组织联盟还建议,为了使议案合法和具有影响力,国家人权委员会必须独立于政府,由7-11个委员组成,服务期至少5年,他们的年俸和任期均应该不受政府的管辖,他们的使命和职责应该明晰,他们应该拥有传审个人和调查文档的绝对权力。政府提供的最后方案是:由苏丹任命(在首相的建议下)委员会成员(超出11个),任期为2年。人权委员会的成立并没有使《机密法令》和其他法令废除,该委员会只能拥有有限的权力来获得相关信息和处理相关事件。非政府组织担心的是:人权委员会的行动不公开和不具透明度;该委员会委员只听命和屈从于政府的意愿,而没有足够的力量来说服政府取消那些有碍人权保护的法令,更不能够促使政府认可国际社会制订的人权公约;该委员会缺乏认定和调查违反人权行为的能力,更不能够有效地开展有关人权问题的公共教育活动。然而,人权委员会主席穆萨·希塔姆(Musa Hitam)表示,委员会将公开和包括非政府组织在内的社会各部门合作,以确保人权委员会完成其使命并尽可能做到公正。

马来西亚人权委员会的成立不仅有国际和国内因素的影响,而且还有地区因素的影响。它的成立和东盟政府以及东盟非政府组织致力建立一个东盟人权机制(ASEAN Human Rights Mechanism)的愿望相吻合。

3. 制订马来西亚人权宪章

《马来西亚人权宪章》20个条款的主要内容有：(1)普遍的人权原则。(2)不可分割的经济、社会、文化、公民和政治权利。(3)妇女权利。(4)全面发展的权利。(5)民主参与权利。(6)获得国际机构救助的权利。(7)可持续发展权利。(8)平等和不受歧视的权利。(9)基本需求的承认和同等获取的权利。(10)受雇佣和享受良好工作条件的权利。(11)教育、语言、文化和宗教权利。(12)个人安全权利。(13)结社和集会自由权。(14)言论和获取信息自由权。(15)儿童权利。(16)土著人权利。(17)残疾人权利。(18)难民和外国工人权利。(19)人权培训和教育。(20)限制行使紧急状态法的权利并支持司法独立。《马来西亚人权宪章》的出台得益于非政府组织的努力，是1993年和1994年间来自50个人权组织、工会、消费者组织、妇女组织、环保组织、学术团体以及其他组织的代表进行磋商的结果。[①] 到1999年5月，它得到49个马来西亚非政府组织的认可，其中有两个伊斯兰组织，它们是马来西亚全国穆斯林学生会(PKPIM)和妇女组织伊斯兰姐妹(Sisters in Islam)。马来西亚人权活动的目标主要是要实现马来西亚人权宪章(MCHR)里所预设的理想。这个文件以《世界人权宣言》(UDHR)和《亚洲人权宪章》(Asian Human Rights Charter)为基础列举了一系列马来西亚人应该享有的公民权利和政治权利，得到马来西亚各类非政府组织的支持。

根据最初的计划，《马来西亚人权宪章》将是一个活性文件，由不同的非政府组织完成阶段性的人权状况报告。但到目前为止，报告只是零碎的。人权非政府组织大马人民之声根据1996—1998年的数据在1998年11月发布了一个综合性的《马来西亚人权报告》。这个文件涵盖了广泛的有关人权问题的信息，并列举了马来西亚人权受到侵犯的八个领域：发展、劳动、妇女、土著民族、儿童、残疾人、不

---

① Malaysia Charter on Human Rights. December 1994. http://www.suaram.org.

平等和非歧视、公民和政治权利。报告的编辑们断言:"这份报告的准备和合作起草过程是迄今马来西亚非政府组织间最有价值和意义的合作项目之一。"①1999年5月,经过审查和商讨,人权非政府组织对马来西亚人权宪章的几个地方进行了修订,涉及的要点是:有必要认可保护移民工人的国际公约;建议取消死刑或者限制使用之,禁止在公众场合行刑;建立一个推动和保护人权的国家机制;抗议国家安全部门任意剥夺生命的权力等等。

4. 其他活动

人权非政府组织还关注一些环保议题,并就一些议题组成联盟,如反巴昆大坝联盟、槟榔山之友联盟等。它们抗议在沙捞越伐木,在雪兰莪河建大坝。它们的人权理念是人们有权享有一个安全、清洁环境的权利;土著居民有权保有他们的土地和生计。但政府的理念是发展第一,这也是这个国家的政治和企业精英们所认可的理念。非政府组织将环保和人权联系起来作为解决环境问题的一个方法,其意图在于鼓动更多的人支持它们。但在马来西亚的意识形态中,西方的人权概念并不完全正确,把人权和环保直接联系起来未必能达到满意的效果。②

5. 宗教组织参与人权活动

许多伊斯兰非政府组织的重新活跃得益于90年代末的"烈火莫熄"运动。这次运动主要动员民众反对内安法令;提倡民主,并尊重个人权利和自由。这次运动还催生出新的伊斯兰组织。在安华被捕后所形成的争取社会正义,特别是争取取消内安法令的非政府组织

---

① SUARAM. Malaysian Human Rights Report. Petaling Jaya: SUARAM Komunikasi, 1998. p. 2.

② Andrew Harding. Practical Human Rights, NGOs and the Environment in Malaysia. In Alan E. Boyle and Michael R. Anderson(eds). *Human Rights Approaches to Environmental Protection*. Oxford: Clarendon Press. 1996. pp. 229~232.

联盟(马来西亚人民正义运动,Gerak)中,伊斯兰非政府组织处于核心地位。在社会正义运动(Gerak)和人民民主联盟运动(Gagasan)中,世俗非政府组织和伊斯兰非政府组织就共同的议题初次开展合作,尽管合作的时间较短,[1]但两者的合作预示着各个民族在在公民社会领域有了共同关心的议题。

不仅伊斯兰教组织卷入马来西亚的人权活动,基督教组织也积极参与人权的教育和倡导活动。这些非政府组织包括马来西亚基督教协会、天主教研究中心以及一些像支持社会公正运动基督徒(Christians for Adil)新的网络组织。一些教堂,如八打灵区的圣法兰西斯泽维尔教堂(St Francis Xavier Church)就以开启人们的人权意识而著称;一些天主教活动家曾因为参与人权活动而在用内安法令下遭逮捕。印度教和佛教组织偶尔给予人权组织以支持,但它们对卷入此类人权活动持谨慎态度(多是在马来西亚佛教、基督教、印度教和锡克教顾问委员会的支持下参与某些活动)。

四、人权非政府组织活动的主要策略

人权非政府组织要么依据自由人文主义对人权的解释,要么依据宗教信条要求享有某一特定权利。世俗人权组织对人权的解释主要依据洛克的人权不可剥夺理论为基础,并参照有关国际公约(如《世界人权宣言》)和马来西亚宪法,宗教界对人权的解释主要依据某一特定宗教的教义,或者大部分宗教的惯例。伊斯兰教组织追求的是一个伊斯兰式的社会政治秩序,有可能和马来西亚人权宪章中所提倡的个人自由和正义标准相符合。

人权非政府组织在进行公众教育、动员民众以及游说政府等方面所使用的方法大体相似。最普通的方法是签字活动,辅之以寄送

---

[1] 由于关注的焦点越来越集中于即将到来的 1999 年大选,而渐渐脱离公民社会活动的内容,社会正义运动(Gerak)和人民民主联盟运动(Gagasan)经过 6 个月的狂热活动后便几乎销声匿迹了。

明信片和书信活动。非政府组织成员及其支持者尽量多地收集姓名、签字和身份证号码,这些请愿书然后递送到相关政府部门。这种做法对于唤醒人们的人权意识有一定作用,同时也向政府表明有多少人支持或反对某项政策。事实证明,这种策略所起的作用有限。在1981年,为了反对《社团法令》修改案,非政府组织向政府提交了7万多人的签名。修改案被两度撤回并进行了重大修改,虽然最后只是取消了一些最具争议性的条款,但这似乎表明非政府组织的请愿活动有所收效。

非政府组织还不断使用因特网等多媒体工具来鼓动本国和外国的支持者向政府官员寄送明信片和信件来开展活动。1998年,大马人民之声举行庆祝《世界人权宣言》(UDHR)发布15周年活动,目的是为了敦促政府使马来西亚的法律更加符合《世界人权宣言》的条款。

这种方式能使活动在更加广泛的范围内开展,但缺乏深度。因为大部分人只是在请愿书上签名而已,或告诉其他人活动的重要性,而没有采取进一步的具体行动。偶尔有大规模的群众游行示威活动,像在"烈火莫熄"运动中就有很多人走上街头。参加示威游行比签署一份请愿书要冒更大的风险,很多人对于是否参与示威仍然持观望态度。

非政府组织所采取的其他策略有:收集违反人权的事实证据并建立和实施监控机制,举办论坛,发行出版物,就有关问题和警官开展对话,商讨可能的解决办法、向公众发放手册,告诉他们在万一被捕的情况下知道自己应该享有的权利等。大马人民之声实施人权监控的主要非政府组织,其他非政府组织也在各自的领域对违反人权行为进行监控,如对妇女施暴行为、不公平的劳工待遇、对土著居民居留地的侵犯行为等等。一些妇女组织还对马来西亚的强奸问题进行了大量的调查研究;1999年5月非政府组织组成调查组对沙捞越巴昆大坝的状况进行再评估。这些调查结果一般在研讨会上公布,或在非政府组织短讯或杂志上发表。有些研讨会以培训班的形式召开。由于政府控制着媒体,媒体很少报道倡导型非政府组织的活动,即使有报道,也很少从正面来报道;举办有许多人参加的研讨会很难获得警察的许可;参加研讨会的多是非政府组织的核心成员。在这种情况下,广大的民众很难了解非政府组织的活动,更不用说知道它们的发展了。即便如此,非政府组织还是按期举行记者招待会,提出自己的要求,发表它们的研究成果。

五、政府与人权非政府组织的关系

政府从两个方面对人权非政府组织的言论和活动采取应对措施:在行动上,对抗议者进行威慑,对非政府组织的反对活动消极应对;在意识形态上,政府强调在一个多族群社会中,一个强大的政府是必须的,如果没有内安法令,政府将不能够镇压种族敌对事件,各种组织的犯罪活动将会猖獗起来。1969年的"5·13"事件的阴影仍然笼罩在一些人的脑海中,它使一部分人相信政府有理由保存其强大的施政武器以便应对有朝一日发生的类似危机。尽管有人权组织的反对内安法令的宣传,支持该法令的人也不在少数。如果政府确实要最终取消内安法令、《1969年紧急(公共秩序及预防犯罪)法令》以及《1985年危险药物(特别预防措施)法令》,它也会按照自己的日程安排来进行,也许会按照对它有利的方式来进行,如:争取选举支持或赢得国际社会的认可等等。

政府所瞄准的非政府组织活动家不仅仅是一些骨干分子,安华被捕后的数月内有大约500名参与"烈火莫熄"运动的活动分子被拘留,政府指控他们非法集会或暴乱。这些被扣留者在被扣留时要遭受警察所使用的高压酸水泵的喷射和拳打脚踢;在起初好几天的还押期内不仅要忍受人格侮辱和诸多不便;一旦被定罪,还要被判入狱和缴纳几千林吉特的罚金。通过非政府组织、反对党的活动以及国内重大事件的影响,再加上出版物和电子媒体的使用,确实有一大批人支持和帮助促进了非政府组织所追求的事业,但所发生的事件显示非政府组织的活动并不是没有风险,一些个人由于担心自己的工作和家庭,对参加未来的社会活动将犹豫不决和顾虑重重。

在所有的非政府组织中,人权组织在组织活动中面临的困难是最大的,其原因有三:一是因为马来西亚的主流意识形态和法律规定不鼓励讨论敏感话题;二是因为公众对人权问题的冷漠和对政府制裁的恐惧;三是因为反对党(如民主行动党)通常在各种讨论会和其他会议上就人权和民主等问题发表言论,其所扮演的显著角色使得政府认定人权非政府组织和这些反对党站在同一个战线上对抗政府的统治。① 有些非政府组织主动和反对党保持一定的距离,同时限制政客在组织中的活动。Aliran 就要求它的成员不得属于任何一个政党组织,马来西亚消费者协会联盟(FOMCA)则建议在消费者协会所举行的活动中,政客不应该担任执行委员会中的职位。

20世纪70—80年代后,致力于在马来西亚和其他地方促进和保护人权的非政府组织得到一定的发展并已经初具规模,它们和地区及国际人权组织也建立了网络联系。马来西亚的人权非政府组织及它们的活动纷繁复杂,多年来,马来西亚的人权活动在多个阵线展开,各类非政府组织也卷入其中各种各样的组织和活动家都卷入和人权议题相关的活动中。它们的倡导和活动促使政府和社会更加关注人权议题和相关国际人权公约;在面对政府的压制、广泛合作的困难等非常不利因素情况下,人权非政府组织及其发动的人权运动还是搭建了一个批评政府和倡导改革的平台,也为人们表达政治观点提供了一个有益渠道。由于政府对人权非政府组织的压制,加上人权非政府组织缺乏战略眼光,人权非政府组织可持续发展的能力较差等原因,人权非政府组织的进一步发展受到一定限制。

---

① Gordon Means. *Malaysian Politics:The Second Generation*. Singapore:Oxford University Press. 1991. pp.198~199.

第五节　马来西亚的环保非政府组织

一、国际环保非政府组织及其网络构成

人口爆炸、土地沙化、资源枯竭、能源危机、环境污染……所有这一切正在不断加深的全球生态危机,使人类社会面临着史无前例的挑战。人类的不充分发展给自己生存于其上的地球带来了严重的破坏。人类开始反思其发展道路并采取各种办法来保护人类的家园不受破坏以致毁灭。但环境问题涉及多学科、多领域;解决环境问题则需要多维的、综合的和跨部门的思维和方法。这是因为环境问题涉及的生活层面很广,既要考虑不同的国家利益和国际、国内不同社会集团的利益,又要考虑不同的意识形态和文化背景。所以,生态环境危机以及解决环境问题的人类活动,在国际上会造成国与国之间紧张关系并打破已有的平衡,在国内则会造成政府和公民社会以及不同利益集团之间的紧张关系。因此,解决环境问题,从国际上看,需要各个国家、联合国等国际组织和国际非政府组织的共同努力;从一个国家看,则需要政府、企业界、科学界和民间力量的共同努力。[①]

到目前为止,联合国领导各国政府在环境保护方面做出了突出的贡献,从《华盛顿公约》、《蒙特利尔议定书》、《巴塞尔公约》的签订到1972年第一次国际环保大会——联合国人类环境会议在瑞典斯德哥尔摩的召开以及1973年联合国环境规划署成立和1983年"世界环境与发展委员会"(WCED)的成立,再到1992年里约地球峰会和2002年在南非约翰内斯堡举行的可持续发展全球高级首脑会议,无不表明联合国和各国政府在环境保护领域所做的努力。1972年

[①] 赵黎青:《非政府组织与可持续发展》,北京:经济科学出版社,1998年,第246页。

在斯德哥尔摩举行的第一个人类环境会议,无论是在世界发展史,还是在各与会国的发展史上都占有重要位置。联合国于 1992 年于巴西里约召开的联合国环境及发展会议(UNCED),它是人类针对环境问题所召开的又一次具有里程碑意义的大会。这次会议共有 176 国政府代表参加,其中 104 国由领袖出席。多数国家共同签署《里约宣言》、《气候变化纲要公约》、《生物多样化公约》、《森林原则》及《21 世纪议程》。1997 年,联合国再度于巴西里约召开第二届地球高峰会议,以追踪各国推动执行《21 世纪议程》状况。同时,列出未来五年(1998—2002 年)之工作重点与计划。

《华盛顿公约》(CITES)(Washinton Convention; Convention on International Trade in Endangered Species of Wild Faun and Flora):即濒临绝种野生动植物贸易公约,1973 年由 19 国签署,目前已有 100 个以上国家政府批准及执行该公约,该公约旨在以管制国际间野生动植物贸易为手段,达到保护稀有或濒临绝种动植物之目的。

《蒙特利尔议定书》(Montreal Protocol):1987 年 9 月签署,对保护臭氧层达成共识,明列五种特定氟氯碳化物及三种海龙之削减时程表。1990 年 6 月在伦敦召开第二次会议,决定加速削减时程。

《巴塞尔公约》(Basel Convention):1989 年由 52 个国家签署,至 1992 年底已有 35 国批准该公约,其中 29 国开始执行。该公约旨在管制具毒性、腐蚀性、可燃性、反应性等有害废弃物之越境转移及最终处置。

《里约宣言》(Rio Declaratiom):1992 年 6 月于地球高峰会议中共同宣布,共有 27 则,明列各国对环境的权利及责任之原则,代表全球对可持续发展指导纲领的共识。

《气候变化纲要公约》(FCCC)(The Framework Convention on Climate Change):1992 年 6 月于地球高峰会议由 153 国共同签署,包括五项共同遵守原则及十项共同承诺,旨在管制二氧化碳、甲烷、氟氯碳化物、氧化亚氮等温室效应气体的排放,以减缓地球的温暖化。至1997年12月初召开第三届缔约国大会,签订东京(温室气体减量)议定书,首次列入具有法定拘束力的削减目标。

《生物多样化公约》(CBD)(Convention of Biological Diversity):1992年6月于地球高峰会议由152国共同签署,共有42条,旨在确保执行生物种及生态系之永续生长,生物技术及遗传物质之开发及转移。

《森林原则》(Forest Principles):1992年6月于地球高峰会议中正式宣布,共有17项,旨在对所有类型森林之管理、养护和可持续开发作成全球协商,属权威性原则声明,无法律约束力。

《21世纪议程》(Agenda 21):1992年6月联合国于地球高峰会议中提出,其目标为促使全世界为21世纪环境与发展所带来的挑战作准备,建立全球共识,以达成全方位的可持续发展。《21世纪议程》内容包括社会经济面、资源之维护管理、共同参与以及执行方法四部分。

1973年联合国环境规划署成立后,保护环境的政府机构和非政府组织在世界范围内不断增加,而这些会议和条约把几乎所有的国家和地区的政府组织和非政府组织都纳入到联合国为主的框架体系下,在世界范围内构筑起自己的网络。

在国际层面,除了联合国在环保领域所做出的努力外,环境保护国际非政府组织也是一支重要的环保力量。像绿色和平组织、地球之友、世界野生动物基金会、世界自然基金会等一些环保非政府组织的名字为人们所熟知。环保国际非政府组织的活动议题主要有:气候领域、反对转基因食品、维护生态平衡、保护物种、环保技术共享以及促进国际环境立法的发展。环保非政府组织除了直接参与环境保护活动外,还发挥着以下两个重要功能:监督和催促有关环保公约和协议的实施;在各方之间充当沟通渠道。由于不少环境非政府组织建立了自己的网络和联盟,凭借地区性和跨国性的网络组织,非政府组织的这些功能得到了更好的发挥。

在环境非政府组织的全球网络体系里,几个大的跨国环保非政府组织居于核心地位。它们组织良好,经费充足,参与政府间国际组织的会议和其他决策过程的机会多,影响力较大。如保护世界联盟(the World Conservation Union)、世界野生动物基金会(the World Wildlife Fund)、世界自然基金会(Worldwide Fund for Nature)、绿色和平组织(Green Peace)、地球之友国际(Friends of the Earth International)以及自然资源保护团体(the Natural Resources Defence Council)。在环境非政府组织全球网络的内圈是一些专门从事有关环境问题研究和信息传播的组织或思想库。如总部设在华盛顿的世界资源研究所(World Resources Institute),世界观察研究所(World Watch Institute),总部设在伦敦的环境与发展研究所,总部设在马来西亚槟榔的第三世界网络(the Third World Network),此外还有成立于1987年的保护国际(the Conservation International)和为筹备1992年在巴西里约热内卢召开的联合国环境和发展会议(地球峰会)而创建的、后来专门从事倡议活动的地球理事会(the Earth Council)。有大约数百个非政府组织网络居于环境非政府组织全球网络体系的第二层,它们从事大量操作性的活动,也广泛参与国际社会的活动。在南亚和东南亚地区,有亚洲农业改革与农村发展非政府组织联盟;在非洲,1982年21个非政府组织建立起了非洲非政府组织环境网络;在日本有日本热带森林网络;在欧洲有欧洲环境组织,1991年它已经拥有126个非政府组织成员;在北美有大湖联盟和全球明天联盟等非政府组织联盟。环境非政府组织全球网络的外圈是由数量众多的或一国范围的环境非政府组织所构成。这些外圈环保非政府组织在促进国家内的环境保护和沟通国际国内和地区间非政府组织的联系方面发挥着很大的作用。这样一个完整的网络不仅把国际环保非政府组织联系起来,而且把各个地区和国家内部的环保非政府组织联系起来。

总之,无论在国际上还是在某一个国家内部,作为一种新的、作用独特的、不可或缺的重要力量,非政府组织在环保领域扮演着越来越重要的角色。但各个国家发展的历史、政治体制、民族构成以及传统等方面千差万别,这无疑决定了环保非政府组织在各个国家发展路径的差异性。

二、环保非政府组织在马来西亚的发展

1972年第一次人类环境会议召开,1973年联合国环境规划署成立,此后保护环境的政府机构和组织在世界范围内不断增加。马来西亚也是诸多环境会议的参加者和诸多协议的签约者之一。马来西亚政府于1974年通过了《马来西亚环境质量法案》(Malaysia's Environmental Quality Act),又于1975年成立了环境分部(the Division of Environment),该部门后来升格为现在的环境部(the Department of Environment)。[①] 在马来西亚政府成立环保机构之前,围绕环境问题展开工作的非政府组织就已经存在了。早期的马来西亚环保非政府组织有马来亚自然协会(MNS)、槟城消费者协会(CAP)、马来西亚环境保护协会(EPSM)和世界自然基金会(WWF)。到70年代末又有大马地球之友(Sahabat Alam Malaysia)的加入。到80—90年代有更多的环保非政府组织得以建立,如湿地国际马来西亚组织(WIMP)、雪兰莪保河组织(SOS Selangor)和水生生命资源管理国际中心(ICLARM)等。

早在联合国召开第一次人类环境会议之前,马来西亚的非政府组织就有关环境问题举行了研讨会或专题会议,它们还就国家的环境立法和政策问题向政府提出倡议。这些组织不仅可以作为马来西亚环保运动的先驱者,而且也是发展中国家环保运动的先驱者之一。从80年代全球结社革命以来,马来西亚的环保非政府组织得到一定的发展。目前,在马来西亚大约有17个非政府组织所从事的活动直

---

① Sundari Ramakrishna. The Environmental Movement in Malaysia. In Meredith L. Weiss and Saliha Hassan(eds.). *Social movements in Malaysia: from moral communities to NGOs*. London; New York: RoutledgeCurzon, 2003. p.116.

接和环保议题有关。这些非政府组织大多在西马,其余在东马的沙巴和沙捞越。几十年来,环保非政府组织的活动所涉及的议题很多,包括环保专业化、改善环境质量、环保倡导、环保教育、政策分析、可持续发展、稀有生态资源的保护、野生动植物贸易监管和社区参与等等。可以将马来西亚环保非政府组织分为四类:草根类、会员类、顾问类和联盟类。第一类组织的活动目的一般很明确,所雇用专职人员有限,活动的开展多依靠当地社区的志愿者。第二类组织拥有众多的会员,会员定期收到时事通讯和出版的刊物。它们所从事的环保议题广泛。它们有固定的职员,且大部分职员有薪水。为了从事专门项目的研究,它们多从外面雇用专家和顾问。第三类组织的成员多是专家和职业技术人员。它们作为顾问向政府和其他与环保有关的部门提供服务。第四类组织是多个非政府组织就某个特定的环保议题采取联合行动从而形成某种联盟。在马来西亚非政府组织发展史上曾经形成的这样的联盟有:大坝行动网络、杀虫剂行动网络、可持续发展网络、气候行动网络、生物多样性行动网络、马来西亚气候变化组织和马来西亚保山网络。

马来西亚环保非政府组织所要追求的目标和从事的活动不尽相同,但它们所关心的议题体现了以下共同之处:努力提高马来西亚人民的环保意识;推动环保活动的开展;阻止生态环境的进一步恶化;推动制订有助于可持续发展的环境政策,使人类的发展不以损害自然环境为代价。围绕着这些议题,马来西亚环保非政府组织开展了丰富多彩的环保活动,包括环保教育、培训、筹集基金、田野调查、社区发展、能力建设、环保政策分析、组织召开国内或国际环保会议等等。这些活动涉及环保、消费、治理、生态旅游、社区、贫困、健康和弱势群体的权利等多项议题。总之,马来西亚环保非政府组织的活动主要围绕三种颜色来进行,即"绿"、"黄"和"蓝"。"绿"就是保护大自然和自然资源,包括物种、生态系统、动植物的社会环境等;"黄"指污染和环境的恶化;"蓝"指和大海有关的环保议题。

1. 反对破坏环境的工程建设

20世纪70年代以来,环保组织成功地阻止了一系列对环境有不良影响的工程建设。

(1) 亚洲稀土案

1985年一家名为亚洲稀土(Asian Rare Earth)的工厂(日本三菱集团公司部分拥有)在吡叻州红泥山(Bukit Merah, Perak)附近的一个村庄生产和储存放射性废物,由于长期暴露在这些放射性废物之下,当地居民的生命受到威胁,并且已经有放射性废物致死的报道。非政府组织、反对党以及公众就此问题展开讨论和进行抗议活动,红泥山居民拿起法律武器将该工厂告上法庭,法庭判定红泥山居民获胜,亚洲稀土就此关闭。在这个案件中,环保非政府组织和消费者组织团结合作,帮助红泥山居民赢得了马来西亚历史上最著名的环保斗争的胜利。[①]

(2) 反对建设淡比灵大坝

在80年代初,好几个非政府组织联合起来反对建设淡比灵大坝(the Tembeling Dam),以保护大汉山国家公园(Taman Negara)。这使得地跨吉兰丹、丁加奴和彭亨州的大汉山国家公园免遭人为破坏。大汉山国家公园在1938年宣布成为自然保护区,当时被命名为"乔治王5世国家公园",现在它是马来西亚最大的国家公园,也是最大的低地和长绿雨林保护区。这个共4343平方公里的国家公园是世界上最古老的热带雨林之一,历经130万年。林中的动物与植物至今仍未曾遭人破坏,保持原始状态,拥有许多珍奇的动植物,在马来西亚素有"绿色心脏"的美称。

---

① Sundari Ramakrishna. The Environmental Movement in Malaysia. In Meredith L. Weiss and Saliha Hassan (eds.). *Social movements in Malaysia: from moral communities to NGOs*. London; New York: RoutledgeCurzon, 2003. p.126.

(3)拯救槟榔山

拯救槟榔山(Penang Hill)行动是包括马来西亚自然协会(MNS)在内的几个马来西亚环保非政府组织进行联合行动的又一个突出案例。当时,州政府准备把槟榔山改造成一个类似迪斯尼乐园式的公园,而这项工程会对岛上的环境造成破坏。在非政府组织和公众的反对下,州政府决定放弃该工程,槟榔山得以完好地保存下来。环保非政府组织参与了马来西亚国家环保部所组织的对该工程的环境影响评估(the Environmental Impact Assessment,EIAs)工作。非政府组织认为任何大工程的建设都必须符合 EIAs 的标准。因为有专家的论证,非政府组织所提出的观点往往是建立在坚实的科学事实基础上,而不是道听途说或感情用事。

(4)拯救兴楼云冰国家公园(Endao-Rompin)

占面积 48905 公顷的兴楼云冰国家公园,坐落在柔佛和彭亨两州之间,是马来西亚仅剩的低地森林之一。这座被喻为是世界上历史悠久且古老的热带雨林,有茂密的棕榈树、清脆的藤竹、细长的羽状复叶的棕榈、猪笼草和胡姬等丰富的植物群。这里也是许多动物如老虎、大象、鹿、鼠鹿、貘及罕见的苏门答腊犀牛等动物的原始家园。在马来西亚自然协会的努力下,这里的动植物资源得到良好的保护,且这个国家公园运转良好。

(5)联合环保行动

值得一提的是,在环保运动中马来西亚的非政府组织从分散走向了联合。在保护半岛中央山脉(Main Range)的运动中,非政府组织的联合促成了马来西亚保山网络(Malaysian Hills Network)的形成。它们反对修建贯通金马仑高原(Cameron Highlands)、花沙山(Frasers Hill)和云顶高原(Genting Highlands)的山地公路,因为这会对半岛的脊梁中央山脉(Main Range)的生态环境造成破坏,而中央山脉为人类生存提供了最基本的保障系统。最后,山地公路工程被搁置。

(6)反对巴昆大坝工程

非政府组织阻止对环境有破坏作用的工程建设的努力并不都是成功的,但它们的努力在本国和本地区,甚至在国际上都扩大了影响,从而唤醒了人们的环保意识。除了几个小案例,如拯救热浪岛(PULAO REDANG))以外,有较大影响的案例应该是非政府组织反对巴昆大坝工程建设的运动了。

巴昆水电工程坐落在马来西亚东部沙捞越州境内拉让(Rajang)河的上游。拉让河是马来西亚最长的河流,有丰富的水力资源可供发电。工程完工后,巴昆工程的水库将覆盖约69640公顷的面积,总库容量达 43.8×10^9 立方米。此外,该水库的下游区面积约达150万公顷(约合15052平方公里)。巴昆水电工程计划发电能力达2400兆瓦。政府认为这项工程是满足马来西亚,尤其是位于婆罗岛上的欠发达州沙捞越州和沙巴州的长期能源需求的一项至关重要的工程。事实上,马来西亚的国家能源政策一直致力于促进可再生能源和低环境污染发电方式的应用,并确立了将水电在总发电量中的比例从10%提高到20%的目标。

巴昆大坝工程的动议早在80年代就提出来作为开发沙捞越河流电力资源的大坝工程系列的一部分,由于遭到当地原住民社会的反对,再加上它的资金成本和社会、环境代价高昂,这个计划在1990年被取消。1993年,这个工程被再度提上日程,并于1994年开始实施。初期的场地清理和河流改道工程于1995年启动。然而,1997年的地区经济危机迫使此项工程陷入停顿。2000年,马来西亚政府决定重新恢复巴昆水电工程建设,并全权委托沙捞越水利公司(Sarawak Hidro Sdn. Bhd.,马来西亚政府财政部下属的全资公司)进行工程建设。从那以后,这项工程便以"全承包"的方式实施,在这种方式之下,承包商既负责工程设计也负责工程施工。为保证工程的顺利实施,1997—1999年间,沙捞越州政府将生活在库区范围内15个居住区包括5个不同民族的约10000名土著居民搬迁到了距大坝施工地约60公里的松盖阿萨普(Sungai Asap)。新的居住区全部采用现代化设施。

目前,这项工程正在积极实施中。205 米高的混凝土覆面岩石装填大坝(CFRD)及其辅助设施的施工进展良好。土建工程可望在 2008 年中期完工。水库施工区域内的商业木材提取工作正在进行之中,水库的最后准备工作计划很快铺开。水库将于 2007 年初开始蓄水,整个蓄水期预计至少需要历时 9 个月。巴昆水电工程计划在 2008 年中期开始发电。

《马来西亚巴昆水电工程》(THE BAKUN HYDROELECTRIC PROJECT - MALAYSIA)是一系列有关巴昆水电工程报告之一,它由马来西亚和新加坡的以下组织编写:森林监护组织(Forests Monitor)、地球之友(Friends of the Earth)、全球证人(Global Witness)、国际河流网络(International Rivers Network)、沙捞越团结运动(Sarawak Solidarity Campaign)、欧洲人权委员会(The European Committee for Human Rights),(KEHMA-S)。在这项工程建设上,政府与非政府组织始终各执己见。政府认为,巴昆大坝不仅给马来西亚提供廉价的能源,为沙捞越增加就业机会和促进贫穷的沙捞越州经济发展,这可以使国家的经济增长多三个百分点;通过再安置和定居可以使原住民纳入到发展轨道上;为沙捞越偏远的旅游景点提供所需要的基础设施;可以与建构中的东盟电网联网,送电到新加坡与马来亚半岛等发达地区,也吸引一些外商投资修建高耗能工业,如电解铝厂等等。总之,这项工程可以促进国家的工业化进程。

非政府组织认为,大坝工程须要搬迁 10000 多人,牺牲原住民对土地的权益,移民安置补偿不足;大坝会改变水质和水流形态,从而引发地质、泥沙与流域生态等等问题,影响大坝以下拉让(Rajang)河下游成千上万人的生活。这项工程所涉及的环境问题和所界定的环境问题主要包括:生物多样性和自然栖息地的损失;居民的非自愿搬迁;水质退化;河流底流中断,下游涝原水位改变;咸水入侵;泥沙淤积和地面沉降;可漂浮植物残骸;污水、预计废物、建筑和生活垃圾;社会经济问题;安全与健康问题。

政府和非政府组织有关巴昆大坝工程的争论在马来西亚乃至国际社会引起了极大的回响。在国内,非政府组织联合起来组成反坝联盟进行多方面的努力活动。《水力发电与坝工建设》1996年1月号的一份报道反映了这方面的信息:

非政府组织举行巴昆工程讨论会

约40个非政府组织打算就装机2400MW的马来西亚巴昆工程的问题,举行为期2天的讨论会。据称,会议旨在就沙捞越州的私营巴昆水电工程的地震安全、木材浮运、环境影响评价、资料利用和公共责任等问题发起公开讨论。

最近,对该工程的讨论,日益集中在巴昆坝地震安全的焦点上。非政府组织担心:尽管工程创办人指出,建筑物已按抵抗里氏6.4级地震设计,但大坝只能抵抗里氏5级地震。据称,人们已经意识到围绕巴昆工程的所有问题,诸如河流的环境影响问题、森林问题以及其他可能上升的经济和社会问题,开展讨论的必要性。

非政府组织联盟的发言人称,尽管非政府组织和其他团体反复强调,但就该大型水电站的安全和寿命方面所公布的资料和数据仍不充分。

这项工程在国际上也引起了关注,1994—1996年间,绿色和平组织、绿色韩国(Green Korea United)和来自其他20多个国家的环保非政府组织来到马来西亚的沙捞越支持反坝活动。在1996年的一份书面陈述报告中,全世界有120个非政府组织劝说瑞典—瑞士工程设计合作组撤出这项具有争议的水电工程项目。[①]

非政府组织的努力虽然没有能够阻止巴昆大坝的建设,近年,由

---

① Sundari Ramakrishna. The Environmental Movement in Malaysia. In Meredith L. Weiss and Saliha Hassan(eds.). *Social movements in Malaysia: from moral communities to NGOs*. Londoand; New York: Routledge Curzon, 2003. p.125.

于环保团体受到政府和支持建坝人士的打压，他们的活动转趋低调，集中在受影响的原住民地区提供服务，但非政府组织所做努力的价值仍然有所体现。政府意识到工程面临的最大挑战不是施工技术问题，而是工程的环境管理问题。在发展经济，执行国家能源政策的过程中，政府不得不妥善经营和管理诸如类似的工程，使它们在环境上能够具有可持续性。

由于非政府组织的压力，在大坝建设过程中，政府环境管理部门（自然资源与环境委员会）、工程开发商（沙捞越水利公司）、承包商形成了比较严密的环境管理体系。为了缓解各种潜在的环境影响，更为重要的是确保此项工程的长期可持续性，此项工程引入了 ISO 14001 环境管理体系的精髓。巴昆水电工程的环境管理体系由三个主要层面构成——政府管理部门、项目开发商及其承包商。环保非政府组织则自然构成这个体系的第四个层面——监督部门。

(7) 反对雪兰莪大坝工程

雪兰莪大坝工程是继巴昆大坝工程之后又一个在环保问题上引起很大争议的工程。这项热带大坝工程建设所引发的主要问题也是一些不良环境、社会影响以及涉及原住民的再安置问题。环保非政府组织联合起来反对这项工程，以保护这个州唯一的一条河流——雪兰莪河(the Selangor River)免受污染。非政府组织要求环保部(DOE)将公众审查环境影响评估(EIA)的期限延长到通常的一个月以外，要求公众参与审核环境影响评估(EIA)报告。环保部最后满足了非政府组织所提出的这两项要求。经过环保非政府组织的艰苦努力，有关方面对雪兰莪大坝的社会影响进行了详细的研究，对原住民的再安置、原住民文化的保护和生活方式的重建等做了细致的工作。

2. 加强同其他地区和国际非政府组织的合作

如前所述，环境非政府组织在全球范围内建立起自己的网络，成为沟通本国非政府组织和国际非政府组织，以及本国政府和国际环保部门的桥梁。如世界自然基金会马来西亚分会(WWFM)促使马来西亚政府于 1994 年 6 月 24 日批准并认可《生物多样性公约》。这个协约在保护和维持生物多样性方面具有法律约束性。同年,湿地国际马来西亚组织(WIMP)在敦促马来西亚政府签署《湿地保护腊姆萨尔公约》(Ramsar Convention on Wetlands, RAMSAR)中发挥了促进作用。

1971 年在伊朗里海南岸腊姆萨尔市(Ramsar, Iran)签订的《湿地公约》《The Convention onWetlands》是一项政府间条约,就保护和合理利用湿地及其资源的国家行动和国际合作提供框架。截至 2000 年 3 月,该公约已有 119 个签约方,将总面积 7490 万公顷的 1023 处湿地列入具有国际价值的《腊姆萨尔湿地名录》《Ramsar List of Wetlands of International Importance》《腊姆萨尔公约》《The Ramsar Convention》是唯一针对一个特定生态系统类型的全球性环境条约。它的宗旨是"通过国家行动和国际合作保护并合理利用湿地,从而在全世界实现可持续发展"。若干年来,《腊姆萨尔公约》已出版 9 本《腊姆萨尔手册》《Ramsar Handbooks》,其中介绍了缔约方会议通过的指导方针(缔约方会议是由全体成员国代表组成的主要决策机构)。《手册》涉及的话题包括湿地的合理利用,各国的湿地政策、法律和机构,湿地和河流流域的管理,社区参与,教育和公众意识,腊姆萨尔湿地名录的发展,管理规划以及国际合作。

这个条约是一个政府间协约,用来确保湿地的保护和合理利用。作为这些国际条约的签约方,其义务之一就是要制订相应的政策以确保这些条约在本国的实施。1996 年,在瑞典腊姆萨尔公约秘书处所提供的资金的帮助下,湿地国际马来西亚组织(WIMP)和马来西亚科技环境部(the Ministry of Science, Technology and the Environment)制订马来西亚湿地政策框架(Malaysian National Wetland Policy Framework),该文件于 1999 年完成,从那以后,适用于整个国家的湿地行动计划(Wetland Action Plan)也即将出台。1998 年 4 月,马来西亚科技环境部发起制订马来西亚国家生物多样性政策(the National Policy on Biology Diversity),在文件的筹划和起草过程中,马来西亚自然协会(MNS)、世界自然基金会马来西亚分会(WWFM)作为仅有的非政府组织成员参与到筹划指导委员会和起草委员会中,并发挥了应有的作用。

第三世界网络(TWN)是一个总部设在马来西亚槟城的国际非政府组织,它在国际论坛和联合国会议上代表发展中国家的利益和观点。它在亚洲、欧洲、非洲和南美洲的六个国家设有办事处和代表机构;第三世界网络的出版物有定期出版的系列丛书和研究报告,有两种主要的杂志:月刊《第三世界苏醒》和双周刊《第三世界经济》。除此之外,它的日内瓦办事处还发行《SUNS》新闻简报,每日报道和贸易有关的发展情况。它在非洲和南美的分支机构也出版它们自己的杂志。这些出版物包含了大量的信息和资料。除了它的出版物在世界上有一定的影响之外,第三世界网络还与许多第三世界国家政府建立了广泛和紧密的联系。多年来,每当召开重要的贸易会议之前,第三世界网络就要召开研讨会或论坛向各国代表提供有可能在贸易会议上出现的议题和争论。许多国家没有足够的资金和人力在日内瓦设立常驻机构,第三世界网络和其他一些非政府组织在使这些国家保持有关信息畅通方面发挥了重要作用。第三世界网络还在委任一个国际专家组审查基因工程的安全性中发挥了作用,对联合国促成生物多样性公约的谈判中作出了贡献。[1] 鉴于第三世界网络所拥有的资源和联系,许多国家的政府,包括马来西亚政府,在制订有关生物安全、生物多样性和基因资源有关方面的政策时不得不向它咨询。马来西亚成为许多国际组织所召开会议的东道国。如,生物多样性公约缔约方大会第七届会议于2004年2月在马来西亚首都吉隆坡召开。由于第三世界网络的活动的范围广大,它使得马来

---

[1] Graham K. Brown. Stemming the Tide: Third World Network and Global Governance, in Olav Schram Stokke and Øystein B. Thommessen (eds.), *Yearbook of International Co-operation on Environment and Development* 2003/2004. London: Earthscan Publications, 2003. pp.73~77.

西亚和其他国家政府和非政府组织的关系得到加强。

东盟(ASEAN)自1967年成立以来,附属其下的非政府组织也得到发展,至1999年,有25个直接附属于东盟的非政府组织和25个具有一定独立性而没有直接附属于东盟的东盟地区性非政府组织。① 这些组织大部分属于商业、工业或职业组织。其中最大、有影响力和最活跃的组织有东盟工商联合总会(ASEAN-CCI)、东盟战略及国际研究所(ASEAN-ISIS)、东盟妇女组织联盟、东盟青年合作委员会等组织。它们在帮助实现东盟所制定的社会、文化、经济以及科技目标方面发挥着越来越重要的作用。越来越多的东盟国家和非政府组织逐步认识到环境问题不仅是一个国家内部的事情,而是关系一个地区和全球发展的大问题。使东南亚地区意识到环境问题应该作为整个地区的问题来处理,并在70年代后期促成地区环保计划出台的力量是来自东南亚外部。联合国环境计划署(UNEP)在促成《东盟次区域环保计划》(ASEP)的起草方面起了推动作用,该文件初步拟定了东盟地区环保合作框架。在80年代初期,东盟在水域管理和能源保护方面进行了普通培训,其间,东盟还进行了一项旨在改善水域管理的美国国际开发署(USAID)项目。在澳大利亚、加拿大和美国的帮助下,东盟在80年代进行了一系列资源保护和管理项目。1992年的里约地球峰会促使东盟环境部长们决定在国家层面拟定基本的环境质量标准和规则,然后再协调整个地区的环境质量标准。为了响应里约大会的《21世纪议程》,东盟环境部长会议于1994年的4月制订了东盟环境策略行动计划(the ASEAN Strategic Plan of Action on the Environment)。

---

① JoAnn Fagot Aviel. *Social and Environmental NGOs in ASEAN*, *Social and Cultural Issues NO.* 1(1999), Institute of Southeast Asian Studies.

三、主要环保非政府组织

1. 马来西亚环保协会(EPSM)

马来西亚环保协会(以下简称 EPSM)是 1974 年 1 月 11 日在马来亚大学召开的一次公共会议上成立的。总部设在八打灵区(Petaling Jaya)。在社团注册局注册伊始,它的名称是雪兰莪环保协会,该组织的领导人说服社团注册局将其成员延伸到雪兰莪州以外,导致现今名称 EPSM 的产生。

该组织声称的目标是:通过开展各种活动,采取措施改善环境,激励公众对环保状况的关注,从而阻止因人为因素所造成的环境恶化。

在国家层面上,EPSM 集中致力于环保事业的宣传和运动以影响立法机关,加强公众环保教育,唤醒人们的环保意识,偶尔就相关问题进行科学研究。EPSM 以马来西亚环保网络的创建者和合作者的角色努力建构一个地方环保组织的联合体。

在地区层面上,EPSM 参与了东南亚气候行动网络(the Climate Action Network)的活动,东南亚气候行动网络关注气候变化问题,信息交流和地区活动的参与。EPSM 也是杀虫剂行动网络的成员,该组织探寻限制使用化学杀虫剂,推广防治植物病虫害的自然方法。

在国际层面,EPSM 是联合国环境及发展会议(UNCED)成员,参与了气候和生物多样性公约、南北对话和南南合作对话。EPSM 还是防止空气污染国际联合会的成员。

EPSM 的出版物有:《Alam Sekitar》(英文季刊杂志),《Bahasa Malaysia》(1976 年开始出版发行)和各种各样的有关环境和其他社会问题的研究报告。

EPSM 一直是马来西亚主要的环保非政府组织之一。该组织主要问题是缺乏积极成员来推动其目标的实现,这导致公众因为其绩效差而对它评价不高;大部分马来西亚人通常更多关注的是引人注目的马来西亚世界自然基金会(WWFM)。

2. 马来西亚世界自然基金会(WWFM)

WWFM 是一个全国性的慈善团体,1972 年在信托法下注册。它是一个马来人组织,是国际 WWF 大家庭的一成员。

WWF 的使命是取得自然和生态的平衡,主要通过维持遗传基因、种群和生态系统的多样性;为了地球上所有生命的利益,确保可再生资源的利用在现在和长远的将来都具有可持续性;采取行动把污染降低到最低程度,减少勘探和消费中资源和能源的浪费。WWF 的终极目标是阻止并最终扭转这个星球自然环境不断恶化的现象,帮助建立一个人与自然和谐的世界。

起初,WWFM 的活动范围限定在马来西亚野生动植物的保护工作方面,经过 20 多年的发展,其目标逐渐囊括了涉及人类以及自然环境有关的多方面的问题。在国家层面,WWFM 就不同物种和特别保护区进行各种各样的田野工作,并参与政策的制订和倡议。WWFM 和政府建立了良好的合作关系,它在各种保护区(如森林保护区、鸟类和动物避难所以及公园等)的认证、建立和管理方面和政府展开了广泛的合作。WWFM 还从人类关怀的角度进行活动,在他们看来,充分保护自然资源可以帮助提高当地居民的生活水平,因为自然资源的保护是生活水平的内容之一。在找寻社会和经济发展理想平衡点的同时,WWFM 致力于环保基础知识的教育,以便提高人们的环保意识。

WWFM 地区活动的主要内容是监控东盟国家的环境污染情况。该组织和其近邻泰国、印度尼西亚在环保教育,以及跨国污染问题进行合作。WWFM 最近开展的地区合作有:建立东盟环保办公室,赞助本地区政府公务人员和私人个体的培训,赞助马来西亚-菲律宾就建立海上公园问题所举行的研讨会,资助各种亚洲湿地局(Asian Wetland Bureau)的活动。

WWFM 的出版物有一系列的项目报告(1972 年以来出版 200 多份)和一个时事通讯季刊。

该组织的网络发展前景很可观。这一方面是因为它和世界野生动物基金(WWF International)的联系,世界野生动物基金是世界最大和最有影响的自然环境保护组织之一,它给 WWFM 提供了由 22 个国家 WWF 组织建成的既成网络;另一方面是它的赞助人 the Yang Di Pertuan Agong 使它成为引人注目的中心。在当地,WWFM 的任务很艰巨,它要说服人们环境保护不会阻碍经济和社会发展,保持自然平衡不仅对野生动物和森林有利,而且人类从中可以获得最大的利益。

在和政府合作方面,WWFM 在环保组织中居于领先位置。WWFM 负责人,一个前政府部长,丹斯里鸠哈里(Tan Sri Khir Johari)认为:21 年来和政府合作的经验使 WWFM 深信这种合作是高效率和成功的关键。

3. 社会变迁管理机构(MINSOC)

社会变迁管理机构(以下简称 MINSOC)位于马来西亚彭亨关丹,创建于 1989 年,在公司法下注册。它的目标和宗旨是:加强市民社会的力量以取得发展,建立一个社会公正、经济不断繁荣、环境可持续、政治可参与和文化具有活力的公民社会。它的活动领域包括社区发展、环保、人权、妇女在发展中的角色、消费以及可供选择的经济模式。

在国内,MINSOC 组织的一般活动有:致力于加强公民组织的能力建设,促进公民组织之间的联系,为管理能力的建设提供网络服务、培训服务和咨询服务。MINSOC 还为可持续发展网络(SUSDEN)、马来西亚非政府组织发展论坛和社区资源信息中心的运作提供秘书工作服务。

在东南亚地区,MINSOC 的活动集中在培训和咨询服务,为加强东南亚可持续发展非政府组织联盟的管理和能力建设提供秘书服务。它是亚洲非政府组织联盟和杀虫行动网络的网络伙伴成员。在国际上,MINSOC 从事培训和咨询服务,它是加拿大十字路口国际项目在马来西亚的代表。

MINSOC 的出版物有:一本书《一人之大:可持续发展指南》、偶尔一些研究报告和一个时事通讯《保持联系》。

MINSOC是马来西亚许多发展非政府组织的典型代表。它的目标和活动范围是多方位的，但它的影响有限。虽然它的基地设在彭亨的关丹，那里很少有其他非政府组织的存在，但和马来西亚其他非政府组织相比，该组织在推动地区合作的前景会毫不逊色。在半岛东部的欠发达地区，该组织存在微弱的优势，因为它可以突出半岛东部地区的发展问题而使人关注它的存在。

4. 马来西亚可持续发展网络（SUSDEN）

马来西亚可持续发展网络（以下简称SUSDEN）建立于1993年7月16日。SUSDEN在公司法下注册，位于彭亨关丹。

该组织的目标是加强人们可持续发展的意识，促进人们的广泛参与以取得可持续发展。SUSDEN的活动包括社区发展、环保、发展中妇女问题以及消费。

它的主要活动有：为普通大众组织讨论会、研讨会和论坛以加强公众意识建设；组织青少年野营活动以加强青少年的环境意识；评估环境影响和培养领导技能。除此之外，SUSDEN是有机农业的先锋。该组织领导人声称，SUSDEN在国内和本地区还从事研究、发展监控、政策倡议等活动；在环境可持续发展方面发挥了信息中心和社区资源的作用。

在国际上，SUSDEN是众多国际和地区非政府组织的成员，包括东南亚环境可持续发展联盟、亚洲耕地改良和农村发展非政府组织联盟、适当技术使用亚洲联盟、杀虫剂行动网络、印度尼西亚地球之友协会和亚洲发展文化论坛。SUSDEN的出版物主要是研究报告。

作为MINSOC的分支机构，SUSDEN主要依靠几个高层领导人来维系，而这些人也活跃于其他组织，这使得该组织的发展潜力受到影响。

在马来西亚众多类型的非政府组织中，环保非政府组织是比较成功的。它们的工作集中在政府和社会层面：它们敦促环保政策的制订，监督环保政策的实施；鼓励和教育民众树立环保意识和参与环保实践活动。凭借它们的专业知识、才干和对环保事业的执著，马来西亚环保组织在规划和森林管理、湿地管理和野生动物保护等方面取得了一定的成就。它们和政府有合作也有对抗。通过建立有效的网络联系和采取更加积极的姿态，马来西亚环保组织的潜力还会得到更好的发挥。

第六节 马来西亚消费者组织

一、消费者组织的产生

最能说明马来西亚发展型非政府组织在非马来人社会大量出现原因的也许是消费者组织。马来西亚消费者组织有很长的历史，并拥有广泛丰富的经验；有些在国际上有一定的知名度，如槟城消费者协会（CAP），它在各州都有分支机构。许多消费者组织从属于马来西亚消费者协会联盟（FOMCA），它是一个全国性的伞状组织。

在很多国家，消费者组织的功能主要是监督消费品的质量安全、投诉制造假冒伪劣消费品的厂家和公司以维护消费者的权益。而马来西亚的消费者组织所发挥的功能要超出这个范围。它们为社区居民提供服务的内容非常广泛，包括处理民众对行政部门和私人公司的投诉，提供法律支持，开展调查，提出处理建议，就各种社会议题对消费者进行宣传教育等等。

消费者组织的活动所涉及的议题有：消费者权益保护、住房、城市发展、医疗保健、环境保护、人权等。① 它们和其他积极从事人权和民主化运动的非政府组织联合开展倡导取向的活动,它们对政府和行政部门所实行的偏袒马来人政策持批评态度。

消费者组织的另一个显著特点是它们的参与成员和服务对象主要是非马来人。造成以上现象的原因主要是族群优惠政策使得公共服务的供给在各族群之间的分配不平衡。新经济政策给予马来人很多优惠,特别是居住在乡村的马来人。政府和马来人支持的政党巫统所实施的政策措施明显有利于马来人。被新经济政策忽略的华人和印度人发现自己的境遇完全不同。政府提供给他们的发展基金和公共服务有限,不能满足他们的需要;在取得官方许可证和营业执照等方面也受到歧视性待遇;他们当公务员的就业机会几乎没有;在教育和文化领域,接受母语教育的机会在减少,"固打制"减少了非马来青年接受高等教育的份额。公共服务向着马来人倾斜分配使得受政府保护的马来人和不能充分接受公共服务的非马来人之间出现了一道鸿沟。由于低级公务员和警察大部分都是马来人,非马来人寻求公共服务时往往受到不友好的对待,他们的要求要么被断然拒绝,要么被迫无限期地等待。在这种情况下,能够向社区居民提供广泛服务的、由私人开办的消费者组织完全有存在的理由了。②

除了这些外部因素外,在非马来人社会,特别是华人社会内部,自我提供公共服务是他们的传统。在马来西亚独立之前,非马来人社会的大众福利、宗教、社会服务等需求事务都是由自助性团体提供。因为当时的殖民政府关心的重点是商业贸易。独立后,政府在提供公共服务方面给非马来人以歧视性待遇的情况下,这种自助性

---

① Yoshiki Kaneko. Dual Structure in the State-NGO Relationship. In Shinichi Shigetomi(ed.), *The State and NGOs: Perspective from Asia*. Institute of Southeast Asian Studies. Singapore. 2002. pp. 189~190.

② 槟城消费者协会开辟出它的一部分办公室空间向普通社区居民提供咨询服务,除了办公室工作人员外,该组织的大部分职员都是注册的律师。

团体的功能得到继续发挥。这就解释了为什么满足特定民族社会需要的活动有那么多成分的参与。特别在华人社会，除了消费者组织和其他非政府组织外，传统的互助组织（如各种方言组织、宗亲组织、中华总商会等）和华人政党（如马华公会、民主行动党等）都积极发挥他们的自助功能以弥补公共服务的不足，从而弥合了马来人和华人之间在享有公共服务方面的差距。

二、消费者组织和政府的关系

在马来西亚，有好几个非政府组织与政府保持着密切关系。如全国妇女组织理事会（NCWO）和首相署的妇女事务部合作共事；儿童福利会和国家福利部保持合作关系；社会关系组织和首相署的国家统一理事会保持联系。在所有这些组织中，和政府保持最广泛联系的是马来西亚消费者协会联盟（FOMCA）。FOMCA 是各州消费者组织的联合统一机构，联盟的形成本身就表明州一级的消费者协会急切要将其影响扩大到国家层面，并在政府层次上代表消费者利益。1974 年对 1946 年价格控制法案（the Price Control Act of 1946）的修改给消费者组织提供了一个和政府发展关系的机会。根据修改案所建立的全国保护消费者权益咨询委员会由商业、政府非政府组织和个体代表组成，该委员会可以对任何商品的价格的确定和控制等事宜提出建议。部长可以对委员会的成员进行任命并就有关事务进行咨询。该委员会由 24 个成员组成，两年一届。委员会的建立对于从事消费倡导的非政府组织来说是一个重大胜利，因为消费者的权益可以在国家层面受到保护。随着政府在消费者问题上越来越多地接受非政府组织的意见，FOMCA 的代表不断紧密接触政府机构、贸易和其他非政府组织，在广泛的领域代表消费者的利益。该组织参与的政府部门有：

工贸部（Ministry of Trade and Industry）

科技环境部（Ministry of Science, Technology and Environment, SIRIM）

卫生部(Ministry of Health)

财政部(Ministry of Finance)的年度财政预算对话(Annual Budget Dialogue)

电信部(Ministry of Post and Telecommunications)

住房和当地政府部(Ministry of Housing and local Government)

信息部(Ministry of Information)

农业部(Ministry of Agriculture)杀虫咨询委员会(Pesticide Advisory Council)

FOMCA还在其他领域和政府合作,如在1998年科技环境部建立的一个监督国家公园开发与进展的委员会中,FOMCA就是三个非政府组织成员之一。最能说明其代表身份的是国家经济顾问委员会(NECC)委员资格的取得,这使得FOMCA能参与决策1990年后的国家经济政策,对一个发展NGO来说,这无疑是一个重大成就。在政府做出对大众有利的决策时,FOMCA是政府有价值的信息输入和反馈源。为承认FOMCA及其成员组织所作的贡献,政府向他们提供年度资金保证,以便他们能更有效地发挥作用,如1989年,总资金是285000马币。①

消费者组织和州、区一级政府的关系的建构没有取得更好的进展。主要原因是这种非政府组织的活动议题是属于国家层面的,主要的事情都集中在吉隆坡办理。但这并不是说,消费者组织在州和当地层面无所作为。如前文所述,族群政党(特别是巫统和PAS)的广大基础在马来西亚的乡村地区(小镇和村庄)。从地方政府官员到村长都由联邦和州政要任命。地方支持是政府的力量和合法性所在。非政府组织的进入很自然会被认为是对执政的国阵的一个威

---

① Tan Boon Kean and Bishan Singh. *Uneasy Relations: The State and NGOs in Malaysia*. Kuala Lumpur: Gender and Development Programme, Asian and Pacific Development Centre. 1994. pp. 18~19.

胁,执政联盟担心它在基层(城市公地社区、新村、传统村和种植园)的政治影响会被削弱。

在所有尝试和州、区一级政府建立正式关系的发展非政府组织中,彭亨消费者协会(以下简称 PAC)是比较成功的一个。PAC 既享受联邦政府财政资助又享受州政府的资金支持。如 1989 年,州政府给 PAC 一万马币的资金援助。这笔钱不算多,但它表明了政府对 PAC 的工作(如在许多村庄倡导消费者权益、开展消费教育等)的认可。

PAC 的成功之道在于以下两个方面:第一,它用实力证明它作为消费者组织的专业性和富有效率,它使政府相信发展非政府组织在向人们提供服务方面比政府更廉价和有效率;第二,PAC 不排斥政府的努力而是作为政府在发展项目上的有益补充,它既不和政府冲突,又尽力保持自己独立的志愿者角色,以便不使自己演变为政府的附属机构。

PAC 在彭亨发展很快,在所有的十个行政区中都建立了自己的分支机构,这些分支机构都和政府机构有合作关系。PAC 被任命为关丹市政委员会的成员,参与讨论一些重大政策的决策。

三、主要消费者组织

1. 马来西亚消费者组织联盟(FOMCA)

马来西亚消费者协会联盟(以下简称 FOMCA)是 1973 年 6 月 10 日在吉打州(Kedah)的亚罗士打(Alor Setar,属哥打士打县)建立,社团注册局注册。顾名思义,马来西亚消费者协会联盟是除了槟城消费者协会以外各州的消费者协会所组成的一个联盟体。在这个联盟体诞生之前,有四个州一级消费者协会已经在这个国家建立,它们是:雪兰莪消费者协会、槟城消费者协会(CAP,成立于 1969 年)、沙捞越消费者协会(成立于 1971 年)和森美兰消费者协会(成立于 1971 年)。它们在各自地区开展活动:提供信息、消费者教育、倡导消费者权利等。在那时,这些协会感觉到有必要组成联盟来加强各州之间的合作,在全国层面代表消费者的利益。FOMCA最初的角色就是协调其成员的活动,但随着它的发展和其附属成员的增多,这个联盟体也已有能力进行研究、发起一些相关活动和独立扮演一定的角色。

马来西亚消费者协会联盟(FOMCA)的目标是:确保马来西亚消费者运动的持续发展、解决消费者问题、增进消费者权利、为现有消费者组织提供建议和信息以帮助它们实现其目标。

FOMCA定期组织许多讨论会、论坛和展览来增强人们的消费意识。FOMCA认为保护消费者权益的关键在于教育。认清自己的权益和责任将有助于消费者有效地保护自己。

FOMCA的首要任务就是在强调消费者法律的基础上进行研究和开发。其创始以来的首要功能之一就是其所扮演的角色的代表性。

FOMCA的活动涉及许多领域,包括社区发展、环境、人权、妇女在发展中的地位、消费以及卫生问题。当然,它关注的主要领域还是消费问题。它的领导人认为,所有这些问题都是相互联系的,比如,人权构成消费者权益保护的基础。毋庸置疑,一个清洁的环境也是消费者享有的权利。FOMCA认为妇女在社会生活各个方面都应该享有平等的权利。以保护消费者健康为由,FOMCA致力于规范药品和药品商标的使用。在这一领域,FOMCA所取得的主要成就之一便是《病人权利和义务章程》的制订和实施。

FOMCA在草根组织和州一级的活动主要由州消费者协会协调。在区一级,州消费者协会则通过和区联络委员会的合作来进行。

作为一个联盟体,FOMCA通过向广大民众彰显其州级成员的活动以及向民众传播它们的活动信息来完成它的代表身份。在国家层面,FOMCA和政府机构以及其他非政府组织进行广泛合作。在各种政府机构处理和消费者权益有关的问题时,FOMCA不断充当顾问的角色。

FOMCA积极参与和其他非政府组织构建NGO网络,最显著的是和马来西亚环境保护网络建立了联系,该组织包括马来西亚环境保护协会(EPSM),马来亚自然协会(MNS),马来西亚世界野生动物保护基金会(WWFM)和马来西亚环保技术中心。

在地区和国际层面上,FOMCA 是亚太国际消费者联合会(IOCU)组织的成员,该组织在各大洲设有地区办事处。FOMCA 和其他地区性和国际性的组织建立了网络联系,如亚洲理性药品行动(Action for Rational Drugs in Asia)和国际卫生行动(Health Action International)。

FOMCA 还出版的几种刊物,目的在于向大众传播信息。FOMCA 还定期向各相关政府部门递交备忘录,包括一个向司法当局递交的有关"小额诉讼程序"和一个向金融部递交的有关"消费信贷规则"的备忘录。其他传播信息的做法包括派代表出席各种当地和地区的论坛、工作室以及会议,并在那里分发报纸、发表谈话和提出观点。对来到 FOMCA 从事消费研究和马来西亚消费者运动研究的学者和学生,FOMCA 都免费提供信息。

在已有的建立在草根和国际层面网络的基础上,FOMCA 在国内还有容纳和发展更大网络的空间和潜力。由于 FOMCA 和政府建立了广泛的联系,在这个过程中率先培育出非政府—政府正式关系的理念,和其他非政府组织相比,FOMCA 在和政府广泛深入合作方面处于遥遥领先的优势地位。

2. 雪兰莪联合地域消费者协会(SFTCA)

雪兰莪联合地域消费者协会(以下简称 SFTCA)创建于 1965 年。它的前身是雪兰莪消费者协会,在雪兰莪省城的基础上覆盖了联合地域从而扩大了它的地盘。SFTCA 目的在于保护消费者的权利。它也从事研究和向政府以及私人组织提供建议。该组织向消费者提供建议,并受理他们的投诉。产品的质量和价格得到很好的监管。SFTCA 也积极倡议立法,以便更好地保护消费者,同时向消费者传播信息。SFTCA 的其他活动领域包括环保、妇女问题、人权和健康问题。

SFTCA是一个州级组织,它的大部分活动都集中在雪兰莪和联合地域内展开。它所组织的活动有演讲、展览、研讨会和论坛。它也组织草根层级的活动,如在学校培育消费俱乐部以促进人们的消费意识。SFTCA也和青年组织、妇女组织、贸易协会以及其他组织合作,并经常出版刊物向公众传播信息。在国家层面上,SFTCA是FOMCA的成员组织之一,它和其他州级消费者组织有联系。它和马来西亚其他的非政府组织、贸易协会以及学术机构建立了联系。在地区和国际层面上,SFTCA和亚太国际消费者联合会(IOCU)建立了关系。

SFTCA出版涉及多个方面的资料,从时事通讯季刊《Berita Pengguna》到有关消费者法律改革以及农业安全和卫生标准的报告。SFTCA是组织良好的地方非政府组织。它的领导人主要是学者。正因为这样,组织主要关注的是研究。但是,它也重视其他领域,如环境、妇女、人权等。这个组织在地区合作,特别是在研究和发展领域,具有很大潜力。当然,也存在这样一个问题,即:现有众多的消费者组织的活动有可能重叠,从而造成资源的浪费。既然这样,就有必要在地方消费者组织(包括SFTCA)之间建立广泛的合作机制,在地区联系和运作方面达成一致。

3. 沙巴消费者协会(CASH)

沙巴消费者协会(以下简称CASH)是马来西亚最后建立的一个州级消费者协会,它建立于1980年。社团注册局注册。

该组织的目标是教育公众消费和环保的重要性,从总体上提高人们的环保和消费意识。CASH的活动领域涉及社区发展、环保、人权、妇女等以及它们在发展中的地位。有关CASH的较具体的活动资料很少。在国家层面,CASH是FOMCA的成员,自然和它保持多方面的联系。FOMCA在某些方面可以代表CASH,FOMCA委员会中有CASH的选举成员。在国际和地区层面上,CASH和IOCU也有合作。

CASH没有固定的出版物。但是,有关消费者的重大问题出现后,它将举行媒体招待会,其观点将在 FOMCA 的季刊杂志上发表。地处东马的 CASH 和马来半岛以及沙巴的其他组织只有有限的联系,和国际组织也少有来往。CASH 所存在的问题之一是它的成员数量太少,经费有限,这样它的影响也就很有限。但综观 CASH 在消费运动中的作用,有证据表明 CASH 的发展势头是好的。在所调查的 14 个非政府组织当中,有一半在哥达京那芭鲁(Kota Kinabalu)以外设有至少两个分支机构。这些组织大多在 20 世纪 60 年代注册,有少部分在 80 年代中期注册,这表明沙巴的非政府组织不是停滞不前而是在发展。在过去,14 个非政府组织中只有一个就政策和项目的形成接受过政府的咨询,这表明 CASH 很有必要和政府建立联系和改善关系,因为政府可以提供资源并帮助扩大影响,从而弥补 CASH 的不足。如政府宽大的网络就可以弥补 CASH 弱小的网络,这样可以促使项目更好地完成,也能给沙巴的消费者带来好处。

从最早的雪兰莪消费者协会的建立(约在 1965 年前)到最后一个州级消费者协会——沙巴消费者协会的成立(1980 年),马来西亚的消费者组织经过长期的发展已经初具规模,并在国内和国际范围内形成了一个完整的网络体系。它们的活动领域几乎覆盖了发展非政府组织的各个层面,包括消费者服务提供、人权保护、妇女权益保护、环境保护等。各个消费者组织因为其在发展环境、营运策略等方面的不同,它们各自的发展程度有所区别。

马来西亚消费者组织的产生和这个国家实施的族群优惠政策有一定的关联,消费者组织的建立主要集中在非马来人社会,它们弥补了公共服务在非马来人社会分配的不足,从而在一定程度上弥合了马来人和华人之间在享有公共服务方面的差距。

它们在国家、州和当地层面和政府建立了全面的联系,但不同的消费者组织和政府的关系各不相同,如 FOMCA 在国家层面和政府建立了良好的合作关系;PAC 在地方层面和州级政府和地方政府建立良好合作关系,且保持了自己的独立性;CAP 则因其活动和言论多涉及人权议题和批评政府的有关政策而被政府划为政治性非政府组织一类。

第五章

结 论

本章在前文的基础上从以下几个方面进行总结：马来西亚非政府组织产生和发展特点；马来西亚非政府组织发展面临的几个问题；马来西亚非政府组织的发展前景。

一、马来西亚非政府组织产生和发展特点

马来西亚非政府组织的产生、发展、特征及其功能的发挥都遵循了非政府组织发展的一般规律，而马来西亚非政府组织更以其突出特点丰富了非政府组织的理论。

马来西亚的公民社会和东南亚其他国家的公民社会具有某些共同的特征：面对族群问题的严峻挑战；为了使国家政策的制订更加顺畅，国家逐步确立了威权或半威权体制，留给公民社会很小的发展空间。

马来西亚政府在英国殖民者遗留下来的政治框架下制定政策，这个政治框架就是要消除显见的对政权的威胁。尽管如此，公民社会在半威权政体中存留下来。当代马来西亚主要的非政府组织及其活动表明了马来西亚公民参与国家政治生活和社会活动的多种方式。

在大多数发展中国家政治中很难找到文献中描述的"理想的"公民社会构成形态，其中，社会网络系统被认为能跨越社会界限，不分种族地把公民团结起来。这种理想在马来西亚也还没有实现，但并不能说这个国家的公民社会不重要；只不过在这个国家的公民社会

中,非政府组织是以"特别"的形式出现,它们中的许多是建立在种族、宗教、甚至是家族基础之上的。以族群认同为基础建立起来的非政府组织构成马来西亚公民社会的一个重要方面。比如,代表为华人争取语言、教育和文化平等权利的组织(如董教总)就是拥有多元种族的马来西亚最大和最重要的组织之一。宗教组织,特别是伊斯兰组织是当代马来西亚公民社会中强有力的政治因素。

马来西亚的许多非政府组织远非主流文献描述的那种草根基础的、内部民主的、完美的公民社会和非政府组织形象。这些组织被粗略地归类于 NGOs。如果不考虑选择指代它们的术语,这些具有争议性的组织可以被定义为:在政府庇护之外从事自助性的集体行动或就有关问题进行倡议(issue advocacy)的市民群体。他们是"为了共同的目标自愿组成的,并集体从事经济活动或公共事务的社会组织"。① 许多这样的组织对政府政策的制定有一定的影响,而其他的则在社会上有较大的影响。

马来西亚的非政府组织和文献中所描述的有关发展中国家的非政府组织在许多方面也有区别。比如,很少有组织关注农业发展,技术开发和信贷供给等领域。马来西亚政府率先致力于乡村发展、提供社会服务等项工作,没有留下多少空白供非政府组织去填补。马来西亚不愿接受诸如国际货币基金组织的援助,也限制了外部力量促使马来西亚非政府组织卷入发展计划的动力,本来这些组织通过参与这些计划完全会使自身的合法性和力量都得到增强。

马来西亚的非政府组织及其参与和组织的社会运动根植于新的中产阶级,并显示了他们促成社会政治变迁的力量。马来西亚非政府组织发展的历史证明:非政府组织有助于为更多的人找到参与政

---

① Tadashi Yamamoto (ed.). *Emerging civil society in the Asia Pacific community: nongovernmental underpinnings of the emerging Asia Pacific regional community*. Singapore : Institute of Southeast Asian Studies; Tokyo: Japan Center for International Exchange in cooperation with APPC, 1996. p.6.

治的新路径,有助于赋权民众,也有助于动员社会新的部门,从而帮助拓展马来西亚公民社会的空间。

马来西亚非政府组织的突出特点可以概括为以下三个方面:

1. 马来西亚非政府组织的历史性

马来西亚非政府组织的历史性表现在以下几个方面:第一,马来西亚许多非政府组织是在已有的社会网络和组织的基础上建立起来的,而且这些网络和组织已具有久远的历史。当今马来西亚许多具有活力的非政府组织,其渊源可以追溯到殖民统治时期。那些早期的组织通常是以族群或宗教为基础而建立起来,和清真寺、教堂、庙宇以及宗族组织联系在一起。这些组织主要关注它们所在社区成员的社会经济事务和福利。早期组织的某些特征,如组织方式、会员身份、道德权威及地位等方面仍然可以在现代非政府组织的身上找到它们的影子。第二,规范非政府组织的法律框架也可以追溯至殖民统治时期。第三,政府对待非政府组织的总体态度在某种程度上是对殖民统治者对待移民社会组织态度的继承。第四,新独立的马来西亚政府继承了殖民者对待马来人的优惠政策并有所发展,使得70年代后马来西亚非政府组织的发展出现了在族群和地理分布上的二元结构。当然,随之时间的推移,马来西亚非政府组织的这种历史性会逐渐淡化。

2. 当代马来西亚非政府组织的族群性和宗教性

在马来西亚,只有少数非政府组织对成员的民族和宗教身份有某种程度的限制。但要找到一个独立的、资金自足的、并能超越民族和语言障碍的非政府组织很难。民族、宗教、语言和阶级差别阻碍了非政府组织之间的团结和合作,族群性成为划分马来西亚非政府组织最基本的分界线。

提供公共服务的非政府组织的职员绝大多数是华人和印度人,接受服务的也是他们。如,槟城消费者组织约有50个全职工作人员,其中大约70%是印度人,约30%是华人,马来人只有少数几个;其他消费者组织,如FOMCA和消费者教育和研究协会,也有这种情况。发展非政府组织中的华人职员大多是受英文教育者;华人社团的职员和成员主要是受中文教育者,他们和华人社会联系紧密。通常,主导倡导型非政府组织的多是讲英语的、居住在城市的非马来人中产阶级。他们对政府提出的批评最多,这也从一个侧面反映了非马来人在政治观点上的分歧和多样性的广泛存在,而马来人的组织则相对封闭和统一。

  虽然很多非政府组织具有族群性特点,但他们所倡导的议题大多和族群性无关。如,几十个华人社团在1985年起草了一个联合宣言:反对种族两极化,种族歧视以及种族沙文主义思想;批评以马来人为中心制订的政策却没有令人满意地消除贫困,反而使得贫富差距加大;反对侵犯人权和践踏自由民主,反对宗教狂热等等。[①] 从这些议题的内容来看,有的的确是站在非马来人的角度提出的,围绕这些议题所开展的运动被认为主要是华人的动议,但其中的大部分议题被后来的"烈火莫熄"运动所采纳,这令人信服地说明1985年的运动所提出的诉求基本上是关乎各民族的利益。

  在马来人社会,最有影响力的非政府组织是伊斯兰非政府组织(IONGOs),它们和世俗的非政府组织之间的分界更加明显。带有政治色彩的伊斯兰非政府组织多由马来人主导;佛教组织、印度教组织、基督教组织和道教组织则多由非马来人主导。世俗的非政府组织通常倡导和强调以下议题:公共责任和义务,收回因政府权力的滥用而使得人民失去的那部分权力,政府对公共利益问题的干预和管制,自然环境的保护,政治拘留,行政权威的滥用等等。伊斯兰非政府组织的宗旨是将国家伊斯兰化,在国家行为主体中体现伊斯兰的价值。在由安华事件所引起的"烈火莫熄"运动中,一系列马来人主导的非政府组织和伊斯兰组织,如马来西亚穆斯林青年运动(ABIM)和马来西亚回教徒协会等组织,也和非马来人组织一样,敢

---

  ① Chinese Guilds and Associations. Joint Declaration by the Chinese Guilds and Associations of Malaysia. Published statement. 1985.

于就一些和人权、社会公正以及民主相关的问题公开发表自己的观点。

总之,在马来西亚,非政府组织需要戒除这样的弊病,即倾向于代表或争取一个狭隘的小范围的阶级利益、族群利益或宗教利益,这有害于促进一个共享权力和财富的公共社会结构的建立。

3. 马来西亚非政府组织的政治性

杰拉德·克拉克(Gerard Clarke)认为,所有非政府组织的活动都具有内在的政治性,即使是福利组织也能够给政治精英提供帮助,从而影响政府的合法性。那些参与地方发展计划的组织能够动员当地社会参与政治并影响宏观经济和政治的变迁。[①]

马来西亚非政府组织的政治性突出表现在非政府组织和马来西亚政治发展的极大关联性。在马来西亚,非政府组织的政治性在独立之际的为捍卫和维护华文教育而成立的华教组织及其活动上就得到一定的反映。非政府组织在20世纪70年代后的大量出现、且在族群间分布的不平衡也是源于族群关系的政治制度性安排的结果,这些新的倡导型非政府组织围绕女权、人权以及环境等议题展开活动,不断让马来西亚政府感到头痛,被视为政府肌体中的"刺"。它们的这种政治性不仅存在于自我意识而且也存在于大众的意识中。非政府组织能否担当政治角色?是否只有政党组织才应该公开担当政治角色?这两个问题使得马来西亚非政府组织(特别是关注政治议题的非政府组织)和执政政党组织之间的紧张感持续存在。

总体上看,马来西亚的非政府组织是在一个限定的空间活动。但马来西亚的公民的确享有一定的民主空间,他们可以组织起来作为政府有益的补充,甚至也可以反对政府。在必要时候,政府会采取压制措施,但也没有把非政府组织完全消灭的意思。

---

① Gerard Clarke. *The Politics of NGOs in South-East Asia: Participation and Protest in the Philippines*. Routledge. 1998. pp. 195~196.

二、马来西亚非政府组织发展面临的几个问题

1. 非政府组织的精英主导模式

在马来西亚,大部分非政府组织活动家都是城市里的中产阶级(知识分子或专业人员等);许多非政府组织,无论它们的成员有多少,也无论它们涉及的活动范围有多广,都和创办该组织的精英人物紧密相关,如:槟城消费者协会(CAP)和S.M.穆罕默德·伊兑斯(Mohamed Idris)有直接联系;大马环保协会(EPSM)以及雪兰莪毕业生协会(SGS)和古密·辛(Gurmit Singh)有关,妇女力量(Tenaganita)的领导职务是由在野党领袖爱琳·费尔兰德斯(Irene Fernandez)兼任;马来西亚防治艾滋病协会(Malaysian AIDS Council,简称MAC)的建立和玛芮娜·马哈蒂尔(Marina Mahathir)息息相关;公正世界国际运动(JUST)由国民醒觉运动(Aliran)前领导人詹特拉·穆扎法(Chandra Muzaffar)创办。这些人的价值观和世界观不尽相同,他们在组织方法和组织的实践上也表现出一定的差异。这说明马来西亚非政府组织实行精英式的领导,缺乏长远的群众自立及参与。除了ABIM和董教总之外,大部分非政府组织都缺乏群众基础,这样,即使是它们的声音洪亮,或者说它们的倡议和传播的思想从某种程度上达到一定的影响,它们在和政府对抗时也没有多少讨价还价的本钱。一旦几个重要的非政府组织领导人被扣留,整个组织的运转就会出现困难。

精英模式的脆弱性促使非政府组织反思它们的组织定位和工作方式,尝试各种可能的出路。只有建立比较雄厚的社会运动力量和广泛的群众基础,政府和企业界才会对来自非政府组织的决策咨询权和参与权予以重视,一个健全的公民社会才有可能实现。

2. 法律限制问题

非政府组织面临的最大问题也许是法律的限制。尽管马来西亚宪法保障结社自由和其他公民权利,宪法的多次修改以及许多其他限制性法令的存在和使用超越了宪法的权威。如1978年马来西亚

内务部禁止在大选和补选期间举行公共集会后,言论和集会自由就受到很大限制。

3. 资金匮乏问题

虽然有多种筹资渠道,但许多非政府组织面临着筹资困境和资金匮乏的困扰。第一,马来西亚非政府组织的筹资受政治因素影响很大,如果非政府组织所关注和倡导的问题和政府的权威相互冲突,非政府组织筹集资金就非常困难,尤其在劳工问题、环保和人权问题等方面。而一旦接受国外的资助,就有可能留给政府一个口矢,被指控被国外敌对势力所操控。所以,作为一个原则,有些非政府组织不愿意接受国外的资助。Aliran 把接受国外的援助只用来进行某些项目,而不用在组织日常管理和运作上。第二,接受国外资金或国内政府的援助也意味着接受捐助者和政府的干预而失去部分独立性。有些非政府组织因为害怕政府有碍它们的独立性,并不是乐于接受政府的资助。因为接受政府的资助就意味着有可能受政府的控制。如,马来西亚政府每年给妇女行动协会(AWAM)1万林吉特的资助,但前提条件是政府的代表要列席该组织的会议。诸多非政府组织不愿意国外捐赠者的介入它们的决策过程中,但接受资助方对项目选择的干预。第三,政府控制着国外资金来源。大部分援助马来西亚发展项目和技术开发的国外资金来源仍然是以政府和政府的双边关系为基础的。在这种情况下,主要资金必然流向政府赞助的非政府组织(GONGOs),或者干脆流向政府机构。联合国发展项目(UNDP)发现,在 1987 年,来自国外非政府组织的资金只占马来西亚国外对马来西亚技术支持资金的 2.5%,而这笔资金中的 90%来自如亚洲基金会(Asia Foundation)和国际计划生育联合会(IPPF)这样的组织,这笔资金通常应该流向马来西亚国内的发展非政府组织,但大部分却用在研究、旅游开发以及大中小学和研究机构的基础设施工程建设。国外非政府组织更多关心的是自治性非政府组织所从事的草根组织的发展工作,它们的捐助只占很小的一部分。这样的国际非政府组织在 1987 年给马来西亚发展型非政府组织所提供的捐赠只有 270000 美元,而支付给政府支持的非政府组织(GOMGOs)和政府机构的金额高达 1.8 亿美元。[①] 第四,对资金的争夺也会引起各个非政府组织之间的竞争和矛盾。

除了面临资金短缺的问题外,马来西亚非政府组织还面临着人员匮乏的问题。经济的快速发展和高就业率使非政府组织很难招募到充足的工作人员。许多机构完善、资金充足,且能够提供全日制工作的非政府组织都很难保有工作人员,更不用说培育其领导梯队了。许多非政府组织的领导人在位达 20 年。

三、马来西亚非政府组织的发展前景

活跃于今日马来西亚的非政府组织和一系列社会运动,大多是从 20 世纪之初的福利、宗教以及商业和社会团体和自助组织发展而来的。有些组织从一开始就有明显的政治倾向,但更多的组织开始是以提供服务和互助,而不是卷入政治漩涡之中。当马来西亚摆脱殖民统治和封建统治并独立建国后,国家的三个部门——政府、市场和公民社会(第三部门)的框架初步形成。从那时起,一系列的范围扩大的非政府组织发展起来,并代表各自具体的观点和利益。20 世纪 70 年代以后,这些组织在公民社会中所处的位置越来越像文献中所描述的 NGO 类型。到 80 年代,许多福利团体让位于政治性非政府组织后,人们才开始注意马来西亚的各种组织。但他们作为民主的一员来参与的身份受到质疑和挑战。和非政府组织相比,政府更倾向认为有必要对社会加强控制。这样,马来西亚组织和动员公民社会的基本议题之一就是要在政党和政府之外开拓政治参与的民主空间。

马来西亚独立后,尤其是 20 世纪 80 年代以来,非政府组织在马

---

① Tan Boon Kean and Bishan Singh. *Uneasy Relations*: *The State and NGOs in Malaysia*. Kuala Lumpur: Gender and Development Programme, Asian and Pacific Development Centre. 1994. pp. 10~11.

来西亚得到了一定的发展,并且赢得了一定的生存空间,尤其是在探究和支持政治、社会和经济改革过程中扮演了一个重要的角色。作为公民社会有机组成部分的非政府组织为公民提供了一个通常是非政党性的政治参与机会;并激励他们以批评的眼光思考这个国家的政体,以及他们自己在其中的位置;加强了公民社会各部门之间的联系,也促进了马来西亚和国外非政府组织之间的联系。

然而,马来西亚的非政府组织仍然处于发展阶段。马来西亚非政府组织的目标、形态,还有他们活动的领域、政府的认可度、相对的成功度都有待改变。因为制约非政府组织发展的因素仍然不少,这些不利因素有:资金的匮乏、政府的威权统治、公众参与政治活动和志愿性活动的热情不高、种族和宗教分歧的持续存在以及各种僵化的令人窒息的规章制度和法律条款等等。这些不利因素不仅制约了一个具有活力的和有效的公民社会在马来西亚的发展,而且也阻碍了马来西亚走向民主道路的进程。

马来西亚非政府组织的未来将决定于国内的社会变迁以及全球发展的影响。就国内情况来讲,影响非政府组织前景的因素主要有:非政府组织的法律地位以及在政治和文化上的合法性,公民社会的扩大,族群关系的状况,政府政策的连贯性,以及经济发展和变革等。这些因素在当今的马来西亚社会已经部分存在,由于全球民主化的趋势和人民对当代民主政治的觉悟,公民社会有望得到扩大。许多青年组织及其支持者要求在更加民主和更加开放的政治体系中得到更大的活动空间和参与的自由。如果这些条件持续存在,非政府组织则处在很有利的地位来扩大公民社会和给公民社会注入活力。

附录

主要非政府组织名称及专有名词英汉对照表

一

缩略词	中文名称	英文或马来文全称
ABIM	马来西亚伊斯兰青年运动	Angkatan Belia Islam Malaysia
AIM	马来西亚计划信托基金	Amanah Ikhtiar Malaysia
AIPO	东盟议会间组织	ASEAN Inter-Parliamentary Organization
Aliran	国民醒觉运动	Aliran Kesedaran Negara
ARROW	亚太妇女资源研究中心	Aisian-Pacific Resource and Research Centre for Women
AWAM	全体妇女行动协会	All Women's Action Society
AWL	女律师协会	the Association of Wome Lawyers
CAP	槟城消费者组织	the Consummers' Association of Penang
CASH	沙巴消费者协会	Sabah Consumers Association
CUEPACS	公共服务雇员联合会大会	the Congress of Unions of Employees in the Public and Civil Service

缩略词	中文名称	英文或马来文全称
DEMA	马来西亚青年学生民主运动	Malaysian Youth and Students' Democratic Movement
DVA	反家庭暴力法案	Domestic Violence Act
EPSM	马来西亚环保协会	Environmental Protection Society Malaysia
GONGO	政府非政府组织	Government NGOs
GRSO	基层支持组织	Grassroots Support Organization
GRO	草根组织（基层组织）	Grassroots Organization
HAWA	马来西亚妇女事务局	the Women's Affairs Department
HAKAM	大马人权协会	Persatuan Kebangsaan Hak Asasi Manusia
ICOMP	国际人口方案管理理事会	International Council on Management of Population Programmes
ICLARM	活水产资源管理国际中心	International Center for Living Aquatic Resources Management
INGOs	国际非政府组织	International Non-Governmental Organization
IOCU	国际消费者联合会	International Organization of Consumers Unions
IONGO	伊斯兰非政府组织	Islamic-oriented non-governmental organization
JAG-VAW	反对对妇女施暴联合行动组织	the Joint Action Group Against Violence Against Women
MAF	大马艾滋基金会	Malaysian AIDS Foundation
MCA	马华公会	Malay Chinese Association
MCACECC	马华公会华文教育中央委员会	Malayan Chinese Association Chinese Education Central Committee

缩略词	中文名称	英文或马来文全称
MCHR	马来西亚人权宪章	Malaysian Charter on Human Rights
MINSOC	社会变迁管理机构	Management Institute for Social Change
MNS	马来亚自然协会	the Malayan Nature Society
MTUC	马来西亚工会大会	the Malaysian Trade Union Congress
NAWIM	西马全国妇女机构协会	the National Association of Women's Institute in West Malaysia
NCWO	全国妇女组织理事会	National Council of Women's Organizations
NDP	国家发展政策	National Development Policy
NEP	新经济政策	New Economic Policy
NGO	非政府组织	Non-Governmental Organization
NHRC	国家人权委员会	National Human Rights Commission
NPO	非营利组织	non-profit organization
NUT	全国教师联合会	the National Union of Teachers
NWC	全国妇女联盟	the National Women's Coalition
PAC	彭亨消费者协会	the Pahang Consumers' Association
PERKIM	马来西亚伊斯兰福利组织	the Malaysian Islamic Welfare Organization
PO	人民组织	People's Organization
PKPIM	马来西亚全国穆斯林学生会	National Union of Malaysian Muslim Students
SAWO	沙巴妇女组织	the Sabah Women's Organization
SFTCA	雪兰莪联合地域消费者协会	Selangor and Federal Territory Consumers Association

缩略词	中文名称	英文或马来文全称
SIS	伊斯兰姐妹	Sisters in Islam
SUARAM	大马人民之声	Suara Rakyat Malaysia
SUSDEN	可持续发展网络	the Sustainable Development Network
SWWS	沙捞越妇女自助协会	the Sarawak Women for Women Society
TWN	第三世界网络	the Third World Network
UCSCA	马来西亚华校董事联合会总会(董总)	the United Chinese Schools' Committees' Association
UCSTA	马来西亚华校教师会总会(教总)	the United Chinese School Teachers' Association
UDHR	世界人权宣言	Universal Declaration of Human Rights
UMNO	马来民族统一机构（巫统）	United Malays National Organization
UNCED	联合国环境发展大会	United Nations Conference on Environment and Development
UWA	大学妇女协会	the University of Women's Association
WAC	妇女发展变化议程	the Women's Agenda for Change
WCC	妇女救助中心	the Women's Crisis Centre
WCED	世界环境与发展委员会	World Commission on Environment and Development
WCI	妇女参选动议	the Women's Candidacy Initiative
WIMP	湿地国际马来西亚组织	Wetlands International-Malaysia Program
WTU	马来亚女教师联合会同盟	Federation of Malaya Women's Teachers Union
WWF	世界自然基金会	World Wide Fund for Nature
WWF	世界野生动物基金会	the World Wildlife Fund

缩略词	中文名称	英文或马来文全称
WWFM	世界自然基金会马来西亚分会	World Wide Fund Malaysia
YADIM	马来西亚宣教基金会	Malaysian Dakwah Foundation
YMCY	基督教男青年协会	Young Men's Christian Association
YWCA	基督教女青年协会	Young Women's Christian Association

二

中文名称	英文或马来文全称
精神严重障碍救助协会	Society for the Severely Mentally Handicapped
槟榔近海渔民福利组织	Penang Inshore Fisherman Welfare Association
反巴昆大坝非政府组织联盟	Coalition of Concerned NGOs on Bakun
大马自闭症协会	National Autistic Society of Malaysia
妇女和家庭发展部	the Ministry of Women and Family Development
雪兰莪中华大会堂	the Selangor Chinese Assembly Hall
槟榔有机农场俱乐部	the Penang Organic Farm Club
大马地球之友	Friends of the Earth Malaysia
马来西亚伊斯兰医学协会	Islamic Medical Association of Malaysia

中文名称	英文或马来文全称
马来西亚艾滋病协会	the Malaysian AIDS Council
土著奥朗阿斯利关怀中心	the Centre for Orang Asli Concerns
原住民发展中心	the Indigenous People's Development Centre
城市先锋支持办公室	Urban Pioneers' Support Office
城市资源体	the Urban Resource Unit
平民之声	Suara Warga Pertiwi
可持续交通网络	the Sustainable Transportation Network
马来西亚伊斯兰学者协会	Persuatuan Ulama Malaysia
马来西亚穆斯林毕业生协会	Ikatan Siswazah Muslim Malaysia
纺织工人工会联盟	the Federation of Textile-Garment Workers' Union
哈里斯电晶体工人组织	Harris Solid-State Workers' Union
全国房地产工人组织	All Malaysian Estate Staff Union
运输工人组织	the Transport Workers' Union
电子工业工人组织	the Electronic Industries Workers' Union
全马工会联合会	the Malaysian Trade Union Congress

中文名称	英文或马来文全称
消费者教育研究会	the Education and Research Association for Consumers
保护世界联盟	the World Conservation Union
绿色和平组织	Green Peace
地球之友国际	Friends of the Earth International
自然资源保护团体	the Natural Resources Defence Council
东盟妇女组织联盟	ASEAN Confederation of Women's Organization
东盟青年合作委员会	the Committee for ASEAN Youth Co-operation
雪兰莪环保协会	the Environmental Protection Society, Selangor
杀虫剂行动网络	the Pesticides Action Network
防止空气污染国际联合会	the International Union of Air Pollution Prevention Association
马来西亚非政府组织发展论坛	the Malaysian NGO Development Forum
社区资源信息中心	Community Resource Information Centre
东南亚可持续发展非政府组织联盟	the Southeast Asian NGO Consortium on Sustainable Development
加拿大十字路口国际项目	the Canadian Crossroads International Programme
亚洲非政府组织联盟	the Asian NGO Coalition

中文名称	英文或马来文全称
亚洲耕地改良和农村发展非政府组织联盟	the Asian NGO Coalition for Agrarian Reform and Rural Development
适当技术使用亚洲联盟	the Asian Alliance of Appropriate Technology Practices
印度尼西亚地球之友协会	the Wahana Lingkungan Hidup Indonesia
亚洲发展文化论坛	the Asian Cultural Forum on Development
马来西亚环境保护网络	the Malaysian Environment and Conservation Network
马来西亚环保技术中心	the Center for Environmental Technology Malaysia
消费者教育和研究协会	the Education and Research Association for Consumer, ERA-Consumer
大赦国际	Amnesty International
纵深生态基金会	the Foundation for Deep Ecology
亚洲理性药品行动	Action for Rational Drugs in Asia
国际卫生行动	Health Action International
沙捞越消费者协会	the Consumers Association of Sarawak
森美兰消费者协会	the Consumers Association of Negri Sembilan
全国保护消费者权益咨询委员会	National Advisory Council for Consumers' Protection
社会关系组织	the Community Relations Organizations

中文名称	英文或马来文全称
儿童福利会	the Child Welfare Council
东南亚气候行动网络	the Climate Action Network
气候和生物多样性公约	the Climate and Biodiversity Convention
大坝行动网络	Dams Action Network
大马可持续发展网络	the Sustainable Development Network
气候行动网络	Climate Action Network
生物多样性行动网络	Biodiversity Action Network
马来西亚气候变化组织	Malaysian Climate Change Group
马来西亚保山网络	Malaysian Hills Network
马来西亚基督教协会	the Council of Churches Malaysia
天主教研究中心	the Catholic Research Centre
支持社会公正运动基督徒	Christians for Adil
全国记者联合会	the National Union of Journalists
妇女集体发展组织	Women's Development Collective
妇女之友	Friends of Women Association (Sahabat Wanita)

中文名称	英文或马来文全称
律师公会	the Bar Council
亚洲人权和发展论坛	the Asian Forum for Human Rights and Development
亚洲人权会议	the Asian Human Rights Commission
亚洲人权宪章	Asian Human Rights Charter
亚洲观察	Asia Watch
国际法学家委员会	the International Commission for Jurists
人权观察	Human Rights Watch
马来西亚穆斯林律师协会	Persatuan Peguam Islam Malaysia
马来西亚伊斯兰宗教学者组织	Persatuan Ulama Malaysia
大马艾滋议会	Malaysian AIDS Council
马来西亚和美国教育交流协会	Malaysian-American Commission on Educational Exchange
湿地国际亚太组织	Wetlands International Asia-Pacific
大马儿童救助中心	Desa Amal Jireh
东盟人权宪章	ASEAN Charter on Human Rights

参考文献

一、中文专著

1. [美]莱斯特·萨拉蒙等著,贾西津等译:《全球公民社会:非营利部门视界》,北京:社会科学文献出版社,2002年。
2. 庄国土:《中国封建政府的华侨政策》,厦门:厦门大学出版社,1989年。
3. 王逸舟:《2002年全球政治与安全报告》,北京:社会科学文献出版社,2002年。
4. 梁英明:《战后东南亚华人社会变化研究》,北京:昆仑出版社,2001年。
5. 吴凤斌、庄国土等:《东南亚华侨通史》,福州:福建人民出版社,1993年。
6. 麦留芳著,张清江译:《星马华人私会党的研究》,台北:正中书局,1985年。
7. 麦留芳:《早期华人社会组织与星马城镇发展的模式》,台北:中研院三民主义研究所,1984年。
8. 马来西亚华团简史编委会:《马来西亚华团简史》,吉隆坡:马来西亚中华大会堂总会,1999年。
9. 石沧金:《马来西亚华人社团研究》,北京:中国华侨出版社,2005年。
10. 谢成佳:《华侨华人百科全书·社团政党卷》,北京:中国华侨出版社,1999年。

11. 李明欢：《当代海外华人社团研究》，厦门：厦门大学出版社，1995年。
12. 赵黎青：《非政府组织与可持续发展》，北京：经济科学出版社，1998年。
13. 柯嘉逊：《马来西亚华教奋斗史》，吉隆坡：华社资料研究中心，1991年。
14. 何增科：《公民社会与第三部门》，北京：社会科学文献出版社，2000年。
15. 奥斯特－奥托·岑皮尔：《变革中的世界政治——东西方冲突结束后的国际体系》，上海：华东师范大学出版社，2000年。
16. 《庆祝五十四周年纪念特刊》，吉隆坡：雪兰莪中华大会堂文教委员会，1977年。
17. 重富真一：《亚洲的NGO》，日本明石书店，2001年。
18. 苏伟妮：《马来西亚中文地名手册》，（马来西亚）华社研究中心，1999年。
19. 盛红生，贺兵：《当代国际关系中的"第三者"——非政府组织研究》，北京：时事出版社，2004年。
20. 李铁城：《世纪之交的联合国》，北京：人民出版社，2002年。
21. 俞正梁等：《全球化时代的国际关系》，上海：复旦大学出版社，2000年。
22. 郭梁：《21世纪初的东南亚社会与经济》，厦门：厦门大学出版社，2003年。
23. 李惠斌主编：《全球化与公民社会》，桂林：广西师范大学出版社，2003年。
24. 朱莉·费希尔著，邓国胜、赵秀梅译：《NGO与第三世界的政治发展》，北京：社会科学文献出版社，2002年。
25. 颜清湟著，粟明鲜等翻译：《新马华人社会史》，北京：中国华侨出版公司，1991年。
26. [英]C. M. 特恩布尔：《1826－1867年的海峡殖民地：从印度管辖

地到皇家直辖殖民地》,伦敦:伦敦大学,阿恩龙出版社,1972年。
27. 郑良树:《灵根自植》,吉隆坡:马来西亚华人文化协会,1978年。
28. 郭梁:《东南亚华侨华人经济简史》,北京:经济科学出版社,1998年。
29. 郑民、梁初鸣:《华侨华人史研究集(一)》,北京:海洋出版社,1989年。
30. 马来西亚华团简史编委会编:《马来西亚华团简史》,吉隆坡:马来西亚中华大会堂总会,1999年。
31. 郑良树:《马来西亚华文教育发展史(第一分册)》,吉隆坡:马来西亚华校教师会总会,1998年。
32. 郑良树:《马来西亚新加坡华人文化史论丛(卷二)》,新加坡:南洋学会,1986年。
33. 林开忠:《构建中的"华人文化":族群属性、国家与华教运动》,吉隆坡:华社研究中心,1999年。
34. 林水檺、骆静山等:《马来西亚华人史》,吉隆坡:留台联总,1984年。
35. 亨廷顿:《第三波——20世纪后期民主化浪潮》,三联书店1998年。
36. 林连玉:《风雨十八年(下集)》,吉隆坡:林连玉基金委员会,1990年。
37. 马来西亚华校教师会总会编:《教总33年》,1987年。
38. 王名:《非营利组织管理概论》,北京:中国人民大学出版社,2002年。
39. 马来西亚华校董事联合会总会:《董教总简介》,2001年。
40. 马来西亚华校董事联合会总会:《董总30年》(下册),1987年。
41. 马来西亚华校董事联合会总会:《董总30年》(上册),1987年。
42. 王杰、张海滨等:《全球治理中的国际非政府组织》,北京:北京大学出版社,2004年。
43. 孙景民:《非政府组织政治行为研究》,中央党校博士学位论文,

2005年。
44. 王绍光:《多元与统一:第三部门国际比较研究》,杭州:浙江人民出版社,1999年。
45. 雪兰莪中华大会堂文教委员会编:《雪兰莪中华大会堂庆祝五十四周年纪念特刊》,吉隆坡,1977年。
46. 王国璋:《马来西亚的族群政党政治》,台北:唐山出版社,1997年。
47. 马戎:《西方民族社会学的理论与方法》,天津:天津人民出版社,1997年。
48. 马戎:《民族社会学:社会学的族群关系研究》,北京:北京大学出版社,2004年。
49. 林远辉、张应龙:《新加坡马来西亚华侨史》,广州:广东高等教育出版社,1991年。
50. 林若雩:《马哈蒂尔主政下的马来西亚:国家与社会关系(1981—2001)》,台北:韦伯文化事业出版社,2001年。
51. 庄礼伟:《亚洲的高度》,广州:广东旅游出版社,1999年。
52. 张锡镇:《东亚:变幻中的政治风云》,北京:中国国际广播出版社,2002年。
53. 何靖华、东方晓:《现代政治与伊斯兰教》,北京:社会科学文献出版社,2000年。
54. 周聿峨:《东南亚华文教育》,广州:暨南大学出版社,1995年。

二、学术论文

1. 安·玛丽·克拉克等:《全球公民社会的主权限制》,《世界政治》1998年10月号。
2. 莱斯特·萨拉蒙:《非营利部门的崛起》,《外交事务》1994年7月/8月号。
3. 叶钟铃:《战前新加坡六六社活动史实》,《亚洲文化》1987年第9期。

4. 喻常森:《非政府组织与东南亚国家政治发展》,《南洋问题研究》2003年第3期。
5. 言路、齐进:《华团须勇于落实结盟政策》,《星洲日报》2001年8月31日。
6. 祝家华:《马来西亚防范民间组织越轨》,《亚洲周刊》1997年2月3日—2月16日。
7. 李文:《亚洲市民社会的兴起》,《当代亚太》2004年第6期。
8. 李文:《关于亚洲非政府组织的几个问题》,《当代亚太》2000年第4期。
9. 俞可平:《中国公民社会的兴起与治理的变迁》,《中国社会科学》1999年秋季号(总第27期)。
10. 戈登·怀特:《公民社会、民主化和发展:廓清分析的范围》,《民主化》(英国)1994年秋季总第1卷第3期。
11. 吉野文雄:《东南亚中层阶级的形成》,《南洋资料译丛》1999年第1期。
12. 黄云静:《东南亚政治发展中的中产阶级》,《北大亚太研究》(第五辑),香港:社会科学出版社,2001年。
13. 赵黎青:《柏特南、公民社会与非政府组织》,《国外社会科学》1999年第1期。
14. 施雪琴:《菲律宾非政府组织发展及其原因》,《南洋问题研究》2002年,第1期。
15. 范若兰:《近代新马华人妇女概说》,《华侨华人历史研究》1996年第1期。
16. 李宝强:《马来西亚的教育发展》,《南洋文摘》,11(11)。
17. 杨冠群:《关注蓄势待发的世界非政府组织运动》,《国际问题研究》2001年第3期。
18. [日]原不二夫著,刘晓民译:《马来亚中国派华人组织的兴亡》,《南洋问题资料译丛》1991年第4期。
19. 吴华:《大马华族华团的发展与功能》,《星洲日报》,1984年。

三、英文文献

1. Meredith L. Weiss and Saliha Hassan(eds.). Social movements in Malaysia: from moral communities to NGOs. Routledge Curzon, 2003.
2. Gerard Clarke. The Politics of NGOs in South-East Asia: Participation and Protest in the Philippines. Routledge. 1998.
3. D. C. Koten. Getting to the 21st Century: Voluntary Action and the global Agenda. Kumarian Press, West Hartford. 1990.
4. Hutabarat and Suharyanto. Undercurrents: NGOs in Indonesia, Indonesia Business Weekly, Vol. 1, No. 4522 October, 1994.
5. Julie Fisher. NGO's and the Political Development of the Third World. Kumarian Press. 1998.
6. NGOs RC. Vietnam NGOs Dictionary. Hanoi: NGO Resource Center, 1995/6, March, 1995.
7. Lester M. Salamon(eds.). Global Civil Society: Dimensions of the Nonprofit Sector. The Johns Hopkins Comparative Nonprofit Sector Project. 1999.
8. Tan Boon Kean and Bishan Singh. Uneasy Relations: The State and NGOs in Malaysia. Kuala Lumpur: Gender and Development Programme, Asian and Pacific Development Centre. 1994.
9. Isagani Serrano. Civil Society in the Asia-Pacific Region. Washington D. C: Civicus. 1994.
10. Michael Bratton. The Politics of Government-NGO Relations in Africa. World Development, 1989, Vol. 17, No. 4.
11. Bob S. Hadiwinata. The Politics of NGOs in Indonesia: Developing democracy and managing a movement. RoutledgeCurzon. 2003.

12. Loh Kok Wah and Khoo Boo Teik(eds.), Democracy in Malaysia: Discourses and Practices. Curzon Press, 2002.
13. Tadashi Yamamoto (ed.). Emerging civil society in the Asia Pacific community: nongovernmental underpinnings of the emerging Asia Pacific regional community, Singapore : Institute of Southeast Asian Studies; Tokyo: Japan Center for International Exchange in cooperation with APPC,1996.
14. Shinichi Shigetomi (ed.). The State and NGOs: Perspective from Asia. Institute of Southeast Asian Studies. Singapore. 2002.
15. Khong Kim Hoong. The Role of Public Interest Groups in a Democratic Society. Ilmu Masyarakat. 1988—1989.
16. Sheila Nair. States, Societies and Societal Movements: Power and Resistance in Malaysia and Singapore. Ph. D. Dissertation, University of Minnesota. 1995.
17. Sheila Nair. Constructing Civil Society in Malaysia: Nationalism, Hegemony and Resistance. In Jomo K. S. (ed.). Rethinking Malaysia. Hong Kong: Asia 2000 for Malaysian Social Science Association. 1999.
18. Shinichi Shigetomi(ed.), The State and NGOs: Perspective from Asia. Institute of Southeast Asian Studies. Singapore. 2002.
19. Meredith L. Weiss. Prickly Ambivalence: State, Society and Semidemocracy in Malaysia. Commonwealth & Comparative Politics, Vol. 43, No. 1, March 2005.
20. M. L. Weiss. The Politics of Protest: Civil Society, Coalition-Building, and Political Change in Malaysia. Stanford University Press, 2005.
21. Saliha Hassan. Asian Values and Democracy: Islamic-Oriented

Non-Governmental Organizations in Malaysia. Paper presented at the Third International Workshop on Discourses and Practices of Democracy in Southeast Asia, Copenhagen, 30September—4 October. 1997.
22. Saliha Hassan. Islamic Revivalism and State Response to Islamic-oriented Non-Governmental Organizations in Malaysia, Paper presented at Workshop on Islamic Revivalism and State Response: The Expierences of Malaysia, Indonesia and Brunei, Singapore: ISEAS, 2—3 June. 1997.
23. Abdul Rahman Embong. State-led Modernization and the New Middle class in Malaysia, Palgrave, 2002.
24. JoAnn Fagot Aviel. Social and Environmental NGOs in ASEAN, Social and Cultural Issues NO. 1(1999), Institute of Southeast Asian Studies.
25. Saliha Hassan. Non-Governmental Organizations and Political Participation in Malaysia. Paper presented at meeting on Discourses and Practices of Democracy in Malaysia, Universiti Sains Malaysia, Penang,18—19 July. 1998.
26. Nakamura Mitsuo, Sharon Siddique, Omar Farouk Bajunid (eds.), Islam & Civil Society in Southeast Asia. Singapore: Institute of Southeast Asian Studies. 2001.
27. Gordon Means. Malaysian Politics: The Second Generation. Singapore: Oxford University Press. 1991.
28. Sharifah Zaleha Syed Hassan. Islamic Resergence in Malaysia: The Arguments of Governmental and Non-Governmental Organizations, Journal For Islamic Studies 13(1993): 101—120.
29. Chandra Muzaffar. Islamic Resergence in Malaysia. Petaling Jaya: Penerbit Fajar Bakti, 1987.
30. Zainah Anwar. Dakwah Among the Students: Islamic Revival-

ism in Malaysia. Kuala Lumpur: Pelanduk Publications, 1987.
31. Nakamura Mitsuo, Sharon Siddique, Omar Farouk Bajunid (eds.). Islam & Civil Society in Southeast Asia. Singapore: Institute of Southeast Asian Studies. 2001.
32. Chinese Guilds and Associations. Joint Declaration by the Chinese Guilds and Associations of Malaysia. Published statement. 1985.
33. The Abolish of ISA Movement. http://www.suaram.org/isa (22 November 2001).
34. Alan E. Boyle and Michael R. Anderson(eds). Human Rights Approaches to Environmental Protection. Oxford: Clarendon Press. 1996.
35. Coalition of concerned NGOs on Bakun. Empty Promises, Damned Lives. Final Report of the Fact Finding Mission 7−14 May 1999, Suaram Komunikasi, Kuala Lumpur, 1999.
36. Frank Ching. ASEAN's Unkept Promise. Far East Economic Review, 22 August 1996.
37. Anuraji Manibhandu. Human Rights: Cleaning up the record. Bangkok Post, 10 December1997.
38. SUARAM. Malaysian Human Rights Report. Petaling Jaya: SUARAM Komunikasi,1998.
39. Victor Purcell. The Chinese in Southeast Asia. Oxford:Oxford University Press. ,1980.
40. Victor Purcell. The Chinese in Malaya. London :Oxford University Press,1948.
41. Victor Purcell. The Chinese in modern Malaya. Singapore: Moore,1956.
42. G..Hicks(ed.). Chinese Organizations in Southeast Asia in the 1930s. Singapore: Selected Books, 1996.

43. Frank Ching. NGOs and Regional Security. Far East Economic Review, 30 June 1994.
44. Leah Makabenta. South-East Asia: ASEAN's See-No-Evil Policy Under Fire. Inter Press Service,15 July 1995.
45. W. Bligthe. The Impact of Chinese Secret Societies in Malaya: A History Study, Oxford University Press, 1969.
46. L. F. Comber. Chinese Secret Society in Malaya: A Survey of Triad Society from 1800 — 1900. J. J. Augustin Incorporated Publisher,1959.
47. Chandra Muzaffar. Freedom in Fetters: An Analysis of the State of Democracy in Malaysia. Penang : Aliran Kesedaran Negara. 1986.
48. Chin Kin Wah. ASEAN Institution Building, in Stephen Leong, (ed.), ASEAN Towards 2020. Kuala Lumpur: ISIS, 1998.
49. INSAN. Sucked Oranges: The Indian Poor in Malaysia. Kuala Lumpur: Institute of Social Analysis. 1989.
50. Tham Seong Chee. The Role and Impact of Formal Associations on the Development of Malaysia. Bangkok: Friedrich-Ebert-Stiftung. 1977.
51. R. Rajoo. World-view of the Indians with Regard to Their Social Identity and Belonging in Malaysia. In Mohd. Taib Osman (ed.), Malaysian World-view. Singapore: ISEAS. 1985.
52. Makmor Tumin. NGO Dalam Sistem Demokrasi Malaysia. Massa, 16 May,62—63.
53. Aidcom. Directory of Development-Based Non-Profit Organizations in Malaysia. Kuala Lumpur: Aidcom, 1999.
54. Tan Liok Ee. Tan Cheng Lock and the Chinese Education Issu in Malaya. Journal of Southeast Asian Studies. Vol. XIX, No.

1. March 1988.
55. Hussin Mutalib. Islam and Ethnicity in Malay Politics. Oxford University Press, 1990.
56. N. J. Funston. The Politics of Islamic Reassertion: Malaysia. In Ahmad Ibrahim, et al. (eds), Readings on Islam in Southeast Asia. Singapore: ISEAS. 1985.
57. Maznah Mohamad. At the Centre and the Periphery: The Contributions of Women's Movements to Democratization, in Francis Loh Kok Wah and Khoo Boo Teik (eds.), Democracy in Malaysia: Discourses and Practices, Curzon, 2002.
58. Virginia H. Dancz. Women and Party Politics. Peninsular Malaysia. Singapore: Oxford University Press. 1987.
59. Nik Safiah Karim. Women's Organizations in Malaysia. In Hing Ai Yun, Nik Safiah Karim and Rokiah Talib (eds), Women in Malaysia. Petaling Jaya: Pelanduk Publications. 1984.
60. luntary Agencies and the Personal Social Services. in W. W. Powell, New Haven, Yale University, 1987.
61. Meredith L. Weiss. What will become of Reformasi? Ethnicity and Changing Political Norms in Malaysia. Contemporary Southeast Asia, Vol. 21, No. 3, December 1999.
62. Kramer. VoRonana Ariffin. Feminism in Malaysia: A Historical and Present Perspective of Women's Struggles in Malaysia. Women's Studies International Forum(1999)22(4): 47—72.
63. R. S. Milne and Diane K. Mauzy. Malaysian Politics under Mahathir. London and New York: Routledge, 1999.
64. Lenore Manderson. Women, Politics and Change: The Kaum Ibu UMNO, Malaysia, 1945—1972. Kuala Lumpur: Oxford Univeersity Press. 1980.

65. Poh-Ling Tan. Human Rights and the Malasian Constitution examined through the lens of the Internal Security Act 1960. at http://rspas. anu. edu. au/pah/human rights papers/2001/ Tan. rtf.
66. Aliran. Aliran Speaks. Penang: Aliran Kesedaran Negara. 1981.
67. Kua Kia Soong. The Struggle for Human Rights in Malaysia. Paper Presented at the Asia-Pacific People's Assembly Human Rights Forum, Kuala Lumpur, 9 November.
68. Mahathir. The Chalenge. Petaling Jaya: Pelanduk Publications. Translated from Menghadapi Cabaran. Kuala Lumpur: Pustaka Antara(first published in 1976. Ch. 9.
69. A. LeRoy Bennett. International Organization: Principles and Issues . New Jersey: Prentice-Hall, 1995.
70. Bam. V. B Hughes. Continuity and Change in World Politics: The Clash Perspectives. Englewood Cliffs, New Jersey, 1993.
71. John G. Sommer. Beyond Charity: U. S. Voluntary Aid for a Changing Third World. Washington, DC: Overseas Development Council, 1977.
72. OECD. Voluntary Aid for Development: The Role of Non-Governmental Organizations. Paris: OCED, 1988.
73. Lawrence, Steven, Carlos Camposesce and John Kendzior, (eds). Foundation Yearbook: Fact and Figures on Private and Community Foundations, New York: The Foundation Center, 2000.
74. Bennett. International Organization, Principles and Issues. New Jersey: Prentice-Hall, 1995.
75. Koren A. Mingst, Margaret P. K arns(eds.). The United Nationsin the Post-Cold War Era, Boulder: Westview

Press, 1995.
76. Ian Smillie. The Alms Bazaar: Altruism under fire-Nonprofit Organizations and International Development. London: IT Publications, 1995.
77. UNDP. Human Development Report 1993.
78. Victor Purcell. The Chinese In Malaya. Kuala Lumpur, Oxford University Press, 1967.
79. H. Crouch. Government and Society in Malaysia. St Leonards, NSW: Allen & Unwin. 1996.
80. D. Brown. The State and Ethnic Politics in Southeast Asia. London and New York: Routledge. 1994.
81. Mike Nahan. US Foundation Funding in Malaysia. NGO Project Report, published by the Institute of Public Affairs, Number 1, January 2003. Melbourne, Australia.
82. H. Anheier, M. Glasius, M. Kaldor (eds). Global Civil Society 2001. Oxford: Oxford University Press, 2001.
83. A. B. Shamsul. Religion and Ethnic Politics in Malaysia. In C. F. Keyes, L. Kendall and H. Hardacre(eds). Asian Visions of Authority: Religion and Modern States of East and Southeast Asia. Honolulu: University of Hawaii press. 1994.
84. Burton A. Weisbord. The Nonprofit Economy. Cambridge . Massachusetts, Harvard UniversiGraham K. Brown. Stemming the Tide: Third World Network and Global Governance, in Olav Schram Stokke and Øystein B. Thommessen (eds.), Yearbook of International Co-operation on Environment and Development 2003/2004. London: Earthscan Publications, 2003.
85. Weimer and Vining. Policy Analysis: Concepts and Practice. Englewood Cliffs. New Jersy, 1989.

86. Henry Hansmann. The Role of Nonprofit Enterprise. Yale Low Journal, 2000.
87. Lester M Salamon. Partners in public service: The Scope and Theory of Government Nonprofit Relations. in W. W. Powell. The Reserch Handbook. New Haven, Yale University Press. 1987.
88. V. R. Schram . Motivation Volunteers to Participate. In L. E. Moore (ed.), Motivation Volunteers, How the Rewards of Unpaid Work Can Meet People's Needs. Canada: Vancouver Volunteers Centre, 1985.
89. Samuel Huntington and Joan M. Nelson. No Easy Choices. Harvard University Press, 1976.
90. William Roff. The Origins of Malay Nationalism. Kuala Lumpur: Oxford University Press. 1994.
91. Tham Seong Chee. The Role and Impact of Formal Associations on the Development of Malaysia. Bangkok: Friedrich-Ebert-Stiftung. 1977.
92. Firdaus Abdullah. Radical Maly Politics: Its Origin and Early Development. Petaling Jaya: Pelanduk Publications. 1985.
93. Nation's Leading Foundations Violate Donor Intent: Foundations Funding America's Left Have Conservative Origins, Foundation Watch, Capital Research, October 2002.
94. William Case. Politics in Southeast Asia: Democracy or Less, Curzon, 2002.
95. Gurmit Singh. Understanding Public Interest Groups in Malaysia. Alam Sekitar, 12(4).
96. Malaysia. The Second Outline Perspective Plan. 1991—2000. Kuala Lumpur: Government Printer, 1991. and Sixth Malaysian Plan 1991—1995. Kuala Lumpur: Government Printer, 1991.

后　记

　　本书是我在厦门大学三年攻读博士学位所完成的学位论文《马来西亚非政府组织发展史研究》的基础上修改而成，能够完成学位论文并得以出版，离不开众多师长、同学和朋友们的教导、帮助和关怀。

　　2003年9月我从新疆大学来到厦门大学，师从庄国土教授攻读近现代中外关系史方向博士学位。三度寒暑，春华秋实，在恩师的精心培育下，我的学术素养有了提高；在恩师的指导下，我完成了博士论文的写作。这里我要首先衷心感谢我的导师庄国土教授，感谢他在百忙中对我的培养以及对我的关照，他的教诲和关照让我如沐春风，他的人品使我深深敬仰。

　　南洋研究院有众多德高望重的教授，无论做学问或做人，他们都使我受益匪浅。我要感谢李国梁教授、李金明教授、廖大珂教授和聂德宁教授，他们在学业和生活上对我关爱备至，从论文的选题和写作以至最后成书出版都离不开他们的帮助。

　　感谢南洋研究院其他领导和老师对我的关心和帮助，他们是：王勤副院长、范丽书记、林梅副书记、杨晓燕副书记、张旭东老师、刘晓民老师、李一平老师、郭玉聪老师、赵海立老师、张大勇老师、张长虹老师、徐斌老师、冯立军老师、皮军老师、王付兵老师、沈燕清老师、姚晓静老师、曾秀莲老师、吴文志主任等等。我要特别感谢我的师兄王望波老师、范宏伟老师、施雪琴老师，他们帮我收集和复印论文资料，还经常给予鼓励和其他帮助。

　　我要感谢的同学有很多：他们是王良生、黄明、闫彩琴、黄素芳、Phylia（新加坡）、刘相骏、林勇、郭渊、孙增阅、刘才涌、朱东芹、俞云平、徐银矶、洪丽芬、卢明辉、白玉国、黄明莹、石维有等，他们或帮我校对论文，或帮我收集资料，或和我一起锻炼身体，或相互勉励，陪我一路走过来。我要感谢南洋研究院的硕士生同学们，他们是院里最富活力的一族，使我感到青春常在。

我要感谢新疆大学的郭正礼教授，他始终关心着我的学业进展情况；感谢上海交大法学院的葛同山博士，他为我校对论文初稿，花费了很多时间和精力；感谢台北师范大学的洪泉湖教授，他为我复印和寄送相关资料；感谢温州大学的茆永福教授，他时常打来电话询问我的学习和生活情况；感谢厦门大学人文学院的易存国教授，他经常给予我鼓励和帮助。来自其他朋友和亲戚的帮助很多，我无法用这么短的篇幅将他们一一列出。对于以上给我帮助和恩赐的每一个人我都会铭记在心！

本书得以列入厦门大学东南亚研究中心系列丛书出版，我还要特别感谢庄国土院长、聂德宁副院长以及厦门大学出版社的大力支持。

最后，我要感谢我的妻子周冰煊女士，在我攻读博士学位这3年中，她独自一人操持家务和养育孩子，毫无怨言。我要感谢我的女儿王世倩，就在我读博士期间，她以较好的成绩考入乌鲁木齐市最好的高中一中就读；2008年她又以以优异成绩考入武汉大学。从牙牙学语到现在，她不知给我带来了多少欢乐，她是我的骄傲和希望！

鹭岛南国，凤凰花开；五老峰下，杂花生树；南强学子，掩卷长思，恩谊盈目。是为记。

王 虎
2009年6月14日于
厦门大学嘉庚三书斋

图书在版编目(CIP)数据

马来西亚非政府组织研究/王虎著.—厦门:厦门大学出版社,
2010.3
(厦门大学东南亚研究中心系列丛书)
ISBN 978-7-5615-3464-9

Ⅰ.马… Ⅱ.王… Ⅲ.社会团体-研究-马来西亚 Ⅳ.C233.38

中国版本图书馆 CIP 数据核字(2010)第 036620 号

责任编辑:薛鹏志
封面设计:文　心　洪祖洵

厦门大学出版社出版发行
(地址:厦门市软件园二期望海路 39 号　邮编:361008)
http://www.xmupress.com
xmup@public.xm.fj.cn
厦门集大印刷厂印刷
(地址:厦门市集美石鼓路 8 号　邮编:361021)
2010 年 3 月第 1 版　2010 年 3 月第 1 次印刷
开本:880×1230　1/32　印张:10　插页:2
字数:280 千字　印数:1～1 000 册
定价:26.00 元
本书如有印装质量问题请直接寄承印厂调换